JUSTICE MILITAIRE

CODE

DE

JUSTICE MILITAIRE

POUR L'ARMÉE DE TERRE

Volume mis à jour à la date du 1er janvier 1926

CHARLES-LAVAUZELLE & Cie

Éditeurs militaires

PARIS, Boulevard Saint-Germain, 124

LIMOGES, 62, Avenue Baudin | 53, Rue Stanislas, NANCY

1926

JUSTICE MILITAIRE

CODE

DE

JUSTICE MILITAIRE

POUR L'ARMÉE DE TERRE

Volume mis à jour à la date du 1er janvier 1926

CHARLES-LAVAUZELLE & Cie

Éditeurs militaires

PARIS, Boulevard Saint-Germain, 124

LIMOGES, 62, Avenue Baudin | 53, Rue Stanislas, NANCY

1926

CODE DE JUSTICE MILITAIRE

POUR

L'ARMÉE DE TERRE

Code de justice militaire pour l'armée de terre (1).

Paris, 9 juin 1857.

NAPOLÉON, par la grâce de Dieu, etc. . . . .

. . . .

LOI.

(Extrait du procès-verbal du Corps législatif.

LE CORPS LÉGISLATIF A ADOPTÉ LE PROJET DE LOI dont la teneur suit :

LIVRE PREMIER.

DE L'ORGANISATION DES TRIBUNAUX MILITAIRES

Dispositions préliminaires.

Art. 1er. La justice militaire est rendue :

1° Par des conseils de guerre ;
2° Par des conseils de revision.

Des prévôtés sont établies aux armées dans les cas prévus par le présent Code

---

(1) Le Code de justice militaire pour l'armée de terre est applicable à toutes les troupes coloniales, européennes et indigènes, énumérées dans les articles 4 et 5 de la loi du 7 juillet 1900, ainsi qu'à la gendarmerie coloniale et aux militaires indigènes de ce corps.

Ce Code est également applicable aux milices indigènes visées par l'article 19 de ladite loi, dans le cas prévu par le paragraphe 3 de cet article. (Art. 1er du décret du 23 octobre 1903, vol. 56 *bis* et 4 T. C.)

Loi mise à jour par l'incorporation dans le texte des modifications qui ont été apportées à divers articles par les lois des 16 mai 1872, 26 juillet 1873, 18 mai 1875 et 2 avril 1901.

TITRE I.

DES CONSEILS DE GUERRE ET DES CONSEILS DE REVISION PERMANENTS DANS LES CIRCONSCRIPTIONS TERRITORIALES.

CHAPITRE Ier.

DES CONSEILS DE GUERRE PERMANENTS DANS LES CIRCONSCRIPTIONS TERRITORIALES.

Art. 2. Il y a un conseil de guerre permanent au chef-lieu de chacune des circonscriptions militaires territoriales formées, à l'intérieur, sous le titre de régions de corps d'armée ou de commandement supérieur, et, en Algérie, sous le titre de division militaire.

Si les besoins du service l'exigent, d'autres conseils de guerre permanents peuvent être établis dans la circonscription par un décret du chef de l'Etat, qui fixe le siège de chacun de ces conseils et en détermine le ressort (1).

Art. 3. Le conseil de guerre permanent est composé d'un colonel ou lieutenant-colonel, président, et de six juges, savoir :

Un chef de bataillon, ou chef d'escadron, ou major;
Deux capitaines;
Un lieutenant et un sous-lieutenant ou, à défaut, un deuxième lieutenant (2);
Un sous-officier.

Art. 4. Il y a près chaque conseil de guerre un commissaire du gouvernement, un rapporteur et un greffier.

Il peut être nommé un ou plusieurs substituts du commissaire du gouvernement et du rapporteur, et un ou plusieurs commis-greffiers.

Art. 5. Les commissaires du gouvernement et leurs substituts remplissent près les conseils de guerre les fonctions du ministère public.

Les rapporteurs et leurs substituts sont chargés de l'instruction.

Les greffiers et commis-greffiers font les écritures.

---

(1) Texte donné par la loi du 18 mai 1875 (*B. O.*, p. 751).
(2) Loi du 21 avril 1892 (*B. O.*, p. 470), permettant l'adjonction d'un deuxième lieutenant, à défaut de sous-lieutenant dans la circonscription.

Art. 6. Les présidents et les juges sont pris parmi les officiers et sous-officiers en activité dans la circonscription : ils peuvent être remplacés tous les six mois, et même dans un délai moindre, s'ils cessent d'être employés dans la circonscription.

Art. 7. Les commissaires du gouvernement et les rapporteurs sont pris parmi les officiers supérieurs, les capitaines, les sous-intendants militaires ou adjoints, soit en activité, soit en retraite.

Les substituts sont pris parmi les officiers en activité dans la circonscription.

Exceptionnellement et lorsque les besoins du service l'exigent, il peut être dérogé à cette règle en vertu d'une décision du Ministre de la guerre (1).

Art. 8. Le président et les juges des conseils de guerre sont nommés par le général commandant la circonscription.

La nomination est faite par le Ministre de la guerre s'il s'agit du jugement d'un colonel, d'un officier général ou d'un maréchal de France.

Art. 9. Les commissaires du gouvernement et les rapporteurs sont nommés par le Ministre de la guerre.

Lorsqu'ils sont choisis parmi les officiers en activité, ils sont nommés sur une liste de présentation dressée par le général commandant la circonscription où siège le conseil de guerre.

Les substituts sont nommés par le général commandant la circonscription.

Un règlement d'administration publique détermine les conditions et les formes de la nomination des greffiers et commis-greffiers.

Art. 10. La composition des conseils de guerre, déterminée par l'article 3 du présent Code, est maintenue ou modifiée suivant le grade de l'accusé, conformément au tableau ci-après (2) :

---

(1) Texte donné par la loi du 18 mai 1875.
(2) Voir page 112, le tableau annexé au décret du 18 juillet 1857.

GRADE DE L'ACCUSÉ.	GRADE DU PRÉSIDENT.	GRADES DES JUGES.
Sous-officier, caporal ou brigadier, soldat.	Colonel ou lieute-nant-colonel......	1 chef de bataillon, ou chef d'escadron, ou major. 2 capitaines. 1 lieutenant, 1 sous-lieutenant, 1 sous-officier. *ou deux lieutenants.*
Sous-lieutenant......	Colonel ou lieute-nant-colonel......	1 chef de bataillon, ou chef d'escadron, ou major. 2 capitaines. 1 lieutenant. 2 sous-lieutenants.
Lieutenant.........	Colonel ou lieute-nant-colonel......	1 chef de bataillon, ou chef d'escadron, ou major. 3 capitaines. 2 lieutenants.
Capitaine.........	Colonel.........	1 lieutenant-colonel. 3 chefs de bataillon, ou chefs d'escadron, ou majors. 2 capitaines.
Chef de bataillon, chef d'escadron, major..	Général de brigade.	2 colonels 2 lieutenants-colonels. 2 chefs de bataillon, ou chefs d'escadron, ou majors.
Lieutenant-colonel..	Général de brigade.	4 colonels. 2 lieutenants-colonels.
Colonel............	Général de division.	4 généraux de brigade. 2 colonels.
Général de brigade..	Maréchal de France.	4 généraux de division. 2 généraux de brigade.
Général de division..	Maréchal de France.	2 maréchaux de France. 4 généraux de division.
Maréchal de France.	Maréchal de France.	3 maréchaux de France, ou amiraux. 3 généraux de division.

En cas d'insuffisance, dans la circonscription, d'officiers ayant le grade exigé pour la composition du conseil de guerre, le général commandant la circonscription appelle à siéger au conseil de guerre des officiers d'un grade égal à celui de l'accusé ou d'un grade immédiatement inférieur.

Lorsqu'une affaire paraîtra de nature à entraîner de longs débats, le Ministre de la guerre ou le général commandant la circonscription, suivant le cas, pourra, avant l'ouverture des débats, désigner dans chaque catégorie ou grade devant composer le conseil de guerre un ou deux juges supplémentaires.

Ces juges seront pris, d'après l'ordre d'ancienneté. à la suite des juges appelés à siéger au conseil de guerre. Ils assisteront aux débats, dans les mêmes conditions que les autres juges ;

mais ils ne prendront part aux délibérations dans la chambre du conseil que dans le cas où ils auraient remplacé un juge empêché, ainsi qu'il est dit ci-après.

Si, par une cause régulièrement constatée, un juge était empêché de siéger, il sera remplacé par le juge supplémentaire ou le plus ancien des deux juges supplémentaires de son grade ou de sa catégorie.

Cette disposition est applicable aux conseils de guerre créés en conformité du Code de justice militaire, ainsi que des lois du 7 août 1871 et du 16 mai 1872 (1).

Art. 11. Pour juger un général de division ou un maréchal de France, les maréchaux et les généraux de division sont appelés, suivant l'ordre de l'ancienneté, à siéger dans le conseil de guerre, à moins d'empêchements admis par le Ministre de la guerre.

Le président du conseil de guerre est choisi parmi les maréchaux désignés en vertu du paragraphe précédent ou, à défaut d'un maréchal, parmi les juges désignés dans les conditions que détermine l'article 12 (2).

Art. 12. A défaut d'un nombre suffisant de maréchaux, sont appelés à faire partie du conseil de guerre, d'après leur rang d'ancienneté et dans l'ordre suivant :

1° Des amiraux ;

2° Des officiers généraux ayant commandé en chef devant l'ennemi. — Ces officiers généraux seront nommés par le Ministre de la guerre, qui restera juge des cas d'empêchement.

Les fonctions de commissaire du gouvernement peuvent être remplies par un général de division, et celles de rapporteur sont exercées par un officier général (2).

Art. 13. Pour juger un membre du corps de l'intendance militaire, un médecin, un pharmacien, un officier d'administration, un vétérinaire ou tout autre individu assimilé aux militaires, le conseil de guerre est composé suivant le grade auquel le rang de l'accusé correspond (3).

Art. 14. S'il y a plusieurs accusés de différents grades ou rangs, la composition du conseil de guerre est déterminée par le grade ou le rang le plus élevé.

Art. 15. Lorsqu'à raison du grade ou du rang de l'accusé, un ou plusieurs membres du conseil de guerre sont remplacés, les autres membres, les rapporteurs et les greffiers continuent de droit leurs fonctions, sauf le cas prévu par l'article 12 ci-dessus.

---

(1) Les quatre derniers paragraphes de l'article 10 ont été ajoutés par la loi du 26 juillet 1873 (*B. O.*, p. 22).

(2) Texte donné par la loi du 16 mai 1872 (*B. O.*, p. 413).

(3) Texte donné par la loi du 18 mai 1875.

Art. 16. Les fonctions de commissaire du gouvernement sont remplies par un officier d'un grade ou d'un rang au moins égal à celui de l'accusé, sauf le cas prévu par l'article 12.

Lorsqu'un commissaire du gouvernement est spécialement nommé pour le jugement d'une affaire, il est assisté du commissaire ordinaire près le conseil de guerre, ou de l'un de ses substituts.

Art. 17. Les conseils de guerre appelés à juger des prisonniers de guerre sont composés, comme pour le jugement des militaires français, d'après les assimilations de grade.

Art. 18. Lorsque, dans les cas prévus par les lois, il y a lieu de traduire devant un conseil de guerre soit comme auteur principal, soit comme complice, un individu qui n'est ni militaire ni assimilé aux militaires, le conseil reste composé, suivant le cas, comme il est dit aux articles 3 et 33 pour les sous-officiers, caporaux et soldats, à moins que le grade ou le rang d'un co-accusé militaire n'exige une autre composition (1).

Art. 19. Le général commandant chaque circonscription territoriale dresse, sur la présentation des chefs de corps, un tableau par grade et par ancienneté des officiers et sous-officiers de la circonscription qui peuvent être appelés à siéger comme juges dans le conseil de guerre.

Ce tableau est rectifié au fur et à mesure des mutations. Une expédition en est déposée au greffe du conseil de guerre.

Les officiers et sous-officiers sont appelés successivement, et dans l'ordre de leur inscription, à siéger dans le conseil de guerre, à moins d'empêchement admis par une décision du général commandant la circonscription.

Art. 20. En cas d'empêchement accidentel du président ou d'un juge, le général commandant la circonscription le remplace provisoirement, selon les cas, par un officier de même grade ou par un sous-officier, dans l'ordre du tableau dressé en exécution de l'article précédent.

Dans le cas d'empêchement du commissaire du gouvernement, du rapporteur et de leurs substituts, du greffier et du commis-greffier, il est provisoirement pourvu au remplacement par le général commandant la circonscription.

Art. 21. S'il ne se trouve pas dans la circonscription des officiers généraux ou supérieurs en nombre suffisant pour compléter le conseil de guerre, le Ministre de la guerre y pourvoit en appelant, par rang d'ancienneté, des officiers généraux ou supérieurs employés dans les circonscriptions territoriales les plus voisines.

Art. 22. Nul ne peut faire partie d'un conseil de guerre, à un

____

(1) Texte donné par la loi du 18 mai 1875.

titre quelconque, s'il n'est Français ou naturalisé Français et âgé de vingt-cinq ans accomplis.

Toutefois, pour les commis greffiers, la limite d'âge est fixée à 21 ans révolus (1).

Art. 23. Les parents et alliés, jusqu'au degré d'oncle et de neveu inclusivement, ne peuvent être membres du même conseil de guerre, ou remplir près ce corps les fonctions de commissaire de gouvernement, de rapporteur ou de greffier.

Art. 24. Nul ne peut siéger comme président ou juge, ni remplir les fonctions de rapporteur dans une affaire soumise au conseil de guerre :

1° S'il est parent ou allié de l'accusé jusqu'au degré de cousin issu de germain inclusivement ;

2° S'il a porté la plainte, donné l'ordre d'information ou déposé comme témoin;

3° Si, dans les cinq ans qui ont précédé la mise en jugement, il a été engagé comme plaignant, partie civile ou prévenu dans un procès criminel contre l'accusé ;

4° S'il a précédemment connu de l'affaire comme administrateur ou comme membre d'un tribunal militaire.

Art. 25. Avant d'entrer en fonctions, les commissaires du gouvernement et les rapporteurs pris en dehors de l'activité prêtent, entre les mains du général commandant la circonscription, le serment suivant :

« *Je jure obéissance à la Constitution et fidélité au Chef de l'Etat.* »

CHAPITRE II.

DES CONSEILS DE REVISION PERMANENTS DANS LES CIRCONSCRIPTIONS TERRITORIALES.

Art. 26. Il est établi, pour les circonscriptions territoriales, des conseils de revision permanents dont le nombre, le siège et le ressort sont déterminés par décret du Chef de l'Etat, inséré au *Bulletin des lois* (2) :

---

(1) Loi du 27 février 1922. (*Bulletin officiel*, page 781.)

(2) Loi de finances du 17 avril 1906 (*B. O.*, p. 583) :

Art. 44. — La Cour de cassation prononcera aux lieu et place des conseils et tribunaux de révision, sur les recours formés en temps de paix contre les jugements des conseils de guerre et tribunaux maritimes siégeant à l'intérieur du territoire, en Algérie et en Tunisie.

Elle prononcera, même en temps de guerre, sur les recours formés :

1° Contre les jugements des tribunaux maritimes commerciaux prévus par l'article 11 de la loi du 10 mars 1891 sur les accidents et collisions en mer;

2° Contre les jugements des tribunaux maritimes spéciaux prévus par l'article 10 de la loi du 30 mai 1854 sur l'exécution des travaux forcés.

Les jugements rendus sur la compétence et autres exceptions ou inci-

Art. 27 (1). Les conseils de revision permanents dans les circonscriptions territoriales sont composés de cinq membres : de deux magistrats de la cour d'appel du ressort et de trois officiers supérieurs, un colonel ou lieutenant-colonel et deux chefs de bataillon, chefs d'escadron ou majors.

Ils sont présidés par un président de chambre de la cour d'appel ou par le magistrat qui en remplit les fonctions.

Il y a près de chaque conseil de revision un commissaire du gouvernement et un greffier.

Les fonctions de commissaire du gouvernement sont remplies par un officier supérieur ou un sous-intendant militaire.

Il peut être nommé un ou plusieurs substituts du commissaire du gouvernement et un ou plusieurs commis greffiers, si les besoins du service l'exigent.

Art. 28 (1). Un décret rendu en conseil des ministres réglera les conditions dans lesquelles seront désignés les magistrats appelés à siéger dans les conseils de revision.

Les juges militaires sont choisis parmi les officiers en activité dans la circonscription où siège le conseil et nommés par le général commandant la circonscription. Ils peuvent être remplacés tous les six mois et même dans un délai moindre, s'ils cessent d'être employés dans la circonscription.

Un tableau est dressé pour les juges militaires, conformément à l'article 19 du présent code.

Les articles 20 et 21 sont également applicables en ce qui concerne les juges militaires des conseils de revision.

Art. 29. Les commissaires du gouvernement sont pris parmi les officiers supérieurs ou parmi les sous-intendants militaires en activité de service ou en retraite ; ils sont nommés par le Ministre de la guerre.

Les substituts sont pris parmi les officiers ou parmi les membres de l'intendance militaire en activité de service ; ils sont nommés par le général commandant la circonscription.

Les conditions et les formes de la nomination des greffiers et commis-greffiers sont déterminées par le règlement d'administration publique prévu par l'article 19 du présent Code.

---

dents soulevés au cours des débats devant le conseil de guerre ou le tribunal maritime ne pourront être déférés à la Cour de cassation que dans les conditions déterminées par l'article 123 du Code de justice militaire et l'article 153 du Code de justice maritime.

Les condamnés ont trois jours francs pour se pourvoir en cassation. Il n'y a pas lieu à consignation d'amende.

En attendant qu'une loi ait adopté les modifications nécessaires à l'organisation et au fonctionnement de la Cour de cassation, un décret, rendu sur la proposition du Garde des sceaux, des Ministres de la guerre et de la marine, pourvoira à l'exécution des présentes dispositions.

(1) Articles modifiés. (Loi du 27 avril 1916, *B. O.*, p. 307.)

Art. 30 (1). Lorsque le conseil de guerre dont le jugement est attaqué a été présidé par un général de division, le conseil de revision est présidé par le premier président de la cour d'appel ou par le magistrat qui en remplit les fonctions.

Art. 31. Nul ne peut faire partie d'un conseil de revision s'il n'est Français ou naturalisé Français et âgé de trente ans accomplis.

Les articles 23 et 24 du présent Code sont applicables aux membres des conseils de revision.

Art. 32. Avant leur entrée en fonctions, les commissaires du gouvernement pris en dehors de l'activité prêtent, entre les mains du général commandant la circonscription, le serment prescrit par l'article 25 du présent Code.

TITRE II.

DES CONSEILS DE GUERRE ET DES CONSEILS DE REVISION AUX ARMÉES, DANS LES COMMUNES ET LES DÉPARTEMENTS EN ÉTAT DE SIÈGE ET DANS LES PLACES DE GUERRE ASSIÉGÉES OU INVESTIES.

CHAPITRE Iᵉʳ.

DES CONSEILS DE GUERRE AUX ARMÉES.

Art. 33 (1). Lorsqu'un corps d'armée est appelé, ou que plusieurs corps d'armée réunis en armée sont appelés à opérer, soit sur le territoire, soit au dehors, un ou plusieurs conseils de guerre sont établis, sur l'ordre du Ministre de la guerre, dans chaque division active, ainsi qu'au quartier général de l'armée, et, s'il y a lieu, au quartier général de chaque corps d'armée.

Les conseils de guerre de division peuvent être affectés à chacune des unités de la force d'un régiment au moins.

Si une division active, ou un détachement de troupe de la force d'un bataillon au moins, est appelé à opérer isolément, un ou deux conseils de guerre peuvent également être formés dans la division ou dans le détachement.

Ces conseils de guerre sont composés de cinq juges seulement, conformément au tableau ci-après, suivant le grade de l'accusé (2) :

---

(1) Articles modifiés. (Loi du 27 avril 1916, *B. O.*, p. 307.)
(2) Nouveau texte. (Loi du 13 mai 1918, *B. O.*, p. 1681.)

GRADE DE L'ACCUSÉ.	GRADE DU PRÉSIDENT.	GRADES DES JUGES.
Sous-officier, caporal ou brigadier, soldat.	Colonel ou lieutenant-colonel	1 chef de bataillon, chef d'escadron ou major. 1 capitaine. 1 lieutenant ou sous-lieutenant. 1 sous-officier.
Sous-lieutenant	Colonel ou lieutenant-colonel	1 chef de bataillon, chef d'escadron ou major. 1 capitaine. 1 lieutenant. 1 sous-lieutenant.
Lieutenant.........	Colonel ou lieutenant-colonel......	1 chef de bataillon, chef d'escadron ou major. 1 capitaine. 2 lieutenants.
Capitaine	Colonel	1 lieutenant-colonel. 1 chef de bataillon, chef d'escadron ou major. 2 capitaines.
Chef de bataillon, chef d'escadron ou major.	Général de brigade.	1 colonel. 1 lieutenant-colonel. 2 chefs de bataillon, chefs d'escadron ou majors.
Lieutenant-colonel...	Général de brigade.	2 colonels. 2 lieutenants-colonels.
Colonel............	Général de division..	2 généraux de brigade. 2 colonels.
Général de brigade..	Maréchal de France ou général ayant commandé en chef devant l'ennemi..	2 généraux de divis'on. 2 généraux de brigade.
Général de division.	Maréchal de France ou général ayant commandé en chef devant l'ennemi..	2 maréchaux de France ou 2 généraux ayant commandé en chef devant l'ennemi. 2 généraux de division.
Maréchal de France.	Maréchal de France ou général ayant commandé en chef devant l'ennemi..	2 maréchaux de France ou généraux ayant commandé en chef devant l'ennemi. 2 généraux de division ayant commandé en chef devant l'ennemi.

Il y a près de chaque conseil un commissaire du gouvernement rapporteur, remplissant à la fois les fonctions de magistrat instructeur et celles du ministère public, et un greffier.

Il peut être nommé un ou plusieurs substituts du commissaire du gouvernement rapporteur et un ou plusieurs commis-greffiers.

Les articles 11, 12, 13, 14, 16, 17 et 18 du présent Code sont applicables aux conseils de guerre ainsi composés (1).

(1) Texte donné par la loi du 18 mai 1875.

– 13 –

Art. 34. Les membres des conseils de guerre, ainsi que les commissaires du gouvernement rapporteurs, les substituts, les greffiers et commis-greffiers, sont pris parmi les officiers et les sous-officiers employés dans l'armée, le corps d'armée, la division ou le détachement près desquels ces conseils sont établis (1).

Art. 35. Les membres des conseils de guerre sont nommés et remplacés, savoir :

Dans la division, par le général commandant la division ;

Au quartier général de l'armée, par le général en chef ;

Au quartier général du corps d'armée, par le général commandant le corps d'armée ;

Dans le détachement de troupe, par le commandant de ce détachement.

S'il ne se trouve pas, soit dans la division, soit dans l'armée, soit dans le corps d'armée, soit dans le détachement où se forment les conseils de guerre, un nombre suffisant d'officiers du grade requis pour leur composition, il y est suppléé en descendant dans la hiérarchie, même jusqu'au grade inférieur à celui de l'accusé, si cela est nécessaire, mais sans que plus de deux juges puissent être pris dans cette catégorie.

Si, nonobstant la disposition du paragraphe précédent, il y a dans les divisions, corps d'armée et détachements, insuffisance de militaires du grade requis pour composer les conseils de guerre qui y sont attachés, il y est pourvu par le général en chef au moyen d'officiers pris dans l'armée.

En cas d'impossibilité absolue pour le général en chef de composer le conseil de guerre du quartier général, il y est pourvu par le Ministre de la guerre, qui compose ce conseil conformément aux dispositions de l'article 21 du présent Code, ou renvoie l'officier inculpé devant l'un des conseils de guerre permanents des circonscriptions territoriales voisines (1).

Art. 36. Si un maréchal de France ou un général de division ayant commandé une armée ou un corps d'armée est mis en jugement à raison d'un fait commis pendant la durée de son commandement, aucun des généraux ayant été sous ses ordres dans l'armée ou le corps d'armée ne peut faire partie du conseil de guerre.

Art. 37. Les articles 15, 22, 23 et 24 du présent Code sont applicables aux conseils de guerre siégeant aux armées (1).

____

(1) Texte donné par la loi du 18 mai 1875.

CHAPITRE II.

DES CONSEILS DE REVISION AUX ARMÉES.

Art. 38. Il est établi un conseil de revision au quartier général de l'armée.

Le général en chef de l'armée ou le général commandant un corps d'armée peut, en outre, selon les besoins du service, établir un conseil de revision pour une ou plusieurs divisions, pour un ou plusieurs détachements.

Art. 39. Les membres des conseils de revision sont pris parmi les officiers employés dans les armées, corps d'armée, divisions ou détachements près desquels ces conseils sont établis.

Ils sont nommés et remplacés par les commandants de ces armées, corps d'armée, divisions ou détachements.

Art. 40 (1). Les articles 23, 24 et 31 du présent code sont applicables aux conseils de revision siégeant aux armées.

Les conseils de revision sont composés d'un président général de brigade, et de quatre juges, savoir :

Deux colonels ou lieutenants-colonels;

Deux chefs de bataillon, ou chefs d'escadron, ou majors.

Il y a près de chaque conseil de revision un commissaire du gouvernement et un greffier.

Les fonctions de commissaire du gouvernement sont remplies par un officier supérieur ou par un sous-intendant militaire.

Il peut être nommé un substitut du commissaire du gouvernement et un commis-greffier si les besoins du service l'exigent.

Lorsque le conseil de guerre dont le jugement est attaqué a été présidé par un général de division, le conseil de revision est également présidé par un général de division. Le général de brigade siège alors comme juge et le chef de bataillon ou le chef d'escadron ou le major, le moins ancien de grade, ou, à égalité d'avancement, le moins âgé, ne prend pas part au jugement.

Art. 41. S'il ne se trouve pas, soit au quartier général, soit dans l'armée, soit dans le corps d'armée, soit dans la division, soit dans le détachement où se forme le conseil de revision, un nombre suffisant d'officiers du grade requis, le conseil est composé de *trois juges*, lesquels peuvent être pris, savoir :

Le président, parmi les colonels ou lieutenants-colonels ;

Les deux juges, parmi les chefs de bataillon, les chefs d'escadron ou les majors.

---

(1) Texte donné par la loi du 27 avril 1916 (*B. O.*, p. 307).

Les fonctions de commissaire du gouvernement peuvent être remplies par un capitaine ou un adjoint de l'intendance militaire.

Dans tous les cas, le président du conseil de revision doit être d'un grade au moins égal à celui de l'accusé.

CHAPITRE III.

DISPOSITIONS COMMUNES AUX DEUX CHAPITRES PRÉCÉDENTS.

Art. 42. Lorsque des armées, corps d'armée, divisions actives ou détachements de troupes sont appelés à opérer, soit sur le territoire, soit au dehors, les conseils de guerre et de revision permanents qui se trouvent déjà organisés dans les circonscriptions territoriales connaissent de toutes les affaires de la compétence des conseils de guerre et de revision aux armées, tant que des conseils d'armée n'ont pas été créés, conformément aux chapitres I et II du présent titre (1).

CHAPITRE IV.

DES CONSEILS DE GUERRE DANS LES COMMUNES ET LES DÉPARTEMENTS EN ÉTAT DE SIÈGE, ET DANS LES PLACES DE GUERRE ASSIÉGÉES OU INVESTIES.

Art. 43. Lorsqu'une ou plusieurs communes, un ou plusieurs départements ont été déclarés en état de siège, les conseils de guerre permanents des circonscriptions territoriales dont font partie ces communes ou ces départements, indépendamment de leurs attributions ordinaires statuent sur les crimes et délits dont la connaissance leur est déférée par le présent Code et par les lois sur l'état de siège.

Le siège de ces conseils peut être transféré par décret du Chef de l'État dans l'une de ces communes ou dans l'un de ces départements.

Art. 44. Il est établi deux conseils de guerre dans toute place de guerre assiégée ou investie.

La formation de ces conseils est mise à l'ordre du jour de la place.

Leurs fonctions cessent dès que l'état de siège est levé, sauf en ce qui concerne le jugement des crimes et délits dont la poursuite leur a été déférée (2).

---

(1) Texte donné par la loi du 18 mai 1875
(2) Voir l'article 13 de la loi du 9 août 1849 sur l'état de siège (vol. 75).

Art. 45. Les membres des conseils de guerre établis dans les places de guerre, en vertu de l'article précédent, sont nommés et remplacés par le gouverneur ou le commandant supérieur de la place, qui, à défaut de militaires en activité, peut les prendre parmi les officiers et les sous-officiers en non-activité, en congé ou en retraite. Dans ce cas, ils prêtent, entre les mains du commandant supérieur, le serment prescrit par l'article 25 du présent Code.

S'il ne se trouve pas dans la place un nombre suffisant d'officiers des grades exigés pour la formation des conseils, il y est suppléé par des officiers et sous-officiers des grades inférieurs les plus rapprochés (1).

Art. 46. Les conseils de guerre établis dans les places de guerre en vertu de l'article 44 sont composés comme les conseils de guerre aux armées.

Les articles 11, 12, 13, 14, 15, 16, 17, 18, 22, 23, 24, 33 et 34 du présent Code leur sont applicables (1).

CHAPITRE V.

DES CONSEILS DE REVISION DANS LES COMMUNES ET LES DÉPARTEMENTS EN ÉTAT DE SIÈGE, ET DANS LES PLACES DE GUERRE ASSIÉGÉES OU INVESTIES.

Art. 47. Lorsqu'une ou plusieurs communes, un ou plusieurs départements ont été déclarés en état de siège, chaque conseil de revision *permanent* connaît des recours formés contre tous les jugements des conseils de guerre *placés dans sa circonscription*.

Le siège du conseil de revision peut être transféré, par décret du Chef de l'Etat, dans l'une de ces communes, ou dans l'un de ces départements.

Art. 48. Il est établi un conseil de revision dans toute place de guerre assiégée ou investie.

Les membres de ce conseil sont nommés et remplacés par le gouverneur ou le commandant supérieur de la place. Ils sont pris dans les catégories indiquées dans l'article 45 du présent Code.

En cas d'insuffisance, le conseil est réduit à trois juges, conformément à l'article 41 (1).

Art. 49. Les articles 27, 30, 31 et 32 du présent Code sont applicables aux conseils de revision siégeant dans les places de guerre assiégées ou investies (1).

---

(1) Texte donné par la loi du 18 mai 1875.

CHAPITRE VI.

DISPOSITIONS COMMUNES AUX DEUX CHAPITRES PRÉCÉDENTS.

Art. 50. S'il existe déjà, dans la place de guerre assiégée ou investie, des conseils de guerre ou de revision, l'organisation en est modifiée et complétée, s'il y a lieu, conformément aux dispositions des deux chapitres précédents (1).

TITRE III.

DES PRÉVOTÉS.

Art. 51. Lorsqu'une armée est sur le territoire étranger, les grands prévôts et les prévôts, indépendamment des attributions de police qui leur sont déférées par les règlements militaires, exercent une juridiction dont les limites et les règles sont déterminées par le présent Code.

Art. 52. Le grand prévôt exerce sa juridiction, soit par lui-même, soit par les prévôts, sur tout le territoire occupé par l'armée et sur les flancs et les derrières de l'armée.

Chaque prévôt exerce sa juridiction dans la division ou le détachement auxquels il appartient, ainsi que sur les flancs et les derrières de cette division ou de ce détachement.

Le grand prévôt, ainsi que les prévôts, jugent seuls, assistés d'un greffier, qu'ils choisissent parmi les sous-officiers et brigadiers de gendarmerie.

LIVRE II.

DE LA COMPÉTENCE DES TRIBUNAUX MILITAIRES.

Dispositions générales.

Art. 53. Les tribunaux militaires ne statuent que sur l'action publique, sauf les cas prévus par l'article 75 du présent Code.

Ils peuvent néanmoins ordonner, au profit des propriétaires, la restitution des objets saisis ou des pièces de conviction, lorsqu'il n'y a pas lieu d'en prononcer la confiscation.

Art. 54. L'action civile ne peut être poursuivie que devant les tribunaux civils; l'exercice en est suspendu tant qu'il n'a pas été prononcé définitivement sur l'action publique intentée avant ou pendant la poursuite de l'action civile.

---

(1) Texte donné par la loi du 18 mai 1875.

TITRE I.

COMPÉTENCE DES CONSEILS DE GUERRE.

CHAPITRE Ier.

COMPÉTENCE DES CONSEILS DE GUERRE PERMANENTS DANS LES CIRCONSCRIPTIONS TERRITORIALES EN ÉTAT DE PAIX.

Art. 55. Tout individu appartenant à l'armée en vertu, soit de la loi de recrutement, soit d'un brevet ou d'une commission, est justiciable des conseils de guerre permanents dans les circonscriptions territoriales en état de paix, selon les distinctions établies dans les articles suivants.

Art. 56. Sont justiciables des conseils de guerre des circonscriptions territoriales en état de paix pour tous crimes et délits, sauf les exceptions portées au titre IV du présent livre :

1º Les officiers de tous grades, les sous-officiers, caporaux et brigadiers, les soldats, les musiciens et les enfants de troupe ;

Les membres du corps de l'intendance militaire;

Les médecins, les pharmaciens, les vétérinaires militaires et les officiers d'administration;

Les individus assimilés aux militaires par les ordonnances ou décrets d'organisation ;

Pendant qu'ils sont en activité de service ou portés présents sur les contrôles de l'armée ou détachés pour un service spécial.

2º Les militaires, les jeunes soldats, les remplaçants (1), les engagés volontaires et les individus assimilés aux militaires, placés dans les hôpitaux civils et militaires, ou voyageant sous la conduite de la force publique, ou détenus dans les établissements, prisons et pénitenciers militaires;

3º Les officiers de tous grades et les sous-officiers, caporaux et soldats inscrits sur les contrôles de l'hôtel national des Invalides;

4º Les jeunes soldats laissés dans leurs foyers, et les militaires envoyés en congé illimité, lorsqu'ils sont réunis pour les revues ou exercices prévus par l'article 30 de la loi du 21 mars 1832.

Les prisonniers de guerre sont aussi justiciables des conseils de guerre.

---

(1) Remplaçants supprimés par la loi du 27 juillet 1872.

Art. 57. Sont également justiciables des conseils de guerre des divisions territoriales en état de paix, mais seulement pour les crimes et délits prévus par le titre II du livre IV, les militaires de tous grades, les membres de l'intendance militaire et tous individus assimilés aux militaires :

1° Lorsque, sans être employés, ils reçoivent un traitement et restent à la diposition du gouvernement ;

2° Lorsqu'ils sont en congé ou en permission.

Art. 58. Les jeunes soldats, les engagés volontaires et les remplaçants (1) ne sont, depuis l'instant où ils ont reçu leur ordre de route jusqu'à celui de leur réunion en détachement ou de leur arrivée au corps, justiciables des mêmes conseils de guerre que pour les faits d'insoumission, sauf les cas prévus par les numéros 2 et 4 de l'article 56 ci-dessus.

Art. 59. Les officiers de la gendarmerie, les sous-officiers et les gendarmes ne sont pas justiciables des conseils de guerre pour les crimes et délits commis dans l'exercice de leurs fonctions relatives à la police judiciaire et à la constatation des contraventions en matière administrative.

Art. 60. Lorsqu'un justiciable des conseils de guerre est poursuivi en même temps pour un crime ou un délit de la compétence des conseils de guerre et pour un autre crime ou délit de la compétence des tribunaux ordinaires, il est traduit d'abord devant le tribunal auquel appartient la connaissance du fait emportant la peine la plus grave, et renvoyé ensuite, s'il y a lieu, pour l'autre fait, devant le tribunal compétent.

En cas de double condamnation, la peine la plus forte est seule subie.

Si les deux crimes ou délits emportent la même peine, le prévenu est d'abord jugé pour le fait de la compétence des tribunaux militaires.

Art. 61. Le prévenu est traduit, soit devant le conseil de guerre dans le ressort duquel le crime ou délit a été commis, soit devant celui dans le ressort duquel il a été arrêté, soit devant celui de la garnison de son corps ou de son détachement.

CHAPITRE II.

DE LA COMPÉTENCE DES CONSEILS DE GUERRE AUX ARMÉES ET DANS LES CIRCONSCRIPTIONS TERRITORIALES EN ÉTAT DE GUERRE.

Art. 62. Sont justiciables des conseils de guerre aux armées pour tout crime ou délit :

---

(1) Voir note (1) de la page précédente.

1º Les justiciables des conseils de guerre dans les circonscriptions territoriales en état de paix ;

2º Les individus employés, à quelque titre que ce soit, dans les états-majors et dans les administrations et services qui dépendent de l'armée.

3º Les vivandiers et vivandières, cantiniers et cantinières, les blanchisseuses, les marchands, les domestiques et autres individus à la suite de l'armée *en vertu de permissions*.

Art. 63. Sont justiciables des conseils de guerre, si l'armée est sur le *territoire ennemi*, tous individus prévenus, soit comme auteurs, soit comme complices, d'un des crimes ou délits prévus par le titre II du livre IV du présent Code.

Art. 64. Sont également justiciables des conseils de guerre, lorsque l'armée se trouve sur le *territoire français*, en présence de l'ennemi, pour crimes et délits commis dans l'arrondissement de cette armée :

1º Les *étrangers* prévenus de crimes et délits prévus par l'article précédent (*de l'article 204 à l'article 266 inclus*);

2º Tous individus prévenus comme auteurs ou complices des crimes prévus par les articles 204, 205, 206, 207, 208, 249, 250, 251, 252, 253 et 254 du présent Code.

Art. 65. Sont traduits devant le conseil de guerre de la division ou du détachement dont ils font partie, les militaires *jusqu'au grade de capitaine inclusivement, et les assimilés des rangs correspondants*.

Art. 66. Sont traduits devant le conseil de guerre du quartier général de leur corps d'armée :

1º Les militaires attachés au quartier général jusqu'au grade de colonel inclusivement, et les assimilés de rangs correspondants attachés à ce quartier général ;

2º Les chefs de bataillon, les chefs d'escadron et les majors les lieutenants-colonels et les colonels, et les assimilés de rangs correspondants attachés aux divisions composant le corps d'armée.

Art. 67. Sont traduits devant le conseil de guerre du quartier général de l'armée :

1º Les militaires et les assimilés désignés dans l'article précédent, lorsqu'il n'a pas été établi de conseil de guerre au quartier général de leur corps d'armée;

2º Les militaires et les individus attachés au quartier général de l'armée;

3° Les militaires et les individus assimilés aux militaires, qui ne font partie d'aucune des divisions ou d'aucun des corps d'armée ;

4° Les officiers généraux et les individus des rangs correspondants employés dans l'armée. Toutefois le général en chef peut, s'il le juge nécessaire, les mettre à la disposition du Ministre de la guerre et, dans ce cas, ils sont traduits devant le conseil de guerre d'une des circonscriptions territoriales les plus rapprochées.

Art. 68. Tout individu justiciable des conseils de guerre aux armées, qui n'est ni militaire, ni assimilé aux militaires, est traduit devant l'un des conseils de guerre de l'armée les plus voisins du lieu dans lequel le crime ou le délit a été commis, ou du lieu dans lequel le prévenu a été arrêté.

Art. 69. Les règles de compétence établies pour les conseils de guerre aux armées sont observées dans les circonscriptions territoriales déclarées en état de guerre par un décret du Chef de l'Etat.

CHAPITRE III.

COMPÉTENCE DES CONSEILS DE GUERRE DANS LES COMMUNES ET LES DÉPARTEMENTS EN ÉTAT DE SIÈGE ET DANS LES PLACES DE GUERRE ASSIÉGÉES OU INVESTIES

Art. 70. Les conseils de guerre dans le ressort desquels se trouvent les communes et les départements déclarés en état de siège, et les places de guerre assiégées ou investies connaissent de tous les crimes et délits commis par les justiciables des conseils de guerre aux armées, conformément aux articles 63 et 64 ci-dessus, sans préjudice de l'application de la loi du 9 août 1849 sur l'état de siège (1). Voir page 69.

CHAPITRE IV.

DISPOSITIONS COMMUNES AUX TROIS CHAPITRES PRÉCÉDENTS.

Art. 71. Les jugements rendus par les conseils de guerre peuvent être attaqués par recours devant les conseils de revision (2). La faculté, pour les condamnés, de former un recours en revi-

---

(1) Texte donné par la loi du 18 mai 1875.
(2) L'article 44 de la loi de finances du 17 avril 1906 a substitué la cour de cassation aux conseils de revision pour prononcer sur les recours formés en temps de paix contre les jugements des conseils de guerre et tribunaux maritimes (voir la note 1 de la page 9).

sion contre les jugements des conseils de guerre établis conformément au 3° paragraphe de l'article 33, peut être temporairement suspendue aux armées, par un décret du Chef de l'Etat, rendu en conseil des ministres.

Le commandant supérieur d'une place assiégée ou investie a toujou usa droit d'ordonner cette suspension.

Dans tous les cas, lorsque cette mesure est prise, elle est portée à la connaissance des troupes par la voie de l'ordre, et, au besoin, à la connaissance de la population par voie d'affiches. Elle n'a d'effet qu'à l'égard des condamnés jugés pour des crimes ou délits commis après cette publication, et les condamnations, soit à la peine de mort, soit à toute autre peine infamante, ne sont exécutées que sur un ordre signé de l'officier qui a ordonné la mise en jugement (1).

TITRE II.

COMPÉTENCE DES CONSEILS DE REVISION (2).

Art. 72. Les conseils de revision prononcent sur les recours formés contre les jugements des conseils de guerre établis dans leur ressort.

Art. 73. Les conseils de revision ne connaissent pas du fond des affaires.

Art. 74. Les conseils de revision ne peuvent annuler les jugements que dans les cas suivants :

1° Lorsque le conseil de guerre n'a pas été composé conformément aux dispositions du présent Code;

2° Lorsque les règles de la compétence ont été violées;

3° Lorsque la peine prononcée par la loi n'a pas été appliquée aux faits déclarés constants par le conseil de guerre, ou lorsqu'une peine a été prononcée en dehors des cas prévus par la loi;

4° Lorsqu'il y a eu violation ou omission des formes prescrites à peine de nullité;

5° Lorsque le conseil de guerre a omis de statuer sur une demande de l'accusé ou une réquisition du commissaire du gouvernement tendant à user d'une faculté ou d'un droit accordé par la loi.

TITRE III.

COMPÉTENCE DES PRÉVOTÉS.

Art. 75. Les prévôtés ont juridiction :

1° Sur les vivandiers, vivandières, cantiniers, cantinières, blanchisseuses, marchands, domestiques et toutes personnes à la suite de l'armée en vertu de permissions;

---

(1) Texte donné par la loi du 18 mai 1875.
(2) Voir la note (2) de la page 21.

2° Sur les vagabonds et gens sans aveu ;

3° Sur les prisonniers de guerre qui ne sont pas officiers.

Elles connaissent à l'égard des individus ci-dessus désignés dans l'étendue de leur ressort :

1° Des infractions prévues par l'artic e 271 du présent Code ;

2° De toute infraction dont la peine ne peut excéder six mois d'emprisonnement et deux cents francs d'amende, ou l'une de ces peines ;

3° Des demandes en dommages-intérêts qui n'excèdent pas cent cinquante francs, lorsqu'elles se rattachent à une infraction de leur compétence.

Les décisions des prévôtés ne sont susceptibles d'aucun recours.

TITRE IV

COMPÉTENCE EN CAS DE COMPLICITÉ.

Art. 76. Lorsque la poursuite d'un crime, d'un délit ou d'une contravention comprend des individus non justiciables des tribunaux militaires et des militaires ou autres individus justiciables de ces tribunaux, tous les prévenus indistinctement sont traduits devant les tribunaux ordinaires, sauf les cas exceptés par l'article suivant ou par toute autre disposition expresse de la loi.

Art. 77. *Tous* les prévenus indistinctement sont traduits devant les tribunaux militaires :

1° Lorsqu'ils sont tous militaires ou assimilés aux militaires, alors même qu'un ou plusieurs d'entre eux ne seraient pas justiciables de ces tribunaux, en raison de leur position au moment du crime ou du délit ;

2° S'il s'agit de crimes ou de délits commis par des justiciables des conseils de guerre et *par des étrangers ;*

3° S'il s'agit de crimes ou de délits commis aux armées en pays étranger ;

4° S'il s'agit des crimes ou des délits commis à l'armée, sur le territoire *français, en présence de l'ennemi.*

Art. 78. Lorsqu'un crime ou un délit a été commis de complicité par des individus justiciables des tribunaux de l'armée de terre et par des individus justiciables des tribunaux de la marine, la connaissance en est attribuée aux juridictions maritimes, si le fait a été commis sur les vaisseaux et autres navires de l'Etat ou dans l'enceinte des ports militaires, arsenaux ou autres établissements maritimes.

Art. 79. Si le crime ou le délit a été commis en tous autres lieux que ceux qui sont indiqués dans l'article précédent, les tribunaux de l'armée de terre sont seuls compétents. Il en est de même si les vaisseaux, ports, arsenaux ou autres établissements maritimes où le fait a été commis se trouvent dans une circonscription en état de siège.

TITRE V.

DES POURVOIS DEVANT LA COUR DE CASSATION.

Art. 80. Ne peuvent, en aucun cas, se pourvoir en cassation contre les jugements des conseils de guerre et des conseils de revision :

1° Les militaires, les assimilés aux militaires et tous autres individus désignés dans les articles 55, 56 et 57 ci-dessus ;

2° Les individus soumis, à raison de leur position, aux lois et règlements militaires ;

3° Les justiciables des conseils de guerre dans les cas prévus par les articles 62, 63 et 64 ci-dessus ;

4° Tous individus enfermés dans une place de guerre en état de siège.

Art. 81. Les accusés ou condamnés qui ne sont pas compris dans les désignations de l'article précédent peuvent attaquer les jugements des conseils de guerre et des conseils de revision devant la Cour de cassation, mais pour cause d'incompétence seulement.

Le pourvoi en cassation ne peut être formé avant qu'il ait été statué sur le recours en revision, ou avant l'expiration du délai fixé pour l'exercice de ce recours.

Les pourvois en cassation contre les jugements des conseils de guerre sont absolument interdits en temps de guerre, pour tous les condamnés sans exception, lorsque le recours en revision a été suspendu, comme il est dit au 2° paragraphe de l'article 71 (1).

Art. 82. Les dispositions des articles 441, 442, 443, 444, 445, 446, 447 et 542 § 1ᵉʳ, du Code d'instruction criminelle, sont applicables aux jugements des tribunaux militaires. Il n'est pas dérogé aux dispositions de l'article 527 du même Code. (Voir p. 69.)

---

(1) Texte donné par la loi du 18 mai 1875.

LIVRE III.

DE LA PROCÉDURE DEVANT LES TRIBUNAUX MILITAIRES.

TITRE I.

PROCÉDURE DEVANT LES CONSEILS DE GUERRE.

CHAPITRE Ier.

PROCÉDURE DEVANT LES CONSEILS DE GUERRE DANS LES CIRCONSCRIPTIONS TERRITORIALES EN ÉTAT DE PAIX.

SECTION PREMIÈRE.

DE LA POLICE JUDICIAIRE ET DE L'INSTRUCTION.

Art. 83. La police judiciaire militaire recherche les crimes ou les délits, en rassemble les preuves, et en livre les auteurs à l'autorité chargée d'en poursuivre la répression devant les tribunaux militaires.

Art. 84. La police judiciaire militaire est exercée, sous l'autorité du général commandant la circonscription :

1° Par les adjudants de place ;

2° Par les officiers, sous-officiers et commandants de brigade de gendarmerie ;

3° Par les chefs de poste ;

4° Par les gardes de l'artillerie et du génie (1) ;

5° Par les rapporteurs près les conseils de guerre, en cas de flagrant délit.

Art. 85. Les commandants et majors de place, les chefs de corps, de dépôt et de détachement, les chefs de service d'artillerie et du génie, les membres de l'intendance militaire, peuvent faire personnellement, ou requérir les officiers de police judiciaire, chacun en ce qui le concerne, de faire tous les actes nécessaires à l'effet de constater les crimes et les délits, et d'en livrer les auteurs aux tribunaux chargés de les punir.

Les chefs de corps peuvent déléguer les pouvoirs qui leur sont donnés par le précédent paragraphe à l'un des officiers sous leurs ordres (2).

---

(1) Aujourd'hui officiers d'administration des services de l'artillerie et du génie.

(2) Le dernier paragraphe a été ajouté par la loi du 18 mai 1875.

Arl. 86. Les officiers de police judiciaire reçoivent, en cette qualité, les dénonciations et les plaintes qui leur sont adressées.

Ils rédigent les procès-verbaux nécessaires pour constater le corps du délit et l'état des lieux.

Ils reçoivent les déclarations des personnes présentes ou qui auraient des renseignements à donner.

Ils se saisissent des armes, effets, papiers et pièces tant à charge qu'à décharge, et, en général, de tout ce qui peut servir à la manifestation de la vérité, en se conformant aux articles 31, 33, 36, 37, 38, 39 et 65 du Code d'instruction criminelle. (Voir page 73.)

Art. 87. Dans les cas de flagrant délit, tout officier de police judiciaire militaire ou ordinaire peut faire saisir les militaires ou les individus justiciables des tribunaux militaires, inculpés d'un crime ou d'un délit. Il les fait conduire immédiatement devant l'autorité militaire et dresse procès-verbal de l'arrestation, en y consignant leurs noms, qualités et signalement.

Art. 88. Hors le cas de flagrant délit, tout militaire ou tout individu justiciable des conseils de guerre, en activité de service, inculpé d'un crime ou d'un délit, ne peut être arrêté qu'en vertu de l'ordre de ses supérieurs.

Art. 89. Lorsque l'autorité militaire est appelée, hors le cas de flagrant délit, à constater, dans un établissement civil, un crime ou un délit de la compétence des tribunaux militaires, ou à y faire arrêter un de ses justiciables, elle adresse à l'autorité civile ou judiciaire compétente ses réquisitions tendant, soit à obtenir l'entrée de cet établissement, soit à assurer l'arrestation de l'inculpé.

L'autorité judiciaire ordinaire est tenue de déférer à ses réquisitions, et, dans le cas de conflit, de s'assurer de la personne de l'inculpé.

Lorsqu'il s'agit d'un établissement maritime, la réquisition est adressée à l'autorité maritime.

Art. 90. Les mêmes réquisitions sont adressées par l'autorité civile à l'autorité militaire, lorsqu'il y a lieu, soit de constater un crime ou un délit de la compétence des tribunaux ordinaires dans un établissement militaire, soit d'y arrêter un individu justiciable de ces tribunaux.

L'autorité militaire est tenue de déférer à ces réquisitions, et, dans le cas de conflit, de s'assurer de la personne de l'inculpé.

Art. 91. Les officiers de police judiciaire militaire ne peuvent s'introduire dans une maison particulière, si ce n'est avec l'assistance soit du juge de paix, soit de son suppléant, soit du maire, soit de son adjoint, soit du commissaire de police.

Art. 92. Chaque feuillet du procès-verbal dressé par un officier de police judiciaire militaire est signé par lui et par les personnes qui y ont assisté. En cas de refus ou d'impossibilité de signer de la part de celles-ci, il en est fait mention.

Art. 93. A défaut d'officier de police judiciaire militaire présent sur les lieux, les officiers de police judiciaire ordinaire recherchent et constatent les crimes et les délits soumis à la juridiction des conseils de guerre.

Art. 94. Dans le cas d'insoumission, la plainte est dressée par le commandant du dépôt de recrutement du département auquel appartient l'insoumis.

La plainte énonce l'époque à laquelle l'insoumis aurait dû rejoindre.

Sont annexés à la plainte :

1° La copie de la notification faite à domicile de la lettre de mise en activité;

2° La copie des pièces énonçant que l'insoumis n'est pas arrivé à la destination qui lui avait été assignée ;

3° L'exposé des circonstances qui ont accompagné l'insoumission.

S'il s'agit d'un engagé volontaire ou d'un remplaçant qui n'a pas rejoint le corps, une expédition de l'acte de l'engagement ou du remplacement est annexée à la plainte.

Art. 95. Dans le cas de désertion, la plainte est dressée par le chef du corps ou du détachement auquel le déserteur appartient.

Sont annexés à cet acte :

1° Un extrait du registre matricule du corps ;

2° Un état indicatif des armes et des objets qui auraient été emportés par l'inculpé ;

3° L'exposé des circonstances qui ont accompagné la désertion.

Art. 96. Il n'est pas dérogé par les articles précédents aux lois, décrets et règlements relatifs aux devoirs imposés à la gendarmerie, aux chefs de poste et autres militaires dans l'exercice de leurs fonctions ou pendant le service.

Art. 97. Les actes et procès-verbaux dressés par les officiers de police judiciaire militaire sont transmis sans délai, avec les pièces et documents, au général commandant la circonscription.

Les actes et procès-verbaux émanés des officiers de police ordinaire sont transmis directement au procureur de la République, qui les adresse sans délai au général commandant la circonscription.

Art. 98. S'il s'agit d'un individu justiciable des tribunaux ordinaires, le général commandant envoie les pièces au procureur de la République près le tribunal du chef-lieu de la circonscription militaire ; et, si l'inculpé est arrêté, il le met à la disposition de ce magistrat et en informe le Ministre de la guerre.

Art. 99. La poursuite des crimes et délits ne peut avoir lieu, à peine de nullité, que sur un ordre d'informer donné par le général commandant la circonscription soit d'office, soit d'après les rapports, actes ou procès-verbaux dressés conformément aux articles précédents.

L'ordre d'informer est donné par le Ministre de la guerre, si l'inculpé est colonel, officier général ou maréchal de France (1).

Art. 100. L'ordre d'informer pour chaque affaire est adressé au commissaire du gouvernement près le conseil de guerre qui doit en connaître, avec les rapports, procès-verbaux, pièces, objets saisis et autres documents à l'appui.

Le commissaire du gouvernement transmet immédiatement toutes les pièces au rapporteur.

Art. 101. Le rapporteur procède à l'interrogatoire du prévenu.

Il l'interroge sur ses nom, prénoms, âge, lieu de naissance, profession, domicile, et sur les circonstances du délit ; il lui fait représenter toutes les pièces pouvant servir à conviction, et il l'interpelle pour qu'il ait à déclarer s'il les reconnait.

S'il y a plusieurs prévenus du même délit, chacun d'eux est interrogé séparément, sauf à les confronter, s'il y a lieu.

L'interrogatoire fini, il en est donné lecture au prévenu, afin qu'il déclare si ses réponses ont été fidèlement transcrites, si elles contiennent la vérité et s'il y persiste. L'interrogatoire est signé par le prévenu et clos par la signature du rapporteur et celle du greffier.

Si le prévenu refuse de signer, mention est faite de son refus.

Il est pareillement donné lecture au prévenu des procès-verbaux de l'information.

Art. 102. Le rapporteur cite les témoins par le ministère des agents de la force publique et les entend ; il décerne les commissions rogatoires et fait les autres actes d'instruction que l'affaire peut exiger, en se conformant aux articles 73, 74, 75, 76, 78, 79, 82, 83 et 85 du Code d'instruction criminelle. (Voir page 74.)

Si les témoins résident hors du lieu où se fait l'information, le rapporteur peut requérir, par commission rogatoire, soit le rapporteur près le conseil de guerre, soit le juge d'instruction, soit le juge de paix du lieu dans lequel ces témoins sont résidants, à l'effet de recevoir leur déposition.

Le rapporteur saisi de l'affaire peut également adresser des commissions rogatoires aux fonctionnaires ci-dessus mentionnés lorsqu'il faut procéder hors du lieu où se fait l'information, soit

---

(1) Voir, aux dispositions diverses (p. 147), la circulaire du 3 janvier 1902 relative aux devoirs imposés aux autorités militaires par l'article 99 du Code de justice militaire.

aux recherches prévues par l'article 86 du présent Code, soit à tout autre acte d'instruction.

Art. 103. Toute personne citée pour être entendue en témoignage est tenue de comparaître et de satisfaire à la citation. Si elle ne comparaît pas, le rapporteur peut, sur les conclusions du commis-saire du gouvernement, sans autre formalité ni délai, prononcer une amende qui n'excède pas cent francs, et peut ordonner que la personne citée sera contrainte par corps à venir donner son témoignage.

Le témoin ainsi condamné à l'amende sur le premier défaut, et qui, sur la seconde citation, produira devant le rapporteur des excuses légitimes, pourra, sur les conclusions du commissaire du gouvernement, être déchargé de l'amende.

Art. 104. Si les déclarations ont été recueillies par un magis-trat ou un officier de police judiciaire avant l'ordre d'informer, le rapporteur peut se dispenser d'entendre ou de faire entendre les témoins qui auront déjà déposé.

Art. 105. (1) Si le prévenu n'est pas arrêté, le rapporteur peut décerner contre lui soit un mandat de comparution, soit un man-dat d'amener (2).

Le mandat est adressé par le commissaire du gouvernement au commandant militaire du lieu, qui le fait exécuter.

Après l'interrogatoire du prévenu, le mandat de comparution ou d'amener peut être converti en mandat de dépôt.

Le mandat de dépôt est exécuté sur l'exhibition qui en est faite au concierge de la prison.

Le commissaire du gouvernement rend compte au général com-mandant la circonscription des mandats de comparution, d'amener ou de dépôt qui ont été décernés par le rapporteur.

En tout état de cause, le rapporteur pourra, sur la demande de l'inculpé et sur les conclusions du commissaire du gouverne-ment, ordonner que l'inculpé sera mis provisoirement en liberté. Le commissaire du gouvernement et l'inculpé pourront former opposition à ladite ordonnance; l'opposition devra être formée dans un délai de vingt-quatre heures qui courra, contre le com-missaire du gouvernement, à compter du jour de l'ordonnance, et contre le prévenu, à compter de la communication qui lui est donnée de l'ordonnance par le greffier. Cette communication sera faite dans les vingt-quatre heures de la date de l'ordonnance.

---

(1) Article complété par la loi du 22 décembre 1917 (*B. O.*, p. 3921).
(2) Voir la circulaire du 29 juillet 1899 relative aux mandats de dépôt à délivrer contre les militaires en état d'arrestation (É. M., vol. 594).

L'opposition sera portée devant le général qui a décerné l'ordre d'informer et qui statuera d'urgence.

La mise en liberté provisoire n'est accordée qu'à charge par le bénéficiaire de prendre l'engagement de se représenter à tous les actes de la procédure et pour l'exécution du jugement aussitôt qu'il en sera requis, et sans préjudice du droit que conserve le rapporteur ou la juridiction saisie de l'affaire de décerner un mandat d'amener, d'arrêt ou de dépôt, si des circonstances nouvelles rendent cette mesure nécessaire, et notamment si l'inculpé cité ou ajourné ne comparaît pas.

Si l'inculpé n'est pas militaire, la mise en liberté provisoire pourra être subordonnée à l'obligation de fournir un cautionnement dans les conditions prévues par les articles 120 à 124 du Code d'instruction criminelle.

La mise en liberté provisoire peut également être demandée en tout état de cause par l'inculpé, au général qui a donné l'ordre d'informer, depuis la clôture de l'information jusqu'à la comparution devant le conseil de guerre et jusqu'à la décision du conseil de revision ou de la cour de cassation, si un pourvoi a été formé.

La mise en liberté provisoire pourra être également demandée au conseil de guerre, si l'affaire n'est pas jugée au jour fixé par l'ordre de mise en jugement.

Si le jugement a été cassé, la mise en liberté provisoire sera demandée au général commandant la circonscription du lieu où siège le conseil de guerre de renvoi.

Art. 106. S'il résulte de l'instruction que le prévenu a des complices justiciables des conseils de guerre, le rapporteur en réfère, par l'intermédiaire du commissaire du gouvernement, au général commandant la circonscription, et il est procédé à l'égard des prévenus de complicité conformément à l'article 99.

Si les complices, ou l'un d'eux, ne sont pas justiciables des conseils de guerre, le commissaire du gouvernement en donne avis sur-le-champ au général commandant la circonscription, qui renvoie l'affaire à l'autorité compétente.

Art. 107. Pendant le cours de l'instruction, le commissaire du gouvernement peut prendre connaissance des pièces de la procédure et faire toutes les réquisitions qu'il juge convenables.

SECTION II.

DE LA MISE EN JUGEMENT ET DE LA CONVOCATION DU CONSEIL DE GUERRE.

Art. 108. L'instruction terminée, le rapporteur transmet les pièces, avec son rapport et son avis, au commissaire du gouvernement, lequel les adresse immédiatement, avec ses conclusions, au général commandant la circonscription, qui prononce sur la mise en jugement.

Lorsque c'est le Ministre de la guerre qui a donné l'ordre d'informer, les pièces lui sont adressées par le général commandant la circonscription, et il statue directement sur la mise en jugement.

Art. 109. L'ordre de mise en jugement ou, suivant le cas, l'ordonnance de non-lieu, est adressé au commissaire du gouvernement avec toutes les pièces de la procédure. S'il y a mise en jugement, le commissaire du gouvernement, trois jours au moins avant la réunion du conseil de guerre, notifie cet ordre à l'accusé, en lui faisant connaître le crime ou le délit pour lequel il est mis en jugement, le texte de la loi applicable, et les noms des témoins qu'il se propose de faire citer.

Il l'avertit, en outre, à peine de nullité, que s'il ne fait pas choix d'un défenseur, il lui en sera nommé un d'office par le président (1).

Art. 110 (2). L'inculpé a le libre choix de son défenseur parmi les militaires, les avocats et les avoués. Il peut être autorisé par le président à prendre pour défenseur un parent ou un ami. Le défenseur d'office doit être désigné, soit parmi les avocats ou avoués, soit parmi les militaires ou assimilés pourvus d'un diplôme de droit, soit parmi les maîtres de l'enseignement public ou privé, soit parmi les officiers ou assimilés.

Art. 111. Le général commandant la circonscription, en adressant l'ordre de mise en jugement, ordonne de convoquer le conseil de guerre et fixe le jour et l'heure de sa réunion ; il en donne avis au président et au commissaire du gouvernement, qui fait les convocations nécessaires.

Art. 112 (2). Le défenseur de l'inculpé peut communiquer librement avec lui dès le début de l'information : il peut, en outre, aussitôt après l'accomplissement des formalités prescrites par l'article 109, prendre communication, sans déplacement, ou obtenir copie, à ses frais, de tout ou partie des pièces de la procédure, sans, néanmoins, que la réunion du conseil puisse être retardée.

---

(1) Texte donné par la loi du 18 mai 1875.
(2) Nouveau texte. (Loi du 13 mai 1918.)

SECTION III.

DE L'EXAMEN ET DU JUGEMENT.

Art. 113. Le conseil de guerre se réunit au jour et à l'heure fixés par l'ordre de convocation.

Des exemplaires du présent Code, du Code d'instruction criminelle et du Code pénal ordinaire sont déposés sur le bureau.

Les séances sont publiques, à peine de nullité; néanmoins, si cette publicité paraît dangereuse pour l'ordre ou pour les mœurs, le conseil ordonne que les débats aient lieu à huis clos. Dans tous les cas, le jugement est prononcé publiquement.

Le conseil peut interdire le compte rendu de l'affaire : cette interdiction ne peut s'appliquer au jugement.

Art. 114. Le président a la police de l'audience.

Art. 115. Les assistants sont sans armes; ils se tiennent découverts, dans le respect et le silence. Lorsque les assistants donnent des signes d'approbation ou d'improbation, le président les fait expulser. S'ils résistent à ses ordres, le président ordonne leur arrestation et leur détention pendant un temps qui ne peut excéder quinze jours. Les individus justiciables des conseils de guerre sont conduits dans la prison militaire, et les autres individus à la maison d'arrêt civile. Il est fait mention, dans le procès-verbal, de l'ordre du président, et, sur l'exhibition qui est faite de cet ordre au gardien de la prison, les perturbateurs y sont reçus.

Si le trouble ou le tumulte a pour but de mettre obstacle au cours de la justice, les perturbateurs, quels qu'ils soient, sont, audience tenante, déclarés coupables de rébellion par le conseil de guerre, et punis d'un emprisonnement qui ne peut excéder deux ans.

Lorsque les assistants ou les témoins se rendent coupables, envers le conseil de guerre ou l'un de ses membres, de voies de fait ou d'outrages ou menaces par propos ou gestes, ils sont condamnés séance tenante :

1° S'ils sont militaires ou assimilés aux militaires, quels que soient leurs grades ou rangs, aux peines prononcées par le présent Code contre ces crimes ou délits, lorsqu'ils ont été commis envers des supérieurs pendant le service;

2° S'ils ne sont ni militaires ni assimilés aux militaires, aux peines portées par le Code pénal ordinaire.

Art. 116. Lorsque des crimes ou des délits autres que ceux prévus par l'article précédent sont commis dans le lieu des séances, il est procédé de la manière suivante :

1° Si l'auteur du crime ou du délit est justiciable des tribunaux militaires, il est jugé immédiatement;

2° Si l'auteur du crime ou du délit n'est point justiciable des tribunaux militaires, le président, après avoir fait dresser procès-verbal des faits et des dépositions des témoins, renvoie les pièces et l'inculpé devant l'autorité compétente.

Art. 117. Le président fait amener l'accusé, lequel comparaît sous garde suffisante, libre et sans fers, assisté de son défenseur ; il lui demande ses nom et prénoms, son âge, sa profession, sa demeure et le lieu de sa naissance ; si l'accusé refuse de répondre, il est passé outre.

Art. 118. Si l'accusé refuse de comparaître, sommation d'obéir à la justice lui est faite au nom de la loi par un agent de la force publique commis à cet effet par le président. Cet agent dresse procès-verbal de la sommation et de la réponse de l'accusé. Si l'accusé n'obtempère pas à la sommation, le président peut ordonner qu'il soit amené par la force devant le conseil ; il peut également, après lecture faite à l'audience du procès-verbal constatant sa résistance, ordonner que, nonobstant son absence, il soit passé outre aux débats.

Après chaque audience, il est, par le greffier du conseil de guerre, donné lecture à l'accusé qui n'a pas comparu du procès-verbal des débats, et il lui est signifié copie des réquisitions du commissaire du gouvernement, ainsi que des jugements rendus, qui sont tous réputés contradictoires.

Art. 119. Le président peut faire retirer de l'audience et reconduire en prison tout accusé qui, par des clameurs ou par tout autre moyen propre à causer du tumulte, met obstacle au libre cours de la justice, et il est procédé aux débats et au jugement comme si l'accusé était présent. L'accusé peut être condamné, séance tenante, pour ce seul fait, à un emprisonnement qui ne peut excéder deux ans.

Si l'accusé militaire ou assimilé aux militaires se rend coupable de voies de fait ou d'outrages ou menaces par propos ou gestes, envers le conseil ou l'un de ses membres, il est condamné, séance tenante, aux peines prononcées par le présent Code contre ces crimes ou délits, lorsqu'ils ont été commis envers des supérieurs pendant le service.

Dans le cas prévu par le paragraphe précédent, si l'accusé n'est ni militaire ni assimilé aux militaires, il est condamné aux peines portées par le Code pénal ordinaire.

Art. 120. Dans les cas prévus par les articles 115, 116 et 119 du présent Code, le jugement rendu, le greffier en donne lecture à l'accusé et l'avertit du droit qu'il a de former un recours en revision dans les vingt-quatre heures. Il dresse procès-verbal, le tout à peine de nullité.

Art. 121. Le président fait lire par le greffier l'ordre de convocation, le rapport prescrit par l'article 108 du présent Code, et les pièces dont il lui parait nécessaire de donner connaissance au conseil ; il fait connaître à l'accusé le crime ou le délit pour lequel il est poursuivi ; il l'avertit que la loi lui donne le droit de dire tout ce qui est utile à sa défense ; il avertit aussi le défenseur de l'accusé qu'il ne peut rien dire contre sa conscience ou contre le respect qui est dû aux lois, et qu'il doit s'exprimer avec décence et modération.

Art. 122. Aucune exception tirée de la composition du conseil, aucune récusation ne peuvent être proposées contre les membres du conseil de guerre, sans préjudice du droit pour l'accusé de former un recours en revision, dans les cas prévus par l'article 74, n° 1, du présent Code.

Art. 123. Si l'accusé a des moyens d'incompétence à faire valoir, il ne peut les proposer devant le conseil de guerre qu'avant l'audition des témoins.

Cette exception est jugée sur-le-champ.

Si l'exception est rejetée, le conseil passe au jugement de l'affaire, sauf à l'accusé à se pourvoir contre le jugement sur la compétence en même temps que contre la décision rendue sur le fond.

Il en est de même pour le jugement de toute autre exception ou de tout incident soulevé dans le cours des débats.

Art 124. Les jugements sur les exceptions, les moyens d'incompétence et les incidents sont rendus à la majorité des voix.

Art. 125. Le président est investi d'un pouvoir discrétionnaire pour la direction des débats et la découverte de la vérité.

Il peut, dans le cours des débats, appeler, même par mandats de comparution ou d'amener, toute personne dont l'audition lui parait nécessaire ; il peut aussi faire apporter toute pièce qui lui paraîtrait utile à la manifestation de la vérité.

Les personnes ainsi appelées ne prêtent pas serment, et leurs déclarations ne sont considérées que comme renseignements.

Art. 126. Dans le cas où l'un des témoins ne se présente pas, le conseil de guerre peut passer outre aux débats, et lecture est donnée de la déposition du témoin absent.

Art. 127. Si, d'après les débats, la déposition d'un témoin parait fausse, le président peut, sur la réquisition soit du commissaire du gouvernement, soit de l'accusé, et même d'office, faire sur-le-champ mettre le témoin en état d'arrestation. Si le témoin est justiciable des conseils de guerre, le président, ou l'un des juges nommés par lui, procède à l'instruction. Quand elle est terminée, elle est envoyée au général commandant la circonscription.

Si le témoin n'est pas justiciable des conseils de guerre, le président, après avoir dressé procès-verbal et avoir fait arrêter l'inculpé, s'il y a lieu, le renvoie, avec le procès-verbal, devant le procureur de la République du lieu où siège le conseil de guerre.

Art. 128. Les dispositions des articles 315, 316, 317, 318, 319, 320, 321, 322, 323, 324, 325, 326, 327, 328, 329, 332, 333, 334, 354, 355 du Code d'instruction criminelle sont observées devant les conseils de guerre. (Voir page 76)

Art. 129. L'examen et les débats sont continués sans interruption, et le président ne peut les suspendre que pendant les intervalles nécessaires pour le repos des juges, des témoins et des accusés.

Les débats peuvent être encore suspendus si un témoin dont la déposition est essentielle ne s'est pas présenté, ou si, la déclaration d'un témoin ayant paru fausse, son arrestation a été ordonnée, ou lorsqu'un fait important reste à éclaircir.

Le conseil prononce sur la suspension des débats à la majorité des voix, et, dans le cas où la suspension dure plus de quarante-huit heures, les débats sont recommencés en entier.

Art. 130. Le président procède à l'interrogatoire de l'accusé et reçoit les dépositions des témoins.

Le commissaire du gouvernement est entendu dans ses réquisitions et développe les moyens qui appuient l'accusation.

L'accusé et son défenseur sont entendus dans leur défense.

Le commissaire du gouvernement réplique, s'il le juge convenable ; mais l'accusé et son défenseur ont toujours la parole les derniers.

Le président demande à l'accusé s'il n'a rien à ajouter à sa défense, et déclare ensuite que les débats sont terminés.

Art. 131 (1). Le président fait retirer l'accusé.

Les juges se rendent dans la chambre du conseil, ou, si les localités ne le permettent pas, le président fait retirer l'auditoire.

Les juges ne pourront plus communiquer avec personne, ni se séparer avant que le jugement ait été rendu. Ils délibèrent hors la présence du commissaire du gouvernement et du greffier.

Ils ont sous les yeux les pièces de la procédure, mais ils ne peuvent recevoir communication d'aucune pièce qui n'aurait pas été communiquée à la défense et au ministère public.

Il est voté au scrutin secret tant sur le fait principal et les circonstances aggravantes que sur l'existence des circonstances

____

(1) Nouveau texte. (Loi du 13 mai 1918, B. O., p. 1681.) Voir page 16C la circulaire du 17 juin 1918.

atténuantes et l'application, s'il y a lieu, de la loi de sursis. Chaque juge exprime son opinion en déposant dans l'urne un bulletin portant un des mots : « oui » ou « non ».

Art. 132. Les questions sont posées par le président dans l'ordre suivant pour chacun des accusés :

1° L'accusé est-il coupable du fait qui lui est imputé?

2° Ce fait a-t-il été commis avec telle ou telle circonstance aggravante ?

3° Ce fait a-t-il été commis dans telle ou telle circonstance qui le rend excusable d'après la loi ?

Si l'accusé est âgé de moins de seize ans, le président pose cette question : L'accusé a-t-il agi avec discernement?

Art. 133. Les questions indiquées par l'article précédent ne peuvent être résolues contre l'accusé qu'à la majorité de cinq voix contre deux.

Art. 134. Si l'accusé est déclaré coupable, le conseil de guerre délibère sur l'application de la peine.

Dans le cas où la loi autorise l'admission de circonstances atténuantes, si le conseil de guerre reconnaît qu'il en existe en faveur de l'accusé, il le déclare à la majorité absolue des voix.

La peine est prononcée à la majorité de cinq voix contre deux.

Si aucune peine ne réunit cette majorité, l'avis le plus favorable sur l'application de la peine est adopté.

Art. 135. En cas de conviction de plusieurs crimes ou délits, la peine la plus forte est seule prononcée.

Art. 136. Le jugement est prononcé en séance publique.

Le président donne lecture des motifs et du dispositif.

Si l'accusé n'est pas reconnu coupable, le conseil prononce son acquittement, et le président ordonne qu'il soit mis en liberté, s'il n'est retenu pour autre cause.

Si le conseil de guerre déclare que le fait commis par l'accusé ne donne lieu à l'application d'aucune peine, il prononce son absolution, et le président ordonne qu'il sera mis en liberté à l'expiration du délai fixé pour le recours en revision.

Art. 137. Tout individu acquitté ou absous ne peut être repris ni accusé à raison du même fait.

Art. 138. Si le condamné est membre de l'ordre national de la Légion d'honneur ou décoré de la médaille militaire, le jugement déclare, dans les cas prévus par les lois, qu'il cesse de faire partie de la Légion d'honneur ou d'être décoré de la médaille militaire.

Art. 139. Le jugement qui prononce une peine contre l'accusé le condamne aux frais envers l'Etat. Il ordonne, en outre, dans les cas prévus par la loi, la confiscation des objets saisis et la restitution, soit au profit de l'Etat, soit au profit des propriétaires, de tous objets saisis ou produits au procès comme pièces de conviction.

Art. 140. Le jugement fait mention de l'accomplissement de toutes les formalités prescrites par la présente section.

Il ne reproduit ni les réponses de l'accusé ni les dépositions des témoins.

Il contient les décisions rendues sur les moyens d'incompétence, les exceptions et les incidents.

Il énonce, à peine de nullité :

1° Les noms et grades des juges ;

2° Les nom, prénoms, âge, profession et domicile de l'accusé ;

3° Le crime ou délit pour lequel l'accusé a été traduit devant le conseil de guerre ;

4° La prestation de serment des témoins ;

5° Les réquisitions du commissaire du gouvernement ;

6° Les questions posées, les décisions et le nombre des voix ;

7° Le texte de la loi appliquée ;

8° La publicité des séances ou la décision qui a ordonné le huis-clos ;

9° La publicité de la lecture du jugement faite par le président.

Le jugement, écrit par le greffier, est signé sans désemparer par le président, les juges et le greffier.

Art. 141. Le commissaire du gouvernement fait donner lecture du jugement à l'accusé par le greffier, en sa présence et devant la garde rassemblée sous les armes.

Aussitôt après cette lecture, il avertit le condamné que la loi lui accorde vingt-quatre heures pour exercer son recours devant le conseil de révision.

Le greffier dresse du tout un procès-verbal signé par lui et par e commissaire du gouvernement.

Art. 142. Lorsqu'il résulte soit des pièces produites, soit des dépositions des témoins entendus dans les débats, que l'accusé peut être poursuivi pour d'autres crimes ou délits que ceux qui ont fait l'objet de l'accusation, le conseil de guerre, après le prononcé du jugement, renvoie, sur les réquisitions du commissaire du gouvernement, ou même d'office, le condamné au général qui a donné l'ordre de mise en jugement, pour être procédé, s'il y a lieu, à l'instruction. S'il y a eu condamnation, il est sursis à l'exécution du jugement.

S'il y a eu acquittement ou absolution, le conseil de guerre ordonne que l'accusé demeure en état d'arrestation jusqu'à ce qu'il ait été statué sur les faits nouvellement découverts.

Art. 143. Le délai de vingt-quatre heures accordé au condamné pour se pourvoir en revision court à partir de l'expiration du jour où le jugement lui a été lu.

La déclaration du recours est reçue par le greffier ou par le directeur de l'établissement où est détenu le condamné. La déclaration peut être faite par le défenseur du condamné.

Art. 144. Dans le cas d'acquittement ou d'absolution de l'accusé, l'annulation du jugement ne pourra être poursuivie par le commissaire du gouvernement que conformément aux articles 409 et 410 du Code d'instruction criminelle (voir page 79).

Le recours du commissaire du gouvernement est formé, au greffe, dans le délai prescrit par l'article précédent.

Art. 145. S'il n'y a pas de recours en revision, et si, aux termes de l'article 80 du présent Code, le pourvoi en cassation est interdit, le jugement est exécutoire dans les vingt-quatre heures après l'expiration du délai fixé pour le recours.

S'il y a recours en revision, il est sursis à l'exécution du jugement.

Art. 146. Si le recours en revision est rejeté, et si, aux termes de l'article 80 du présent Code, le pourvoi en cassation est interdit, le jugement de condamnation est exécuté dans les vingt-quatre heures après la réception du jugement qui a rejeté le recours.

Art. 147. Lorsque la voie du pourvoi en cassation est ouverte, aux termes de l'article 81 du présent Code, le condamné doit former son pourvoi dans les trois jours qui suivent la notification de la décision du conseil de revision, et s'il n'y a pas eu recours devant ce conseil, dans les trois jours qui suivent l'expiration du délai accordé pour l'exercer.

Le pourvoi en cassation est reçu par le greffier ou par le directeur de l'établissement où est détenu le condamné.

Art. 148. Dans le cas où le pourvoi en cassation est autorisé par l'article 81 du présent Code, s'il n'y a pas eu pourvoi, le jugement de condamnation est exécuté dans les vingt-quatre heures après l'expiration du délai fixé pour le pourvoi, et, s'il y a eu pourvoi, dans les vingt-quatre heures après la réception de l'arrêt qui l'a rejeté.

Art. 149. Le commissaire du gouvernement rend compte au général commandant la circonscription, suivant les cas, soit du jugement de rejet du conseil de revision, soit de l'arrêt de rejet de la Cour de cassation, soit du jugement du conseil de guerre. S'il n'y a eu, dans les délais, ni recours en revision ni pourvoi en cassation, il requiert l'exécution du jugement.

Art. 150 (1). Le général commandant la circonscription peut suspendre l'exécution du jugement à la charge d'en informer sur-le-champ le Ministre de la guerre.

Le droit ainsi conféré au général commandant la circonscription subsiste pendant les trois mois qui suivent le jour où le jugement est devenu définitif.

A l'expiration de ce délai, ce droit est dévolu au Ministre de la guerre.

Art. 151. Les jugements des conseils de guerre sont exécutés sur les ordres du général commandant la circonscription et à la diligence du commissaire du gouvernement, en présence du greffier, qui dresse procès-verbal.

La minute de ce procès-verbal est annexée à la minute du jugement, en marge de laquelle il est fait mention de l'exécution.

Dans les trois jours de l'exécution, le commissaire du gouvernement est tenu d'adresser une expédition du jugement au chef du corps dont faisait partie le condamné.

Si le condamné est membre de la Légion d'honneur, décoré de la médaille militaire ou d'un ordre étranger, il est également adressé une expédition au grand-chancelier.

Toute expédition de jugement de condamnation fait mention de l'exécution.

CHAPITRE II.

PROCÉDURE DEVANT LES CONSEILS DE GUERRE AUX ARMÉES, DANS LES CIRCONSCRIPTIONS TERRITORIALES EN ÉTAT DE GUERRE, DANS LES COMMUNES ET LES DÉPARTEMENTS EN ÉTAT DE SIÈGE, ET DANS LES PLACES DE GUERRE ASSIÉGÉES OU INVESTIES.

Art. 152. La procédure établie pour les conseils de guerre dans les divisions territoriales en état de paix est suivie dans les conseils de guerre aux armées, dans les divisions territoriales en état de guerre, dans les communes et les départements en état de siège, et les places de guerre assiégées ou investies, sauf les modifications portées dans les articles suivants.

Art. 153. Lorsqu'un officier de police judiciaire militaire, dans les cas prévus par les articles 89 et 91 du présent Code, doit pénétrer dans un établissement civil ou dans une habitation particulière, et qu'il ne se trouve sur les lieux aucune autorité civile chargée de l'assister, il peut passer outre, et mention en est faite dans le procès-verbal.

Art. 154. L'ordre d'informer est donné :

---

(1) Article complété. (Loi du 18 octobre 1918, *B. O.*, p. 3118.)

Par le général en chef à l'égard des inculpés justiciables du conseil de guerre du quartier général de l'armée ;

Par le général commandant le corps d'armée à l'égard des inculpés justiciables du conseil de guerre du corps d'armée;

Par le général commandant la division à l'égard des inculpés justiciables du conseil de guerre de la division ;

Par le commandant du détachement de troupes à l'égard des inculpés justiciables du conseil de guerre formé dans le détachement ;

Par le gouverneur ou commandant supérieur dans les places de guerre assiégées ou investies.

Lorsque le commissaire rapporteur procède au premier interrogatoire, il avertit le prévenu que, s'il n'a pas fait choix d'un défenseur, il lui en sera désigné un d'office avant la citation (1)

Art. 155. L'ordre de mise en jugement et de convocation du conseil de guerre est donné par l'officier qui a ordonné l'information.

Art. 156. Aux armées, dans les circonscriptions territoriales en état de guerre et dans les places de guerre assiégées ou investies, l'accusé peut être traduit directement, et sans instruction préalable, devant le conseil de guerre.

La procédure est reglée comme il suit, à partir de l'ordre de mise en jugement, qu'il y ait eu ou non instruction préalable :

1° La citation est faite à l'accusé vingt-quatre heures au moins avant la réunion du conseil ; elle contient notification de l'ordre de convocation; elle indique, conformément à l'article 109, le crime ou le délit pour lequel l'accusé est mis en jugement, le texte de la loi applicable et les noms des témoins que le commissaire rapporteur se propose de faire entendre (2).

Si l'accusé n'a pas choisi de défenseur au cours de l'information ou en cas de citation directe sans instruction préalable, le commissaire rapporteur désigne un défenseur d'office avant la citation, en se conformant aux prescriptions de l'article 110. L'accusé peut présenter un défenseur de son choix jusqu'à l'ouverture des débats; la citation doit notifier à l'accusé le nom du défenseur désigné et l'avertir qu'il peut en choisir un autre (2);

2° Le défenseur peut prendre connaissance de l'affaire et de tous les documents et renseignements recueillis; à partir du moment où la citation a été donnée, il peut communiquer avec l'accusé, les dispositions de l'article 112 demeurant, en outre, applicables en cas d'instruction préalable (2);

____

(1) Article complété. (Loi du 13 mai 1918.)
(2) Nouveau texte. (Loi du 13 mai 1918.)

3° Le conseil de guerre se réunit au jour indiqué et procède au jugement de l'accusé dans les formes prescrites par les articles 113 et suivants du présent Code. L'accusé a le droit, sans formalités ni citations préalables, de faire entendre à sa décharge tout témoin présent à l'audience et qu'il aura désigné au commissaire du gouvernement rapporteur avant l'ouverture des débats ;

4° Les questions indiquées à l'article 132 sont résolues, et la peine est prononcée à la majorité de cinq voix contre deux ou de trois voix contre deux, selon que le conseil de guerre est composé de sept juges ou seulement de cinq (1).

Le condamné pourra se pourvoir en revision dans le délai et suivant les formes prévus aux articles 143, 159 et suivants du présent Code, à moins que le droit de former ce recours n'ait été suspendu par application de l'article 71 (2).

La poursuite a lieu sur l'ordre de mise en jugement décerné par le chef de l'unité à laquelle est affecté le conseil de guerre.

L'inculpé est toujours assisté d'un défenseur (3).

Art. 157. Le général en chef a, dans l'étendue de son commandement, toutes les attributions dévolues au Ministre de la guerre dans les circonscriptions territoriales, par les articles 99, 106, 108 et 150 du présent Code, sauf les cas prévus par les articles 209 et 210, et réserve faite du droit dévolu au Ministre de la guerre par l'article 150 (4).

Les mêmes pouvoirs sont accordés au gouverneur et au commandant supérieur dans les places de guerre assiégées ou investies.

Art. 158. Les conseils de guerre aux armées, dans les circonscriptions territoriales en état de guerre, dans les communes et les départements en état de siège et les places de guerre assiégées ou investies statuent, séance tenante, sur tous les crimes et délits commis à l'audience, alors même que le coupable ne serait pas leur justiciable.

TITRE II.

PROCEDURE DEVANT LES CONSEILS DE REVISION (5).

Art. 159. Après la déclaration du recours, le commissaire du gouvernement près le conseil de guerre adresse sans retard au commissaire du gouvernement près le conseil de revision une

---

(1) Nouveau texte. (Loi du 18 octobre 1918.)
(2) Texte donné par la loi du 18 mai 1875.
(3) Texte donné par la loi du 27 avril 1916 (B. O., p. 307).
(4) Alinéa complété. (Loi du 18 octobre 1918.)
(5) Voir à la page 9 l'extrait de la loi de finances du 17 avril 1906.

expédition du jugement et de l'acte de recours. Il y joint les pièces de la procédure et la requête de l'accusé, si elle a été déposée.

Art. 160. Le commissaire du gouvernement près le conseil de
revision envoie sur-le-champ les pièces de la procédure au greffe
du conseil, où elles restent déposées pendant vingt-quatre heures.

Le défenseur de l'accusé peut en prendre communication sans
déplacement et produire avant le jugement les requêtes, mémoi-
res et pièces qu'il juge utiles.

Le greffier tient un registre sur lequel il mentionne à leur date
les productions faites par le commissaire du gouvernement et par
le condamné.

Art. 161. A l'expiration du délai de vingt-quatre heures, les
pièces de l'affaire sont renvoyées par le président à l'un de ses
juges, pour en faire le rapport.

Art. 162. Le conseil de revision prononce dans les trois jours, à
dater du dépôt des pièces.

Art. 163. Dans le cas d'une des incapacités prévues par l'article 31 du présent Code, l'exception doit être proposée avant l'ouverture des débats, et elle est jugée par le conseil de revision,
dont la décision est sans recours.

Art. 164. Le rapporteur expose les moyens de recours; il présente ses observations, sans toutefois faire connaître son opinion.
Après le rapport, le défenseur du condamné est entendu; il ne
peut plaider sur le fond de l'affaire.

Le commissaire du gouvernement discute les moyens présentés
dans la requête ou à l'audience, ainsi que ceux qu'il croit devoir
proposer d'office, et il donne ses conclusions, sur lesquelles le
défenseur est admis à présenter ses observations.

Art. 165. Les juges se retirent dans la chambre du conseil; si
les localités ne le permettent pas, ils font retirer l'auditoire; ils
délibèrent hors de la présence du commissaire du gouvernement
et du greffier.

Ils statuent, sans désemparer et à la majorité des voix, sur chacun des moyens proposés.

Le président recueille les voix, en commençant par le grade
inférieur. Toutefois, le rapporteur opine toujours le premier.

Le jugement est motivé. En cas d'annulation, le texte de la loi
violée ou faussement appliquée est transcrit dans le jugement.

Le jugement est prononcé, par le président, en audience publique.

La minute est signée par le président et par le greffier.

Art. 166. Si le recours est rejeté, le commissaire du gouvernement transmet le jugement du conseil de revision et les pièces au

commissaire du gouvernement près le conseil de guerre qui a rendu le jugement, et il en donne avis au général commandant la circonscription.

Art. 167 (1). Si le conseil de revision annule pour incompétence le jugement, il prononce le renvoi devant la juridiction compétente, et, s'il l'annule pour tout autre motif, il renvoie l'affaire devant le conseil de guerre de la circonscription qui n'en a pas connu, ou, à défaut d'un second conseil de guerre dans la circonscription, devant celui d'une des circonscriptions voisines.

Si le conseil de revision reconnaît que la procédure et le jugement ont été réguliers en la forme, mais s'il estime que le condamné se trouve dans l'un des cas prévus par l'article 443 du Code d'instruction criminelle, modifié par la loi du 8 juin 1895 (voir page 71), comme donnant ouverture à la revision des procès criminels et correctionnels, il peut ordonner qu'il soit sursis à l'exécution du jugement jusqu'à l'accomplissement des formalités prescrites par l'article 444 du Code d'instruction criminelle.

Nul n'a le droit de provoquer cette mesure. Le conseil ne peut que l'ordonner d'office.

Dans le cas prévu au paragraphe 2 ci-dessus, le conseil de revision peut également ordonner, sur la demande du condamné, qu'il sera mis en liberté provisoire.

Les décisions ordonnant qu'il soit sursis à l'exécution du jugement ou que le condamné soit mis en liberté provisoire cesseront d'avoir effet si, dans les deux mois qui auront suivi la signification du jugement au condamné. celui-ci n'a pas fait inscrire sa demande de revision au ministère de la justice, ou si le Ministre de la justice, au cas où il a seul qualité pour introduire la demande en revision, l'a écartée après avis de la commission prévue par l'article 444 du Code d'instruction criminelle.

Toute décision d'un conseil de revision ordonnant qu'il soit sursis à l'exécution du jugement rendu par un conseil de guerre, ou que le condamné soit mis en liberté provisoire, est, par les soins du commissaire du gouvernement, immédiatement transmise au général commandant la circonscription, au Ministre de la guerre et au Ministre de la justice.

Il n'est dérogé en rien aux dispositions des articles 443 à 447 du Code d'instruction criminelle.

Art. 168. Le commissaire du gouvernement près le conseil de revision envoie au commissaire du gouvernement près le conseil de guerre dont le jugement est annulé une expédition du jugement d'annulation.

---

(1) Texte donné par la loi du 22 décembre 1917 (B. O., p 3921).

Ce jugement est, à la diligence du commissaire du gouvernement, transcrit sur les registres du conseil de guerre. Il en est fait mention en marge du jugement annulé.

Art. 169. Le commissaire du gouvernement près le conseil de revision transmet sans délai les pièces du procès, avec une expédition du jugement d'annulation, au commissaire du gouvernement près le conseil de guerre devant lequel l'affaire est renvoyée.

Si le jugement a été annulé pour cause d'incompétence de la juridiction militaire, les pièces sont transmises au procureur de la République près le tribunal du lieu où siège le conseil de revision. Il est procédé, pour le surplus, comme à l'article 98 du présent Code.

Art. 170. Si l'annulation a été prononcée pour inobservation des formes, la procédure est recommencée, à partir du premier acte nul. Il est procédé à de nouveaux débats.

Néanmoins, si l'annulation n'est prononcée que pour fausse application de la peine aux faits dont l'accusé a été déclaré coupable, la déclaration de la culpabilité est maintenue, et l'affaire n'est renvoyée devant le nouveau conseil de guerre que pour l'application de la peine.

Art. 171. Si le deuxième jugement est annulé, l'affaire doit être renvoyée devant un conseil de guerre qui n'en ait point connu.

Art. 172. Les dispositions des articles 110, 113, 114 et 115 du présent Code, relatifs aux conseils de guerre, sont applicables aux conseils de revision.

Dans les cas prévus par l'article 116, il est procédé comme au dernier paragraphe de cet article.

Dans tous les cas, les décisions sont prises à la majorité indiquée par l'article 165.

TITRE III.

PROCÉDURE DEVANT LES PRÉVÔTÉS.

Art. 173. Les prévôtés sont saisies par le renvoi que leur fait l'autorité militaire ou par la plainte de la partie lésée.

Dans le cas de flagrant délit, ou même en cas d'urgence, elles peuvent procéder d'office.

Art. 174. Les prévenus sont amenés devant la prévôté, qui juge publiquement.

La partie plaignante expose sa demande.

Les témoins prêtent serment.

Les prévenus présentent leur défense.

Le jugement est motivé; il est signé par le prévôt et par le greffier; il est exécutoire sur minute.

TITRE IV.

DE LA CONTUMACE ET DES JUGEMENTS PAR DÉFAUT.

Art. 175. Lorsqu'après l'ordre de mise en jugement, l'accusé d'un fait qualifié crime n'a pu être saisi, ou lorsqu'après avoir été saisi il s'est évadé, le président du conseil de guerre rend une ordonnance indiquant le crime pour lequel l'accusé est poursuivi et portant qu'il sera tenu de se présenter dans un délai de dix jours.

Cette ordonnance est mise à l'ordre du jour.

Art. 176. Après l'expiration du délai de dix jours, à partir de la mise à l'ordre du jour de l'ordonnance du président, il est procédé, sur l'ordre du général commandant la circonscription, au jugement par contumace.

Nul défenseur ne peut se présenter pour l'accusé contumax.

Les rapports et procès-verbaux, la déposition des témoins et les autres pièces de l'instruction sont lus en entier à l'audience.

Le jugement est rendu dans la forme ordinaire, mis à l'ordre du jour et affiché à la porte du lieu où siège le conseil de guerre et à la mairie du domicile du condamné.

Le greffier et le maire dressent procès-verbal, chacun en ce qui le concerne.

Ces formalités tiennent lieu de l'exécution du jugement par effigie.

Art. 177. Le recours en revision contre les jugements par contumace n'est ouvert qu'au commissaire du gouvernement.

Art. 178 (1). Les articles 471, 474, 475, 476, 477 du Code d'instruction criminelle sont applicables aux jugements rendus par les conseils de guerre (voir page 80).

Le contumax qui, après s'être présenté, obtiendra son renvoi de l'accusation, sera dispensé du payement des frais occasionnés par la contumace.

Dans le même cas, les meures de publicité prescrites par l'article 176 du présent Code s'appliqueront à toute décision de justice rendue au profit du contumax.

Art. 179. Lorsqu'il s'agit d'un fait qualifié délit par la loi, si l'accusé n'est pas présent, il est jugé par défaut.

---

(1) Nouveau texte. (Loi du 22 décembre 1917.)

Le jugement, rendu dans la forme ordinaire, est mis à l'ordre du jour de la place, affiché à la porte du lieu où siège le conseil de guerre, et signifié à l'accusé ou à son domicile.

Dans les cinq jours, à partir de la signification, outre un jour par cinq myriamètres, l'accusé peut former opposition.

Ce délai expiré sans qu'il ait été formé d'opposition, le jugement est réputé contradictoire.

Toutefois, si la signification n'a pas été faite à personne ou s'il ne résulte pas d'actes d'exécution du jugement que le condamné en a eu connaissance, l'opposition est recevable jusqu'à l'expiration des délais de prescription de la peine (I).

TITRE V.

DISPOSITIONS GÉNÉRALES.

Art. 180. La reconnaissance de l'identité d'un individu condamné par un conseil de guerre, évadé et repris, est faite par le conseil de guerre de la circonscription où se trouve le corps dont fait partie le condamné.

Si le condamné n'appartient à aucun corps, la reconnaissance est faite par le conseil de guerre qui a prononcé la condamnation, et, si le conseil a cessé ses fonctions, par le conseil de guerre de la circonscription sur le territoire de laquelle le condamné a été repris.

Le conseil statue sur la reconnaissance en audience publique, en présence de l'individu repris, après avoir entendu les témoins appelés tant par le commissaire du gouvernement que par l'individu repris ; le tout à peine de nullité.

Le commissaire du gouvernement et l'individu repris ont la faculté de se pourvoir en revision contre le jugement qui statue sur la reconnaissance de l'identité.

Les dispositions des paragraphes 1 et 2 ci-dessus sont applicables au jugement des condamnés par contumace qui se représentent ou qui sont arrêtés.

Art. 181. Lorsqu'après l'annulation d'un jugement, un second jugement rendu contre le même accusé est annulé pour les mêmes motifs que le premier, l'affaire est renvoyée devant un conseil de guerre d'une des circonscriptions voisines. Le conseil doit se conformer à la décision du conseil de revision sur le point de droit.

Toutefois, s'il s'agit de l'application de la peine, il doit adopter l'interprétation la plus favorable à l'accusé.

---

(1) Paragraphe ajouté. (Loi du 13 mai 1918.)

Le troisième jugement ne peut plus être attaqué par les mêmes moyens, si ce n'est par la voie de cassation dans l'intérêt de la loi, aux termes des articles 441 et 442 du Code d'instruction criminelle.

Art. 182. Lorsque les conseils de guerre ou de revision aux armées, dans les circonscriptions territoriales en état de guerre, dans les communes et les départements en état de siège et les places de guerre assiégées ou investies, cessent leurs fonctions, les affaires dont l'information est commencée sont portées devant les conseils de guerre des circonscriptions territoriales désignées par le Ministre de la guerre.

Art. 183. Toutes assignations, citations et notifications aux témoins, inculpés ou accusés sont faites sans frais par la gendarmerie ou par tous autres agents de la force publique.

Art. 184. Les dispositions du chapitre V du titre VII du livre II du Code d'instruction criminelle, relatives à la prescription, sont applicables à l'action publique résultant d'un crime ou délit de la compétence des juridictions militaires, ainsi qu'aux peines résultant des jugements rendus par ces tribunaux (voir page 81).

Toutefois, la prescription contre l'action publique résultant de l'insoumission ou de la désertion ne commence à courir que du jour où l'insoumis ou le déserteur a atteint l'âge de quarante-sept ans (1).

A quelque époque que l'insoumis ou le déserteur soit arrêté, il est mis à la disposition du Ministre de la guerre, pour compléter. s'il y a lieu, le temps de service qu'il doit encore à l'État.

LIVRE IV.

DES CRIMES, DES DÉLITS ET DES PEINES.

TITRE I.

DES PEINES ET DE LEURS EFFETS.

Art. 185. Les peines qui peuvent être appliquées par les tribunaux militaires en matière de crime sont :

La mort,
Les travaux forcés à perpétuité.
La déportation,

---

(1) Les prescriptions contre l'action publique résultant de l'insoumission ne commencent à courir que du jour où l'insoumis a atteint l'âge de 50 ans.-(Art. 90 de la loi du 1er avril 1923.)

Les travaux forcés à temps,
La détention
La réclusion,
Le bannissement,
La dégradation militaire.

Art. 186. Les peines en matière de délit sont :
La destitution,
Les travaux publics,
L'emprisonnement,
L'amende.

Art. 187 (1). En temps de paix, les condamnés à mort par un conseil de guerre ou par un tribunal de la marine siégeant dans la métropole auront la tête tranchée.

Néanmoins, seront fusillés ceux qui auront commis un crime exclusivement militaire.

Art. 188. Lorsque la condamnation à la peine de mort est prononcée contre un militaire en vertu des lois pénales ordinaires, elle entraîne de plein droit la dégradation militaire.

Art. 189. Les peines des travaux forcés, de la déportation, de la détention, de la réclusion et du bannissement sont appliquées conformément aux dispositions du Code pénal ordinaire. (Voir page 82.)

Elles ont les effets déterminés par ce Code et emportent, en outre, la dégradation militaire.

Art. 190. Tout militaire qui doit subir la dégradation militaire, soit comme peine principale, soit comme accessoire d'une peine autre que la mort, est conduit devant la troupe sous les armes. Après la lecture du jugement. le commandant prononce ces mots à haute voix : « N*** N*** (*nom et prénoms du condamné*), vous êtes indigne de porter les armes ; au nom du peuple français, nous vous dégradons. »

Aussitôt après, tous les insignes militaires et les décorations dont le condamné est revêtu sont enlevés ; et s'il est officier, son épée est brisée et jetée à terre devant lui.

La dégradation militaire entraîne :

1° La privation du grade et du droit d'en porter les insignes et l'uniforme ;

2° L'incapacité absolue de servir dans l'armée à quelque titre que ce soit, et les autres incapacités prononcées par les articles 28 et 34 du Code pénal ordinaire ; •

3° La privation du droit de porter aucune décoration et la déchéance de tout droit à pension et à récompense pour les services antérieurs.

---

(1) Modifié par la loi du 30 décembre 1911, *J. O.*, p. 203.

Art. 191. La dégradation militaire, prononcée comme peine principale, est toujours accompagnée d'un emprisonnement dont la durée, fixée par le jugement, n'excède pas cinq années.

Art. 192. La destitution entraine la privation du grade ou du rang, et du droit d'en porter les insignes distinctifs et l'uniforme.

L'officier destitué ne peut obtenir ni pension ni récompense à raison de ses services antérieurs.

Art. 193. Le condamné à la peine des travaux publics est conduit à la parade revêtu de l'habillement déterminé par les règlements.

Il y entend devant les troupes la lecture de son jugement.

Il est employé aux travaux d'utilité publique. Il ne peut, en aucun cas, être placé dans les mêmes ateliers que les condamnés aux travaux forcés.

La durée de la peine est de deux ans au moins et de dix ans au plus.

Art. 194. La durée de l'emprisonnement est de six jours au moins et de cinq ans au plus.

Art. 195. Lorsque les lois pénales prononcent la peine de l'amende, les tribunaux militaires peuvent remplacer cette peine par un emprisonnement de six jours à six mois.

Art. 196. Dans les cas prévus par les articles 76, 77, 78 et 79 du présent Code, le tribunal compétent applique aux militaires et aux individus assimilés aux militaires les peines prononcées par les lois militaires; aux individus appartenant à l'armée de mer, les peines prononcées par les lois maritimes, et à tous autres individus les peines prononcées par les lois ordinaires, à moins qu'il n'en soit autrement ordonné par une disposition expresse de la loi.

Les peines prononcées contre les militaires sont exécutées conformément aux dispositions du présent Code et à la diligence de l'autorité militaire.

Art. 197. Dans les mêmes cas, si les individus non militaires et non assimilés aux militaires sont déclarés coupables d'un crime ou d'un délit non prévu par les lois pénales ordinaires, ils sont condamnés aux peines portées par le présent Code contre ce crime ou ce délit.

Toutefois, les peines militaires sont remplacées à leur égard ainsi qu'il suit :

1° La dégradation militaire prononcée comme peine principale, par la dégradation civique ;

2° La destitution et les travaux publics, par un emprisonnement d'un an à cinq ans.

Art. 198. Lorsque des individus non militaires ou non assimilés aux militaires sont traduits devant un conseil de guerre, ce conseil peut leur faire application de l'article 463 du Code pénal ordinaire **(1).**

Art. 199. Les dispositions des articles 66, 67 et 69 du Code pénal ordinaire, concernant les individus âgés de moins de seize ans, sont observées par les tribunaux militaires (voir page 86).

S'il est décidé que l'accusé a agi avec discernement, les peines de la dégradation militaire, de la destitution et des travaux publics sont remplacées par un emprisonnement d'un an à cinq ans dans une maison de correction.

Art. 200 (2). Les peines prononcées par les tribunaux militaires commencent à courir, savoir :

Celles des travaux forcés, de la déportation, de la détention, de la réclusion et du bannissement, à partir du jour de la dégradation militaire ;

Celles des travaux publics, à partir du jour de la lecture du jugement devant les troupes ;

Celle de l'emprisonnement, à partir du jour où le condamné est détenu en vertu de la condamnation, devenue irrévocable, qui prononce **la peine** ;

Celles de la dégradation militaire et de la destitution, prononcées comme peines principales, à partir du jour où la condamnation est devenue irrévocable. Quand les peines de la dégradation ou de la destitution sont encourues accessoirement à une autre peine, elles commencent à courir le même jour que la peine principale.

Quand il y a eu détention préventive suivie d'une condamnation aux travaux forcés, à la déportation, à la détention, a la réclusion, au bannissement, aux travaux publics ou à l'emprisonnement, cette détention préventive est intégralement déduite de la durée de la peine qu'a prononcée le jugement, à moins que les juges n'aient ordonné, par disposition spéciale et motivée, que cette imputation n'ait point lieu ou qu'elle n'ait lieu que pour partie. En ce qui concerne la détention préventive comprise entre la date du jugement et le moment où la condamnation commence à courir, elle est toujours imputée dans les deux cas suivants :

---

(1) Voir cet article page 85 et aux dispositions diverses, page 146, la loi du 19 juillet 1901 rendant applicable l'article 463 du Code pénal, relatif aux circonstances atténuantes, à tous les crimes et délits réprimés par les Codes de justice militaire de l'armée de terre et de l'armée de mer.

(2) Modifié par la loi du 2 avril 1901 (*B. O.*, p. 536). (Voir, aux dispositions diverses, page 145, la circulaire du 22 mai 1901 relative à l'application de cette loi.

1° Si le condamné n'a pas exercé de recours contre le jugement;

2° Si, ayant exercé un recours, sa peine est réduite.

Est réputé en état de détention préventive tout individu privé de sa liberté sous inculpation d'un crime ou d'un délit.

Art. 201. Toute condamnation prononcée contre un officier, par quelque tribunal que ce soit, pour l'un des délits prévus par les articles 401, 402, 403, 405, 406, 407 et 408 du Code pénal ordinaire, entraine la perte du grade. (Voir p. 87) (1).

Art. 202. Les articles 2, 3, 59, 60, 61, 62, 63, 64 et 65 du Code pénal ordinaire, relatifs à la tentative de crime ou de délit, à la complicité et aux cas d'excuses, sont applicables devant les tribunaux militaires, sauf les dérogations prévues par le présent Code. (Voir page **89**.)

Art. 203. Les fonctionnaires, agents, employés militaires et autres assimilés aux militaires sont, pour l'application des peines, considérés comme officiers, sous-officiers ou soldats, suivant le grade auquel leur rang correspond.

TITRE II.

DES CRIMES, DES DÉLITS ET DE LEUR PUNITION.

CHAPITRE Ier.

TRAHISON, ESPIONNAGE ET EMBAUCHAGE.

Art. 204. Est puni de mort, avec dégradation militaire, tout militaire français ou au service de la France, qui porte les armes contre la France.

Est puni de mort tout prisonnier de guerre qui, ayant faussé sa parole, est repris les armes à la main.

Art. 205. Est puni de mort, avec dégradation militaire, tout militaire:

1° Qui livre à l'ennemi, ou dans l'intérêt de l'ennemi, soit la troupe qu'il commande, soit la place qui lui est confiée, soit les approvisionnements de l'armée, soit les plans des places de guerre ou des arsenaux maritimes, des ports ou rades, soit le mot d'ordre ou le secret d'une opération, d'une expédition ou d'une négociation;

2° Qui entretient des intelligences avec l'ennemi dans le but de favoriser ses entreprises;

---

(1) Pour les hommes de la disponibilité et des réserves, voir l'article 57 de la loi du 1er avril 1923 sur le recrutement de l'armée.

3° Qui participe à des complots dans le but de forcer le commandant d'une place assiégée à se rendre ou à capituler ;

4° Qui provoque à la fuite ou empêche le ralliement en présence de l'ennemi.

Art. 206. Est considéré comme espion et puni de mort, avec dégradation militaire :

1° Tout militaire qui s'introduit dans une place de guerre, dans un poste ou établissement militaire, dans les travaux, camps, bivouacs ou cantonnements d'une armée, pour s'y procurer des documents ou renseignements dans l'intérêt de l'ennemi ;

2° Tout militaire qui procure à l'ennemi des documents ou renseignements susceptibles de nuire aux opérations de l'armée ou de compromettre la sûreté des places, postes ou autres établissements militaires ;

3° Tout militaire qui, sciemment, recèle ou fait recéler les espions ou les ennemis envoyés à la découverte.

Art. 207. Est puni de mort tout ennemi qui s'introduit déguisé dans un des lieux désignés dans l'article précédent.

Art. 208. Est considéré comme embaucheur et puni de mort tout individu convaincu d'avoir provoqué des militaires à passer à l'ennemi ou aux rebelles armés, de leur en avoir sciemment facilité les moyens, ou d'avoir fait des enrôlements pour une puissance en guerre avec la France.

Si le coupable est militaire, il est en outre puni de la dégradation militaire.

CHAPITRE II.

CRIMES OU DÉLITS CONTRE LE DEVOIR MILITAIRE.

Art. 209. Est puni de mort, avec dégradation militaire, tout gouverneur ou commandant qui, mis en jugement par *avis d'un conseil d'enquête*, est reconnu coupable d'avoir capitulé avec l'ennemi et rendu la place qui lui était confiée, sans avoir épuisé tous les moyens de défense dont il disposait, et sans avoir fait tout ce que prescrivaient le devoir et l'honneur.

Art. 210. Tout général, tout commandant d'une troupe armée qui capitule en rase campagne est puni :

1° De la peine de mort, avec dégradation militaire, si la capitulation a eu pour résultat de faire poser les armes à sa troupe, ou si, avant de traiter verbalement ou par écrit, il n'a pas fait tout ce que lui prescrivaient le devoir et l'honneur ;

2° De la destitution dans tous les autres cas.

Art. 211. Tout militaire qui, étant en faction ou en vedette, abandonne son poste sans avoir rempli sa consigne, est puni :

1º De la peine de mort, s'il était en présence de l'ennemi ou de rebelles armés ;

2º De deux ans à cinq ans de travaux publics si, hors le cas prévu par le paragraphe précédent, il était sur un territoire en état de guerre ou en état de siège ;

3º D'un emprisonnement de deux mois à un an dans tous les autres cas.

Art. 212. Tout militaire qui, étant en faction ou en vedette, est trouvé endormi, est puni :

1º De deux ans à cinq ans de travaux publics, s'il était en présence de l'ennemi ou de rebelles armés ;

2º De six mois à un an d'emprisonnement, si, hors le cas prévu par le paragraphe précédent, il était sur un territoire en état de guerre ou en état de siège ;

3º De deux à six mois d'emprisonnement dans tous les autres cas.

Art. 213. Tout militaire qui abandonne son poste est puni :

1º De la peine de mort, si l'abandon a eu lieu en présence de l'ennemi ou de rebelles armés ;

2º De deux ans à cinq ans d'emprisonnement si, hors le cas prévu par le paragraphe précédent, l'abandon a eu lieu sur un territoire en état de guerre ou en état de siège ;

3º De deux mois à six mois d'emprisonnement dans tous les autres cas.

Si le coupable est chef de poste, le maximum de la peine lui est toujours infligé.

Art. 214. En temps de guerre, aux armées, ainsi que dans les communes et les départements en état de siège et les places de guerre assiégées ou investies, tout militaire qui ne se rend pas à son poste en cas d'alerte, ou lorsque la générale est battue, est puni de six mois à deux ans d'emprisonnement ; s'il est officier, la peine est celle de la destitution.

Art. 215. Tout militaire qui, hors le cas d'excuse légitime, ne se rend pas au conseil de guerre où il est appelé à siéger, est puni d'un emprisonnement de deux mois à six mois.

En cas de refus, si le coupable est officier, il peut être puni de la destitution.

Art. 216. Les dispositions des articles 237, 238, 239, 240, 241, 242, 243, 247 et 248 du Code pénal ordinaire sont applicables aux militaires qui laissent évader des prisonniers de guerre ou d'autres individus arrêtés, détenus ou confiés à leur garde, ou qui favorisent ou procurent l'évasion de ces individus ou les recèlent ou les font recéler. (Voir page 90.)

CHAPITRE III.

RÉVOLTE, INSUBORDINATION ET RÉBELLION.

Art. 217. Sont considérés comme en état de révolte et punis de mort:

1° Les militaires sous les armes qui, réunis au nombre de quatre au moins et agissant de concert, refusent à la première sommation d'obéir aux ordres de leurs chefs;

2° Les militaires qui, au nombre de quatre au moins, prennent les armes sans autorisation et agissent contre les ordres de leurs chefs;

3° Les militaires qui, réunis au nombre de huit au moins, se livrent à des violences en faisant usage de leurs armes, et refusent, à la voix de leurs supérieurs, de se disperser ou de rentrer dans l'ordre.

Néanmoins, dans tous les cas prévus par le présent article, la peine de mort n'est infligée qu'aux instigateurs ou chefs de la révolte, et au militaire le plus élevé en grade. Les autres coupables sont punis de cinq ans à dix ans de travaux publics, ou, s'ils sont officiers, de la destitution, avec emprisonnement de deux à cinq ans.

Dans le cas prévu par le n° 3 du présent article, si les coupables se livrent à des violences sans faire usage de leurs armes, ils sont punis de cinq ans à dix ans de travaux publics, ou, s'ils sont officiers, de la destitution, avec emprisonnement de deux à cinq ans.

Art. 218. Est puni de mort avec dégradation militaire tout militaire qui refuse d'obéir, lorsqu'il est commandé pour marcher contre l'ennemi, ou pour tout autre service ordonné par son chef en présence de l'ennemi ou de rebelles armés.

Si, hors le cas prévu par le paragraphe précédent, la désobéissance a eu lieu sur un territoire en état de guerre ou de siège, la peine est de cinq ans à dix ans de travaux publics, ou, si le coupable est officier, de la destitution, avec emprisonnement de deux à cinq ans.

Dans tous les autres cas, la peine est celle de l'emprisonnement d'un an à deux ans, ou, si le coupable est officier, celle de la destitution.

Art. 219. Tout militaire qui viole ou force une consigne est puni :

1° De la peine de la détention, si la consigne a été violée ou forcée en présence de l'ennemi ou de rebelles armés;

2° De deux ans à dix ans de travaux publics, ou, si le coupable est officier, de la destitution, avec emprisonnement de un an à cinq ans, quand, hors le cas prévu par le paragraphe précédent, le fait a eu lieu sur un territoire en état de guerre ou de siège ;

3° D'un emprisonnement de deux mois à trois ans dans tous les autres cas.

Art. 220. Est puni de mort tout militaire coupable de violence à main armée envers une sentinelle ou vedette.

Si les violences n'ont pas eu lieu à main armée et ont été commises par un militaire assisté d'une ou plusieurs personnes, la peine est de cinq à dix ans de travaux publics. Si, parmi les coupables, il se trouve un officier, il est puni de la destitution, avec emprisonnement de deux ans à cinq ans.

La peine est réduite à un emprisonnement d'un an à cinq ans, si les violences ont été commises par un militaire seul et sans armes.

Est puni de six jours à un an d'emprisonnement tout militaire qui insulte une sentinelle par paroles, gestes ou menaces.

Art. 221. Est punie de mort, avec dégradation militaire, toute voie de fait commise avec préméditation ou guet-apens par un militaire envers son supérieur.

Art. 222. Est punie de mort toute voie de fait commise sous les armes par un militaire envers son supérieur.

Art. 223. Les voies de fait exercées pendant le service ou à l'occasion du service, par un militaire envers son supérieur, sont punies de mort.

Si les voies de fait n'ont pas eu lieu pendant le service ou à l'occasion du service, le coupable est puni de la destitution, avec emprisonnement de deux ans à cinq ans s'il est officier, et de cinq ans à dix ans de travaux publics s'il est sous-officier, caporal, brigadier ou soldat.

Art. 224. Tout militaire qui, pendant le service ou à l'occasion du service, outrage son supérieur par paroles, gestes ou menaces, est puni de la destitution avec emprisonnement d'un an à cinq ans si ce militaire est officier, et de cinq ans à dix ans de travaux publics s'il est sous-officier, caporal, brigadier ou soldat.

Si les outrages n'ont pas eu lieu pendant le service ou à l'occasion du service, la peine est de un an à cinq ans d'emprisonnement.

Art. 225. Tout militaire coupable de rébellion envers la force armée et les agents de l'autorité est puni de deux mois à six mois d'emprisonnement, et de six mois à deux ans de la même peine si la rébellion a eu lieu avec armes.

Si la rébellion a été commise par plus de deux militaires, sans armes, les coupables sont punis de deux ans à cinq ans d'emprisonnement, et de la réclusion si la rébellion a eu lieu avec armes.

Toute rébellion commise par des militaires armés au nombre de huit au moins est punie conformément aux paragraphes 3 et 5 de l'article 217 du présent Code.

Le maximum de la peine est toujours infligé aux instigateurs ou chefs de rébellion et au militaire le plus élevé en grade.

CHAPITRE IV.

ABUS D'AUTORITÉ.

Art. 226. Est puni de mort tout chef militaire qui, sans provocation, ordre ou autorisation, dirige ou fait diriger une attaque à main armée contre des troupes ou des sujets quelconques d'une puissance alliée ou neutre.

Est puni de la destitution tout chef militaire qui, sans provocation, ordre ou autorisation, commet un acte d'hostilité quelconque sur un territoire allié ou neutre.

Art. 227. Est puni de mort tout chef militaire qui prolonge les hostilités après avoir reçu l'avis officiel de la paix, d'une trêve ou d'un armistice.

Art. 228. Est puni de mort tout militaire qui prend un commandement sans ordre ou motif légitime, ou qui le retient contre l'ordre de ses chefs.

Art. 229. Est puni d'un emprisonnement de deux mois à cinq ans tout militaire qui frappe son inférieur hors les cas de la légitime défense de soi-même ou d'autrui, ou du ralliement des fuyards, ou de la nécessité d'arrêter le pillage ou la dévastation (1).

CHAPITRE V.

INSOUMISSION ET DÉSERTION.

SECTION PREMIÈRE.

INSOUMISSION.

Art. 230 (2). Sont considérés comme insoumis et punis d'un emprisonnement d'un mois à un an les engagés volontaires et les hommes appelés par la loi qui, n'ayant pas déjà servi, ne sont pas rendus à leur destination, hors le cas de force majeure, dans le mois qui suit le jour fixé par leur ordre de route.

Sont également considérés comme insoumis et punis de la même peine les hommes de la disponibilité et de la réserve de l'armée

---

(1) Pour l'application de cet article, il est nécessaire que le supérieur et l'inférieur soient l'un et l'autre revêtus d'effets, d'uniforme ou d'un insigne militaire réglementaire. (Art. 57 de la loi du 1er avril 1920.)

(2) Texte donné par la loi du 18 mai 1875 (*B. O.*, p. 751).

active, de l'armée territoriale et de la réserve de cette armée à quelque catégorie qu'ils appartiennent, qui, ayant déjà servi, et étant appelés à l'activité par ordre individuel, ne sont pas rendus à leur destination, hors le cas de force majeure, dans les quinze jours qui suivent celui fixé par leur ordre de route.

Les délais ci-dessus déterminés sont portés : 1° à deux mois pour les hommes demeurant en Algérie et en Europe ; 2° à six mois pour ceux demeurant dans tout autre pays.

En temps de guerre ou en cas de mobilisation par voie d'affiches et de publications sur la voie publique, les délais ci-dessus sont réduits à deux jours pour les hommes dont il est parlé aux 1er et 2° paragraphes du présent article, et diminués de moitié pour ceux que le 3e paragraphe concerne.

En temps de guerre, la peine est de deux ans à cinq ans d'emprisonnement, sans préjudice des dispositions spéciales édictées par l'article 61 de la loi du 27 juillet 1872 (1).

Conformément au dernier paragraphe de l'article 68 de cette même loi (2), les peines prononcées par le présent article pourront être modifiées par l'application de l'article 463 du Code pénal (3).

SECTION II.

DÉSERTION A L'INTÉRIEUR.

Art. 231 (3). Est considéré comme déserteur à l'intérieur :

1°. Six jours après celui de l'absence constatée, tout sous-officier, caporal, brigadier ou soldat qui s'absente de son corps ou détachement sans autorisation : néanmoins, si le soldat n'a pas trois mois de service, il ne peut être considéré comme déserteur qu'après un mois d'absence ;

2° Tout sous-officier, caporal, brigadier ou soldat voyageant isolément d'un corps à un autre ou dont le congé ou la permission est expiré, et qui, dans les quinze jours qui suivent celui qui a été fixé pour son retour ou son arrivée au corps, ne s'y est pas présenté.

Art. 232. Tout sous-officier, caporal, brigadier ou soldat coupable de désertion à l'intérieur en temps de paix est puni de deux ans à cinq ans d'emprisonnement, et de deux ans à cinq ans de travaux publics si la désertion a eu lieu en temps de guerre ou d'un territoire en état de guerre ou de siège.

La peine ne peut être moindre de trois ans d'emprisonnement ou de travaux publics, suivant les cas, dans les circonstances suivantes :

---

(1) Remplacé par l'article 91 de la loi du 1er avril 1923.
(2) Aujourd'hui, article 96 de la loi du 1er avril 1923.
(3) Texte donné par la loi du 18 mai 1875.

1º Si le coupable a emporté une de ses armes, un objet d'équipement ou d'habillement, ou s'il a emmené son cheval;

2º S'il a déserté étant de service, sauf les cas prévus par les articles 211 et 213 du présent Code;

3º S'il a déserté antérieurement.

Art. 233. Est puni de six mois à un an d'emprisonnement tout officier *absent de son corps ou de son poste* sans autorisation depuis plus de six jours, ou qui ne s'y présente pas quinze jours après l'expiration de son congé ou de sa permission, sans préjudice de l'application, s'il y a lieu, des dispositions de l'article 1ᵉʳ de la loi du 19 mai 1834, sur l'état des officiers. (Voir page 92.)

Tout officier qui abandonne son corps ou son poste sur un territoire en état de guerre ou de siège est déclaré déserteur après les délais déterminés par le paragraphe précédent, et puni de la destitution avec emprisonnement de deux ans à cinq ans.

Art. 234. En temps de guerre, tous les délais fixés par les articles 231 et 233 précédents sont réduits des deux tiers (1).

SECTION III.

DÉSERTION A L'ÉTRANGER.

Art. 235. Est déclaré déserteur à l'étranger, en temps de paix, trois jours et, en temps de guerre, un jour après celui de l'absence constatée, tout militaire qui franchit sans autorisation les limites du territoire français, ou qui, hors de France, abandonne le corps auquel il appartient (1).

Art. 236. Tout sous-officier, caporal, brigadier ou soldat, coupable de désertion à l'étranger, est puni de deux ans à cinq ans de travaux publics, si la désertion a eu lieu en temps de paix.

Il est puni de cinq ans à dix ans de la même peine, si la désertion a eu lieu en temps de guerre, ou d'un territoire en état de guerre ou de siège.

La peine ne peut être moindre de trois ans de travaux publics dans le cas prévu par le paragraphe 1ᵉʳ, et de sept ans dans le cas du paragraphe 2, dans les circonstances suivantes.

1º Si le coupable a emporté une de ses armes, un objet d'habillement ou d'équipement, ou s'il a emmené son cheval;

2º S'il a déserté étant de service, sauf les cas prévus par les articles 211 et 213;

3º S'il a déserté antérieurement.

Art. 237. Tout officier coupable de désertion à l'étranger est puni de la destitution, avec emprisonnement d'un an à cinq ans, si la désertion a eu lieu en temps de paix, et de la détention si la

---

(1) Texte donné par la loi du 18 mai 1875.

désertion a eu lieu en temps de guerre ou d'un territoire en état de guerre ou de siège.

SECTION IV.

DÉSERTION A L'ENNEMI OU EN PRÉSENCE DE L'ENNEMI.

Art. 238. Est puni de mort, avec dégradation militaire, tout militaire coupable de désertion à l'ennemi.

Art. 239. Est puni de la détention tout déserteur en présence de l'ennemi.

SECTION V.

DISPOSITIONS COMMUNES AUX SECTIONS PRÉCÉDENTES.

Art. 240. Est réputée désertion avec complot toute désertion effectuée de concert par plus de deux militaires.

Art. 241. Est puni de mort :

1° Le coupable de désertion avec complot en présence de l'ennemi;

2° Le chef du complot de désertion à l'étranger.

Le chef du complot de désertion à l'intérieur est puni de cinq ans à dix ans de travaux publics s'il est sous-officier, caporal, brigadier ou soldat, et de la détention s'il est officier.

Dans tous les autres cas, le coupable de désertion avec complot est puni du maximum de la peine portée par les dispositions des sections précédentes, suivant la nature et les circonstances du crime ou du délit.

Art. 242. Tout militaire qui provoque ou favorise la désertion est puni de la peine encourue par le déserteur, selon les distinctions établies au présent chapitre.

Tout individu non militaire ou non assimilé aux militaires qui, sans être embaucheur pour l'ennemi ou pour les rebelles, provoque ou favorise la désertion, est puni par le tribunal compétent d'un emprisonnement de deux mois à cinq ans.

Art. 243. Si un militaire reconnu coupable de désertion est condamné par le même jugement pour un fait entraînant une peine plus grave, cette peine ne peut être réduite par l'admission de circonstances atténuantes.

CHAPITRE VI.

VENTE, DÉTOURNEMENT, MISE EN GAGE ET RECEL DES EFFETS MILITAIRES.

Art. 244. Est puni d'un an à cinq ans d'emprisonnement tout militaire qui vend son cheval, ses effets d'armement, d'équipement ou d'habillement, des munitions, ou tout autre objet à lui confié pour le service.

Est puni de la même peine tout militaire qui **sciemment** achète ou recèle lesdits effets.

La peine est de six mois à un an d'emprisonnement, s'il s'agit d'effets de petit équipement.

Art. 245. Est puni de six mois à deux ans d'emprisonnement tout militaire :

1° Qui dissipe ou détourne les armes, munitions, effets et autres objets à lui remis pour le service ;

2° Qui, acquitté du fait de désertion, ne représente pas le cheval qu'il aurait emmené, ou les armes ou effets qu'il aurait emportés.

Art. 246. Est puni de six mois à un an d'emprisonnement tout militaire qui met en gage tout ou partie de ses effets d'armement, de grand équipement, d'habillement ou tout autre objet à lui confié pour le service.

La peine est de deux mois à six mois d'emprisonnement s'il s'agit d'effets de petit équipement.

Art. 247. *Tout individu* qui achète, recèle ou reçoit en gage des armes, munitions, effets d'habillement, de grand ou petit équipement, ou tout autre objet militaire, dans des cas autres que ceux où les règlements autorisent leur mise en vente, est puni par le tribunal compétent de la même peine que l'auteur du délit.

CHAPITRE VII.

VOL.

Art. 248. Le vol des armes et des munitions appartenant à l'Etat, celui de l'argent de l'ordinaire, de la solde, des deniers ou effets quelconques appartenant à des militaires ou à l'Etat, commis par des militaires qui en sont comptables, est puni des travaux forcés à temps.

Si le coupable n'en est pas comptable, la peine est celle de la réclusion.

S'il existe des circonstances atténuantes, la peine est celle de la réclusion ou d'un emprisonnement de trois ans à cinq ans, dans le cas du premier paragraphe, et celle d'un emprisonnement d'un an à cinq ans, dans le cas du deuxième paragraphe.

En cas de condamnation à l'emprisonnement, l'officier coupable est, en outre, puni de la destitution.

Est puni de la peine de la réclusion, et, en cas de circonstances atténuantes, d'un emprisonnement d'un an à cinq ans, tout militaire qui commet un vol au préjudice de l'habitant chez lequel il est logé.

Les dispositions du Code pénal ordinaire sont applicables aux vols prévus par les paragraphes précédents, toutes les fois qu'en raison des circonstances, les peines qui y sont portées sont plus fortes que les peines prescrites par le présent Code. (Voir p. 93.)

Art. 249. Tout individu qui, dans la zone d'opérations d'une force militaire en campagne,

Dépouille un militaire blessé, malade ou mort (1), est puni de la réclusion, sans préjudice de l'application du paragraphe final de l'article 248 précédent;

Exerce sur un militaire blessé ou malade, pour le dépouiller, des violences aggravant son état, est puni de mort;

Commet, par cruauté, des violences sur un militaire blessé ou malade, hors d'état de se défendre, est puni de la réclusion.

Les articles du Code pénal ordinaire relatifs aux coups et blessures volontaires, au meurtre et à l'assassinat, sont applicables toutes les fois qu'en raison des circonstances les peines qui y sont portées sont plus fortes que la peine prescrite au présent paragraphe (2).

CHAPITRE VIII.

PILLAGE, DESTRUCTION, DÉVASTATION D'ÉDIFICES.

Art. 250. Est puni de mort, avec dégradation militaire, tout pillage ou dégât de denrées, marchandises ou effets, commis par des militaires en bandes, soit avec armes ou à force ouverte, soit avec bris de portes et clôtures extérieures, soit avec violences envers les personnes.

Le pillage en bande est puni de la réclusion dans tous les autres cas.

Néanmoins, si, dans les cas prévus par le premier paragraphe, il existe parmi les coupables un ou plusieurs instigateurs, un ou plusieurs militaires pourvus de grades, la peine de mort n'est infligée qu'aux instigateurs et aux militaires les plus élevés en grade. Les autres coupables sont punis de la peine des travaux forcés à temps.

S'il existe des circonstances atténuantes, la peine de mort est réduite à celle des travaux forcés à temps, la peine des travaux forcés à temps à celle de la réclusion, et la peine de la réclusion à celle d'un emprisonnement d'un an à cinq ans.

En cas de condamnation à l'emprisonnement, l'officier coupable est, en outre, puni de la destitution.

---

(1) Ou mort. (*Erratum* du 9 novembre 1924, *Journal officiel*, page 8613.)
(2) Texte donné par la loi du 24 juillet 1913 (*B. O.*, t. 2ᵉ, 1914, p. 1406).

Art. 251. Est puni de mort, avec dégradation militaire, tout militaire qui, volontairement, incendie, par un moyen quelconque, ou détruit par l'explosion d'une mine, des édifices, bâtiments, ouvrages militaires, magasins, chantiers, vaisseaux, navires ou bateaux à l'usage de l'armée.

S'il existe des circonstances atténuantes, la peine est celle des travaux forcés à temps.

Art. 252. Est puni des travaux forcés à temps tout militaire qui, volontairement, détruit ou dévaste, par d'autres moyens que l'incendie ou l'explosion d'une mine, des édifices, bâtiments, ouvrages militaires, magasins, chantiers, vaisseaux, navires ou bateaux à l'usage de l'armée.

S'il existe des circonstances atténuantes, la peine est celle de la réclusion, ou même de deux ans à cinq ans d'emprisonnement. et, en outre, de la destitution si le coupable est officier.

Art. 253. Est puni de mort avec dégradation militaire, tout militaire qui, dans un but coupable, détruit ou fait détruire, en présence de l'ennemi, des moyens de défense, tout ou partie d'un matériel de guerre, des approvisionnements en armes, vivres, munitions, effets de campement, d'équipement ou d'habillement.

La peine est celle de la détention si le crime n'a pas eu lieu en présence de l'ennemi.

Art. 254. Est puni de deux ans à cinq ans de travaux publics tout militaire qui, volontairement, détruit ou brise des armes, des effets de campement, de casernement, d'équipement ou d'habillement appartenant à l'État, soit que ces objets lui eussent été confiés pour le service, soit qu'ils fussent à l'usage d'autres militaires, ou qui estropie ou tue un cheval ou une bête de trait ou de somme employée au service de l'armée.

Si le coupable est officier, la peine est celle de la destitution ou d'un emprisonnement de deux ans à cinq ans.

S'il existe des circonstances atténuantes, la peine est réduite à un emprisonnement de deux mois à cinq ans.

Art. 255. Est puni de la réclusion tout militaire qui, volontairement, détruit, brûle ou lacère des registres, minutes ou actes originaux de l'autorité militaire.

S'il existe des circonstances atténuantes, la peine est celle d'un emprisonnement de deux ans à cinq ans, et, en outre, de la destitution, si le coupable est officier.

Art. 256. Tout militaire coupable de meurtre sur l'habitant chez lequel il reçoit le logement, sur sa femme ou sur ses enfants, est puni de mort.

CHAPITRE IX.

Art. 257. Est puni des travaux forcés à temps tout militaire, tout administrateur ou comptable militaire qui porte sciemment sur les rôles, les états de situation ou de revue, un nombre d'hommes, de chevaux ou de journées de présence au delà de l'effectif réel, qui exagère le montant des consommations, ou commet tout autre faux dans ses comptes.

S'il existe des circonstances atténuantes, la peine est la réclusion ou un emprisonnement de deux ans à cinq ans.

En cas de condamnation, l'officier coupable est, en outre, puni de la destitution.

Art. 258. Est puni d'un an à cinq ans d'emprisonnement, tout militaire, tout administrateur ou comptable militaire qui fait sciemment usage, dans son service, de faux poids ou de fausses mesures.

Art. 259. Est puni de la réclusion tout militaire, tout administrateur ou comptable militaire qui contrefait ou tente de contrefaire les sceaux, timbres ou marques militaires destinés à être apposés, soit sur les actes ou pièces authentiques relatifs au service militaire, soit sur des effets ou objets quelconques appartenant à l'armée, ou qui en fait sciemment usage.

Art. 260. Est puni de la dégradation militaire tout militaire, tout administrateur ou comptable militaire qui, s'étant procuré les vrais sceaux, timbres ou marques ayant l'une des destinations indiquées à l'article précédent, en fait ou tente d'en faire une application frauduleuse ou un usage préjudiciable aux droits et aux intérêts de l'Etat ou des militaires.

CHAPITRE X.

Art. 261. Est puni de la dégradation militaire tout militaire, tout administrateur ou comptable militaire coupable de l'un des crimes de corruption ou de contrainte prévus par les articles 177 et 179 du Code pénal ordinaire. (Voir page 95.)

Dans le cas où la corruption ou la contrainte aurait pour objet un fait criminel emportant une peine plus forte que la dégradation militaire, cette peine plus forte est appliquée au coupable.

S'il existe des circonstances atténuantes, le coupable est puni de trois mois à deux ans d'emprisonnement.

Toutefois, si la tentative de contrainte ou de corruption n'a eu aucun effet, la peine est de trois mois à six mois d'emprisonnement.

Art. 262. Est puni d'un an à quatre ans d'emprisonnement tout médecin militaire qui, dans l'exercice de ses fonctions et pour favoriser quelqu'un, certifie faussement ou dissimule l'existence de maladies ou infirmités. Il peut, en outre, être puni de la destitution.

S'il a été mû par des dons ou promesses, il est puni de la dégradation militaire. Les corrupteurs sont, en ce cas, punis de la même peine.

Art. 263. Est puni des travaux forcés à temps tout militaire, tout administrateur ou comptable militaire qui s'est rendu coupable des crimes ou délits prévus par les articles 169, 170, 174 et 175 du Code pénal ordinaire, relatif à des soustractions commises par les dépositaires publics. (Voir page 96.)

S'il existe des circonstances atténuantes, la peine est celle de la réclusion ou de deux ans à cinq ans d'emprisonnement, et, dans ce dernier cas, de la destitution, si le coupable est officier.

Art. 264. Tout militaire, tout administrateur ou comptable militaire qui, hors les cas prévus par l'article précédent, trafique, à son profit, des fonds ou des deniers appartenant à l'Etat ou à des militaires, est puni d'un emprisonnement de un an à cinq ans.

Art. 265. Est puni de la réclusion tout militaire, tout administrateur ou comptable militaire qui falsifie ou fait falsifier des substances, matières, denrées ou liquides confiés à sa garde ou placés sous sa surveillance, ou qui, sciemment, distribue ou fait distribuer lesdites substances, matières, denrées ou liquides falsifiés.

La peine de la réclusion est également prononcée contre tout militaire, tout administrateur ou comptable militaire qui, dans un but coupable, distribue ou fait distribuer des viandes provenant d'animaux atteints de maladies contagieuses, ou des matières, substances, denrées ou liquides corrompus ou gâtés.

S'il existe des circonstances atténuantes, la peine de la réclusion est réduite à celle de l'emprisonnement d'un an à cinq ans, avec destitution, si le coupable est officier.

CHAPITRE XI.

USURPATION D'UNIFORMES, COSTUMES, INSIGNES, DÉCORATIONS ET MÉDAILLES.

Art. 266. Est puni d'un emprisonnement de deux mois à deux ans tout militaire qui porte publiquement des décorations, médailles, insignes, uniformes ou costumes français sans en avoir le droit.

La même peine est prononcée contre tout militaire qui porte des décorations, médailles ou insignes étrangers sans y avoir été préalablement autorisé.

Cet article est applicable, en temps de guerre, avec des puissances signataires de la convention signée à Genève le 6 juillet 1906, ou y ayant adhéré, à tout individu qui, dans la zone d'opérations d'une force militaire en campagne, emploie publiquement, sans en avoir le droit, le brassard, le drapeau ou l'emblème de la Croix-Rouge. ou des brassards, drapeaux ou emblèmes y assimilés, en exécution de l'article 16 ci-après (1). Dans ce cas, les articles 63, 65, 68 et 198 du Code militaire sont applicables à tout individu non militaire, ni assimilé aux militaires (2).

En dehors, soit du cas visé par le paragraphe 1er du présent article, soit du cas où il s'agirait d'un pays pour lequel il n'aurait pas été adhéré à la convention de Genève, ou qui ne se trouverait pas dans les conditions spéciales déterminées par l'article 16 ci-après, l'usage abusif du brassard, du drapeau ou de l'emblème de la Croix-Rouge, ou des brassards, de drapeaux ou emblèmes y assimilés, en exécution dudit article 16, est puni des peines portées par l'article 3 de la présente loi (2).

TITRE III.

DISPOSITIONS GÉNÉRALES.

Art. 267. Les tribunaux militaires appliquent les peines portées

---

(1) Article 16 de la loi du 24 juillet 1913 :
Par décret rendu sur la proposition des Ministres des affaires étrangères, de la guerre, de la marine, du commerce et de l'industrie, les dispositions de la présente loi pourront, sous le bénéfice de la réciprocité, être rendues applicables à la protection des signes distinctifs susbtitués à l'emblème de la Croix-Rouge et aux mots « Croix-Rouge » et « Croix de Genève » par une puissance qui, avant de signer les conventions de Genève et de La Haye, visées au cours des articles ci-dessus, ou d'y adhérer, aurait déclaré faire des réserves au sujet de ces mots ou emblèmes. Il sera constaté dans ledit décret que la protection des signes distinctifs de la Croix-Rouge et de ceux que ladite puissance y aura substitués est d'ores et déjà pleinement assurée par celle-ci dans l'esprit des conditions déterminées par les conventions précitées de Genève et de La Haye, ainsi que par les dispositions de la présente loi.
En outre, par décret rendu suivant les mêmes formes, l'application de l'alinéa B de l'article 2 du dernier paragraphe des articles 6 et 11 pourra être suspendue en tant qu'il s'agira de pays où la protection des signes distinctifs de la Croix-Rouge et des militaires ou marins blessés, malades ou naufragés, se trouvera assurée dans les conditions déterminées par les conventions de Genève et de La Haye, ainsi que par les dispositions de la présente loi, bien que, pour ces pays, il n'ait pas été adhéré aux articles 23, 27 et 28 de la Convention de Genève et aux articles 6 et 21 de la Convention de La Haye.

(2) Article 5 de la loi du 24 juillet 1913 (B. O., p. 1406. 2e vol. de 1914).

par les lois pénales ordinaires à tous les crimes ou délits non prévus par le présent Code, et, dans ce cas, s'il existe des circonstances atténuantes, il est fait application aux militaires de l'article 463 du Code pénal (voir page 85).

Art. 268. Dans les cas prévus par les articles 251, 252, 253, 254 et 255 du présent Code, les complices, même non militaires, sont punis de la même peine que les auteurs du crime ou du délit, sauf l'application, s'il y a lieu, de l'article 197 du présent Code.

Art. 269. Aux armées, dans les divisions territoriales en état de guerre, dans les communes, les départements et les places de guerre en état de siège, tout justiciable des tribunaux militaires coupable ou complice d'un des crimes prévus par le chapitre Ier du titre II du présent livre, est puni de la peine qui y est portée.

Art. 270. Les peines prononcées par les articles 41, 43 et 44 de la loi du 21 mars 1832 (1), sur le recrutement de l'armée, sont applicables aux tentatives des délits prévus par ces articles, quelle que soit la juridiction appelée à en connaître. Dans le cas prévu par l'article 45 de la même loi, ceux qui ont fait les dons et promesses sont punis des peines portées par ledit article contre les médecins, chirurgiens ou officiers de santé.

Art. 271. Sont laissées à la répression de l'autorité militaire, et punies d'un emprisonnement dont la durée ne peut excéder deux mois :

1° Les contraventions de police commises par les militaires :
2° Les infractions aux règlements relatifs à la discipline.

Toutefois, l'autorité militaire peut toujours, suivant la gravité des faits, déférer le jugement des contraventions de police au conseil de guerre, qui applique la peine déterminée par le présent article.

Art. 272. Si, dans le cas prévu par l'article précédent, il y a une partie plaignante, l'action en dommages-intérêts est portée devant la juridiction civile.

Art. 273. Ne sont pas soumises à la juridiction des conseils de guerre les infractions commises par des militaires aux lois sur la chasse, la pêche, les douanes, les contributions indirectes, les octrois, les forêts et la grande voirie.

Art. 274. Le régime et la police des compagnies de discipline, des établissements pénitentiaires, des ateliers de travaux publics, les lieux de détention militaire, sont réglés par des décrets du Chef de l Etat.

Art. 275. Sont abrogées, en ce qui concerne l'armée de terre, toutes les dispositions législatives et réglementaires relatives à

---

(1) Loi remplacée par la loi du 1er avril 1923 (art. 86 et suivants).

l'organisation, à la compétence et à la procédure des tribunaux militaires, ainsi qu'à la pénalité en matière de crimes et de délits militaires.

Dispositions transitoires.

Art. 276. Lorsque les peines déterminées par le présent Code sont moins rigoureuses que celles portées par les lois antérieures, elles sont appliquées aux crimes et délits non encore jugés au moment de sa promulgation.

Art. 277. Jusqu'à la promulgation du nouveau Code maritime (1), les conseils de guerre maritimes permanents appliqueront les peines prononcées par le livre IV du présent Code, dans les cas qui y sont prévus.

Délibéré en séance publique, à Paris, le 8 mai 1857.

Le Président,

Signé : SCHNEIDER.

Les Secrétaires,
Signé : comte JOACHIM MURAT, TESNIÈRE, ED. DALLOZ,
marquis de CHAUMONT-QUITRY.

Extrait du procès-verbal du Sénat.

Le Sénat ne s'oppose pas à la promulgation de la loi relative au Code de justice militaire pour l'armée de terre.

Délibéré et voté en séance, au palais du Sénat, le 8 juin 1857.

Le Président,

Signé : TROPLONG.

Les Secrétaires,
Signé : A. duc DE PADOUE, le comte LE MAROIS,
baron T. DE LACROSSE.

Vu et scellé du sceau du Sénat.
Signé : baron T. DE LACROSSE.

Mandons et ordonnons que les présentes, revêtues du sceau de l'Etat et insérées au *Bulletin des lois,* soient adressées aux cours, aux tribunaux et aux autorités administratives, pour qu'ils les inscrivent sur leurs registres, les observent et les fassent obser-

---

(1) Le Code de justice militaire pour l'armée de mer a été inséré au *Bulletin des lois,* à la date du 4 juin 1858.

ver, et notre Ministre secrétaire d'Etat au Département de la justice est chargé d'en surveiller la publication.

Fait au palais de Saint-Cloud, le 9 juin 1857.

Signé : NAPOLÉON.

Vu et scellé du grand sceau :
Le Garde des sceaux
Ministre secrétaire d'Etat de la Justice,
Signé : ABBATUCCI.

Par l'Empereur :
Le Ministre d'Etat,
Signé : Achille FOULD.

ANNEXES.

1° Texte des lois auxquelles renvoie le Code de justice militaire.

(N° 1.) ART. 70 (1).

LOI SUR L'ÉTAT DE SIÈGE DU 9 AOUT 1849 (2).

Art. 1ᵉʳ et 2 .... (3).

Art. 3 .... (4).

Art. 4. Dans les colonies françaises, la déclaration de l'état de siège est faite par le gouverneur de la colonie.

Il doit en rendre compte immédiatement au gouvernement.

Art. 5. Dans les places de guerre et postes militaires, soit de la frontière, soit de l'intérieur, la déclaration de l'état de siège peut être faite par le commandant militaire, dans les cas prévus par la loi du 10 juillet 1791 (5) et par le décret du 24 décembre 1811 (6).

Le commandant en rend compte immédiatement au Gouvernement.

Art. 6 .... (7)

Art. 7. Aussitôt l'état de siège déclaré, les pouvoirs dont l'autorité civile était revêtue pour le maintien de l'ordre et de la police passent tout entiers à l'autorité militaire.

L'autorité civile continue néanmoins à exercer ceux de ces pouvoirs dont l'autorité militaire ne l'a pas dessaisie.

Art. 8. Les tribunaux militaires peuvent être saisis de la connaissance des crimes et délits contre la sûreté de la République, contre la Constitution, contre l'ordre et la paix publics, quelle que soit la qualité des auteurs principaux et des complices.

Art. 9. L'autorité militaire a le droit :

1° De faire des perquisitions, de jour et de nuit, dans le domicile des citoyens ;

---

(1) Ce chiffre est celui de l'article du Code de justice militaire auquel se rapportent les dispositions spéciales.
(2) Voir la loi du 3 avril 1878 (É. M., vol. 75).
(3) Art. 1 et 2 abrogés par la loi du 3 avril 1878 (É. M., vol. 75).
(4) Art. 3 abrogé par la Constitution de 1852.
(5) Titre Iᵉʳ, art. 11.
(6) Décret remplacé par celui du 7 octobre 1909 (É. M., vol. 75).
(7) Abrogé par la loi du 3 avril 1878 (É. M., vol. 75).

2° D'éloigner les repris de justice et les individus qui n'ont pas leur domicile dans les lieux soumis à l'état de siège ;

3° D'ordonner la remise des armes et munitions, et de procéder à leur recherche et à leur enlèvement ;

4° D'interdire les publications et les réunions qu'elle juge de nature à exciter ou à entretenir le désordre.

Art. 10. Dans les lieux énoncés en l'article 5, les effets de l'état de siège continuent, en outre, en cas de guerre étrangère, à être déterminés par les dispositions de la loi du 10 juillet 1791 et du décret du 24 décembre 1811 (1).

Art. 11. Les citoyens continuent, nonobstant l'état de siège, à exercer tous ceux des droits garantis par la Constitution, dont la jouissance n'est pas suspendue en vertu des articles précédents.

Art. 12. L'Assemblée nationale a seule le droit de lever l'état de siège, lorsqu'il a été déclaré ou maintenu par elle.

Néanmoins, en cas de prorogation, ce droit appartiendra au Président de la République.

L'état de siège, déclaré conformément aux articles 3, 4 et 5, peut être levé par le Président de la République, tant qu'il n'a pas été maintenu par l'Assemblée nationale.

L'état de siège, déclaré conformément à l'article 4, pourra être levé par les gouverneurs des colonies, aussitôt qu'ils croiront la tranquillité suffisamment rétablie.

Art. 13. Après la levée de l'état de siège, les tribunaux militaires continuent de connaître des crimes et délits dont la poursuite leur avait été déférée.

(N° 2.) ART. 82.

CODE D'INSTRUCTION CRIMINELLE.

Art. 441. Lorsque, sur l'exhibition d'un ordre formel à lui donné par le Ministre de la justice, le procureur général près la Cour de cassation dénoncera à la section criminelle des actes judiciaires, arrêts ou jugements contraires à la loi, ces actes, arrêts ou jugements pourront être annulés, et les officiers de police ou les juges poursuivis, s'il y a lieu, de la manière exprimée au chapitre III du Titre IV du présent livre.

Art. 442. Lorsqu'il aura été rendu par une cour impériale ou d'assises, ou par un tribunal correctionnel ou de police, un arrêt ou jugement en dernier ressort, sujet à cassation, et contre lequel néanmoins aucune des parties n'aurait réclamé dans le délai déterminé, le procureur général près la Cour de cassation pourra aussi d'office, et nonobstant l'expiration du délai, en donner con-

---

(1) Décret remplacé par celui du 7 octobre 1909 (vol. 75).

naissance à la Cour de cassation ; l'arrêt ou le jugement sera cassé, sans que les parties puissent s'en prévaloir pour s'opposer à son exécution.

Art. 443. La revision pourra être demandée en matière criminelle ou correctionnelle, quelle que soit la juridiction qui ait statué, dans chacun des cas suivants :

1° Lorsque, après une condamnation pour homicide, des pièces seront représentées propres à faire naître de suffisants indices sur l'existence de la prétendue victime de l'homicide ;

2° Lorsque, après une condamnation pour crime ou délit, un nouvel arrêt ou jugement aura condamné, pour le même fait, un autre accusé ou prévenu, et que les deux condamnations ne pouvant se concilier, leur contradiction sera la preuve de l'innocence de l'un ou de l'autre condamné ;

3° Lorsqu'un des témoins entendus aura été, postérieurement à la condamnation, poursuivi et condamné pour faux témoignage contre l'accusé ou le prévenu.

Le témoin ainsi condamné ne pourra pas être entendu dans le nouveaux débats ;

4° Lorsque, après une condamnation, un fait viendra à se produire ou à se révéler, ou lorsque des pièces inconnues lors des débats seront représentées, de nature à établir l'innocence du condamné.

Art. 444. Le droit de demander la revision appartiendra :

1° Au Ministre de la justice ;

2° Au condamné ;

3° Après la mort du condamné, à son conjoint, à ses enfants, à ses parents, à ses légataires universels ou à titre universel, à ceux qui en ont reçu de lui la mission expresse.

Dans le quatrième cas, au Ministre de la justice seul, qui statuera après avoir pris l'avis d'une commission composée des directeurs de son ministère et de trois magistrats de la Cour de cassation annuellement désignés par elle et pris en dehors de la chambre criminelle.

La demande sera non recevable si elle n'a été inscrite au ministère de la justice ou introduite par le Ministre, sur la demande des parties, dans le délai d'un an à dater du jour où celles-ci auront connu le fait donnant ouverture à revision.

Si l'arrêt ou le jugement de condamnation n'a pas été exécuté, l'exécution sera suspendue de plein droit à partir de la transmission de la demande par le Ministre de la justice à la Cour de cassation.

Si le condamné est en état de détention, l'exécution pourra être suspendue, sur l'ordre du Ministre de la justice, jusqu'à ce que la Cour de cassation ait prononcé, et ensuite, s'il y a lieu, par l'arrêt de cette Cour statuant sur la responsabilité.

Art. 445. En cas de recevabilité, la chambre criminelle statuera sur la demande en revision si l'affaire est en état.

Si l'affaire n'est pas en état, la chambre criminelle procèdera directement, ou par commissions rogatoires, à toutes enquêtes sur le fond, confrontations, reconnaissances d'identité et moyens propres à mettre la vérité en évidence. Après la fin de l'instruction, il sera alors statué par les chambres réunies de la Cour de cassation.

Lorsque l'affaire sera en état, si la chambre criminelle, dans le cas du paragraphe 1er ci-dessus, ou les chambres réunies, dans le cas du paragraphe 2, reconnaissent qu'il peut être procédé à de nouveaux débats contradictoires, elles annuleront les jugements ou arrêts et tous actes qui feraient obstacle à la revision ; elles fixeront les questions qui devront être posées et renverront les accusés ou prévenus, selon les cas, devant une cour ou un tribunal autres que ceux qui auraient primitivement connu l'affaire.

Dans les affaires qui devront être soumises au jury, le procureur général près la cour de renvoi dressera un nouvel acte d'accusation.

Lorsqu'il ne pourra être procédé de nouveau à des débats oraux contre toutes les parties, notamment en cas de décès, de contumace, ou de défaut d'un ou plusieurs condamnés, d'irresponsabilité pénale ou d'excusabilité, en cas de prescription de l'action ou de celle de la peine, la Cour de cassation, après avoir constaté expressément cette impossibilité, statuera au fond, sans cassation préalable ni renvoi, en présence des parties civiles s'il y en a au procès, et des curateurs nommés par elle à la mémoire de chacun des morts ; dans ce cas, elle annulera seulement celle des condamnations qui avait été injustement prononcée et déchargera, s'il y a lieu, la mémoire des morts.

Si l'annulation de l'arrêt à l'égard d'un condamné vivant ne laisse rien subsister qui puisse être qualifié crime ou délit, aucun renvoi ne sera prononcé.

Art. 446. L'arrêt ou le jugement de revision d'où résultera l'innocence d'un condamné pourra, sur sa demande, lui allouer des dommages-intérêts, à raison du préjudice que lui aura causé la condamnation.

Si la victime de l'erreur judiciaire est décédée, le droit de demander des dommages-intérêts appartiendra, dans les mêmes conditions, à son conjoint, à ses ascendants et descendants.

Il n'appartiendra aux parents d'un degré plus éloigné qu'autant qu'ils justifieront d'un préjudice matériel résultant pour eux de la condamnation.

La demande sera recevable en tout état de la procédure en revision

Les dommages-intérêts alloués seront à la charge de l'Etat,

sauf son recours contre la partie civile, le dénonciateur ou le faux témoin par la faute desquels la condamnation aura été prononcée. Ils seront payés comme frais de justice criminelle.

Les frais de l'instance en revision seront avancés par le demandeur jusqu'à l'arrêt de recevabilité ; pour les frais postérieurs à cet arrêt, l'avance sera faite par le Trésor.

Si l'arrêt ou le jugement définitif de revision prononce une condamnation, il mettra à la charge du condamné le remboursement des frais envers l'Etat et envers les demandeurs en revision, s'il y a lieu.

Le demandeur en revision qui succombera dans son instance sera condamné à tous les frais.

L'arrêt ou jugement de revision d'où résulte l'innocence d'un condamné sera affiché dans la ville où a été prononcée la condamnation, dans celle où siège la juridiction de revision, dans la commune du lieu où le crime ou le délit aura été commis, dans celle du domicile du demandeur en revision et du dernier domicile de la victime de l'erreur judiciaire, si elle est décédée. Il sera inséré d'office au *Journal officiel* et sa publication dans cinq journaux, au choix du demandeur, sera en outre ordonnée s'il le requiert.

Les frais de la publicité ci-dessus prévue seront à la charge du Trésor.

Art. 447. Dans tous les cas où la connaissance par les parties de la condamnation ou des faits donnant ouverture à revision serait antérieure à la présente loi, les délais fixés pour l'introduction de la demande courront à partir de sa promulgation.

Art. 527. Il y aura lieu également à être réglé de juges par la Cour de cassation, lorsqu'un tribunal militaire ou maritime, ou un officier de police militaire, ou tout autre tribunal d'exception, d'une part, une cour impériale ou d'assises, un tribunal jugeant correctionnellement, un tribunal de police ou un juge d'instruction, d'autre part, seront saisis de la connaissance du même délit, ou de délits connexes, ou de la même contravention.

Art. 542. En matière criminelle, correctionnelle et de police, la Cour de cassation peut, sur la réquisition du procureur général près cette cour, renvoyer la connaissance d'une affaire, d'une cour d'appel ou d'assises à une autre, d'un tribunal correctionnel ou de police à un autre tribunal de même qualité, d'un juge d'instruction à un autre juge d'instruction pour cause de sûreté publique ou de suspicion légitime.

(N° 3.) ART. 86.

CODE D'INSTRUCTION CRIMINELLE.

Art. 31. Les dénonciations seront rédigées par les dénonciateurs, ou par leurs fondés de procuration spéciale, ou par le procureur impérial s'il en est requis ; elles seront toujours signées par le procureur impérial à chaque feuillet et par les dénonciateurs ou par leurs fondés de pouvoirs.

Si les dénonciateurs ou leurs fondés de pouvoirs ne savent ou ne veulent pas signer, il en sera fait mention.

La procuration demeurera toujours annexée à la dénonciation et le dénonciateur pourra se faire délivrer, mais à ses frais, une copie de sa dénonciation.

Art. 33. Le procureur impérial pourra aussi, dans le cas de l'article précédent, appeler à son procès-verbal les parents, voisins ou domestiques, présumés en état de donner des éclaircissements sur le fait; il recevra leurs déclarations, qu'ils signeront; les déclarations reçues en conséquence du présent article et de l'article précédent seront signées par les parties, ou, en cas de refus, il en sera fait mention.

Art. 36. Si la nature du crime ou du délit est telle que la preuve puisse vraisemblablement être acquise par les papiers ou autres pièces et effets en la possession du prévenu, le procureur impérial se transportera de suite dans le domicile du prévenu, pour y faire la perquisition des objets qu'il jugera utiles à la manifestation de la vérité.

Art. 37. S'il existe, dans le domicile du prévenu, des papiers ou effets qui puissent servir à conviction ou à décharge, le procureur impérial en dressera procès-verbal, et se saisira desdits effets ou papiers.

Art. 38. Les objets saisis seront clos et cachetés, si faire se peut; ou, s'ils ne sont pas susceptibles de recevoir des caractères d'écriture, ils seront mis dans un vase ou dans un sac, sur lequel le procureur impérial attachera une bande de papier qu'il scellera de son sceau.

Art. 39. Les opérations prescrites par les articles précédents seront faites en présence du prévenu, s'il a été arrêté; et s'il ne veut ou ne peut y assister, en présence d'un fondé de pouvoirs qu'il pourra nommer. Les objets lui seront présentés à l'effet de les reconnaître et de les parafer, s'il y a lieu, et au cas de refus, il en sera fait mention au procès-verbal.

Art. 65. Les dispositions de l'article 31 concernant les dénonciations seront communes aux plaintes.

(N° 4.) ART. 102.

CODE D'INSTRUCTION CRIMINELLE.

Art. 73. Ils seront entendus séparément, et hors de la présence du prevenu, par le juge d'instruction, assisté de son greffier.

Art. 74. Ils représenteront, avant d'être entendus, la citation qui leur aura été donnée pour déposer; et il en sera fait mention dans le procès-verbal.

Art. 75. Les témoins prêteront serment de dire toute la vérité, rien que la vérité ; le juge d'instruction leur demandera leurs nom, prénoms, âge, état, profession, demeure, s'ils sont domestiques, parents ou alliés des parties, et à quel degré ; il sera fait mention de la demande et des réponses des témoins.

Art. 76. Les dépositions seront signées du juge, du greffier et du témoin, après que lecture lui en aura été faite et qu'il aura déclaré y persister ; si le témoin ne veut ou ne peut signer, il en sera fait mention.

Chaque page du cahier d'information sera signée par le juge et par le greffier.

Art. 78. Aucun interligne ne pourra être fait ; les ratures et les renvois seront approuvés et signés par le juge d'instruction, par le greffier et par le témoin, sous les peines portées en l'article précédent. Les interlignes, ratures et renvois non approuvés seront réputés non avenus.

Art. 79. Les enfants de l'un et de l'autre sexe, au-dessous de l'âge de quinze ans, pourront être entendus, par forme de déclaration et sans prestation de serment.

Art. 82. Chaque témoin qui demandera une indemnité sera taxé par le juge d'instruction.

Art. 83. Lorsqu'il sera constaté, par le certificat d'un officier de santé, que des témoins se trouvent dans l'impossibilité de comparaître sur la citation qui leur aura été donnée. le juge d'instruction se transportera en leur demeure, quand ils habiteront dans le canton de la justice de paix du domicile du juge d'instruction.

Si les témoins habitent hors du canton, le juge d'instruction pourra commettre le juge de paix de leur habitation à l'effet de recevoir leur déposition. et il enverra au juge de paix des notes et instructions qui feront connaître les faits sur lesquels les témoins devront déposer.

Art. 85. Le juge qui aura reçu les dépositions en conséquence des articles 83 et 84 ci-dessus, les enverra closes et cachetées au juge d'instruction du tribunal saisi de l'affaire (1).

Art. 86. Si le témoin auprès duquel le juge se sera transporté dans les cas prévus par les trois articles précédents n'était pas dans l'impossibilité de comparaître sur la citation qui lui avait été

---

(1) Art. 84. Si les témoins résident hors de l'arrondissement du juge d'instruction, celui-ci requerra le juge d'instruction de l'arrondissement dans lequel les témoins sont résidants de se transporter auprès d'eux pour recevoir leurs dépositions.

Dans le cas où les témoins n'habiteraient pas le canton du juge d'instruction ainsi requis, il pourra commettre le juge de paix de leur habitation, à l'effet de recevoir leurs dépositions, ainsi qu'il est dit dans l'article précédent.

donnée, le juge décernera un mandat de dépôt contre le témoin et l'officier de santé qui aura délivré le certificat ci-dessus mentionné.

La peine portée en pareil cas sera prononcée par le juge d'instruction du même lieu, et sur la réquisition du procureur impérial, en la forme prescrite par l'article 80. (Voir l'article 103 du Code de justice militaire.)

(N° 5.) ARTICLE 128.

CODE D'INSTRUCTION CRIMINELLE.

Art. 315. Le procureur général exposera le sujet de l'accusation; il présentera ensuite la liste des témoins qui devront être entendus soit à sa requête, soit à la requête de la partie civile, soit à celle de l'accusé.

Cette liste sera lue à haute voix par le greffier.

Elle ne pourra contenir que les témoins dont les noms, profession et résidence auront été notifiés, vingt-quatre heures au moins avant l'examen de ces témoins, à l'accusé, par le procureur général ou la partie civile, et au procureur général par l'accusé, sans préjudice de la faculté accordée au président par l'article 269. (Voir l'article 125 du Code de justice militaire.)

L'accusé et le procureur général pourront, en conséquence, s'opposer à l'audition d'un témoin qui n'aurait pas été indiqué ou qui n'aurait pas été clairement désigné dans l'acte de notification.

La cour statuera de suite sur cette opposition.

Art. 316. Le président ordonnera aux témoins de se retirer dans la chambre qui leur sera destinée. Ils n'en sortiront que pour déposer. Le président prendra des précautions, s'il en est besoin, pour empêcher les témoins de conférer entre eux du délit et de l'accusé, avant leur déposition.

Art. 317. Les témoins déposeront séparément l'un de l'autre, dans l'ordre établi par le procureur général. Avant de déposer, ils prêteront, à peine de nullité, le serment de parler sans haine et sans crainte, de dire toute la vérité et rien que la vérité.

Le président leur demandera leurs nom, prénoms, âge, profession, leur domicile ou résidence, s'ils connaissaient l'accusé avant le fait mentionné dans l'acte d'accusation, s'ils sont parents ou alliés, soit de l'accusé, soit de la partie civile, et à quel degré; il leur demandera encore s'ils ne sont pas attachés au service de l'un ou de l'autre; cela fait, les témoins déposeront oralement.

Art. 318. Le président fera tenir note, par le greffier, des additions, changements ou variations qui pourraient exister entre la déposition d'un témoin et ses précédentes déclarations.

Le procureur général et l'accusé pourront requérir le président de faire tenir les notes de ces changements, additions et variations.

Art. 319. Après chaque déposition, le président demandera au témoin si c'est de l'accusé présent qu'il a entendu parler; il demandera ensuite à l'accusé s'il veut répondre à ce qui vient d'être dit contre lui.

Le témoin ne pourra être interrompu ; l'accusé ou son conseil pourront le questionner par l'organe du président, après sa déposition, et dire, tant contre lui que contre son témoignage, tout ce qui pourra être utile à la défense de l'accusé.

Le président pourra également demander au témoin et à l'accusé tous les éclaircissements qu'il croira nécessaires à la manifestation de la vérité.

Les juges, le procureur général et les jurés auront la même faculté, en demandant la parole au président. La partie civile ne pourra faire de questions, soit au témoin, soit à l'accusé, que par l'organe du président.

Art. 320. Chaque témoin, après sa déposition, restera dans l'auditoire, si le président n'en a ordonné autrement, jusqu'à ce que les jurés se soient retirés pour donner leur déclaration.

Art. 321. Après l'audition des témoins produits par le procureur général et par la partie civile, l'accusé fera entendre ceux dont il aura notifié la liste, soit sur les faits mentionnés dans l'acte d'accusation, soit pour attester qu'il est homme d'honneur, de probité et d'une conduite irréprochable.

Les citations faites à la requête des accusés seront à leurs frais, ainsi que les salaires des témoins cités, s'ils en requièrent ; sauf au procureur général à faire citer à sa requête les témoins qui lui seront indiqués par l'accusé, dans le cas où il jugerait que leur déclaration pût être utile pour la découverte de la vérité.

Art. 322. Ne pourront être reçues les dépositions :

1° Du père, de la mère, de l'aïeul, de l'aïeule, ou de tout autre ascendant de l'accusé, ou de l'un des accusés présents et soumis au même débat;

2° Du fils, fille, petit-fils, petite-fille, ou de tout autre descendant ;

3° Des frères et sœurs ;

4° Des alliés aux mêmes degrés ;

5° Du mari et de la femme, même après le divorce prononcé ;

6° Des dénonciateurs dont la dénonciation est récompensée pécuniairement par la loi,

Sans néanmoins que l'audition des personnes ci-dessus désignées puisse opérer une nullité, lorsque, soit le procureur général, soit la partie civile, soit les accusés, ne se sont pas opposés à ce qu'elles soient entendues.

Art. 323. Les dénonciateurs autres que ceux récompensés pécuniairement par la loi pourront être entendus en témoignage ; mais le jury sera averti de leur qualité de dénonciateurs.

Art. 324. Les témoins produits par le procureur général ou par l'accusé seront entendus dans le débat, même lorsqu'ils n'auraient pas préalablement déposé par écrit, lorsqu'ils n'auraient reçu aucune assignation, pourvu, dans tous les cas, que ces témoins soient portés sur la liste mentionnée dans l'article 315.

Art. 325. Les témoins, par quelque partie qu'ils soient produits, ne pourront jamais s'interpeller entre eux.

Art. 326. L'accusé pourra demander, après qu'ils auront déposé, que ceux qu'il désignera se retirent de l'auditoire, et qu'un ou plusieurs d'entre eux soient introduits et entendus de nouveau, soit séparément, soit en présence les uns des autres.

Le procureur général aura la même faculté.

Le président pourra aussi l'ordonner d'office.

Art. 327. Le président pourra, avant, pendant, ou après l'audition d'un témoin, faire retirer un ou plusieurs accusés, et les examiner séparément sur quelques circonstances du procès ; mais il aura soin de ne reprendre la suite des débats généraux qu'après avoir instruit chaque accusé de ce qui se sera fait en son absence, et de ce qui en sera résulté.

Art. 328. Pendant l'examen, les jurés, le procureur général et les juges pourront prendre note de ce qui leur paraîtra important, soit dans les dépositions des témoins, soit dans la défense de l'accusé, pourvu que la discussion ne soit pas interrompue.

Art. 329. Dans le cours ou à la suite des dépositions, le président fera représenter à l'accusé toutes les pièces relatives au délit, et pouvant servir à conviction ; il l'interpellera de répondre personnellement s'il les reconnaît ; le président les fera aussi représenter aux témoins s'il y a lieu.

Art. 332. Dans le cas où l'accusé, les témoins, ou l'un d'eux, ne parleraient pas la même langue ou le même idiome, le président nommera d'office, à peine de nullité, un interprète âgé de vingt et un ans au moins, et lui fera, sous la même peine, prêter serment de traduire fidèlement les discours à transmettre entre ceux qui parlent des langages différents.

L'accusé et le procureur général pourront récuser l'interprète en motivant leur récusation.

La cour prononcera.

L'interprète ne pourra à peine de nullité, même du consentement de l'accusé ni du procureur général, être pris parmi les témoins, les juges et les jurés.

Art. 333. Si l'accusé est sourd-muet et ne sait pas écrire, le président nommera d'office, pour son interprète, la personne qui aura le plus d'habitude de converser avec lui.

Il en sera de même à l'égard du témoin sourd-muet.

Le surplus des dispositions du précédent article sera exécuté.

Dans le cas où le sourd-muet saurait écrire, le greffier écrira les questions et observations qui lui seront faites ; elles seront remises à l'accusé ou au témoin, qui donneront par écrit leurs réponses ou déclarations. Il sera fait lecture du tout par le greffier.

Art. 334. Le président déterminera celui des accusés qui devra être soumis le premier aux débats, en commençant par le principal accusé, s'il y en a un.

Il se fera ensuite un débat particulier sur chacun des autres accusés.

Art. 354. Lorsqu'un témoin qui aura été cité ne comparaîtra pas, la cour pourra, sur la réquisition du procureur général, et avant que les débats soient ouverts par la déposition du premier témoin inscrit sur la liste, renvoyer l'affaire à la prochaine session.

Art. 355. Si, à raison de la non-comparution du témoin, l'affaire est renvoyée à la session suivante, tous les frais de citation, actes, voyages de témoins, et autres ayant pour objet de faire juger l'affaire, seront à la charge de ce témoin, et il y sera contraint, même par corps, sur la réquisition du procureur général, par l'arrêt qui renverra les débats à la session suivante.

Le même arrêt ordonnera, de plus, que ce témoin sera amené par la force publique devant la cour pour y être entendu.

Et néanmoins, dans tous les cas, le témoin qui ne comparaîtra pas, ou qui refusera, soit de prêter serment, soit de faire sa déposition, sera condamné à la peine portée en l'article 80 (1).

(N° 6.) ART. 144.

CODE D'INSTRUCTION CRIMINELLE.

Art. 409. Dans le cas d'acquittement de l'accusé, l'annulation de l'ordonnance qui l'aura prononcé et de ce qui l'aura précédé ne pourra être poursuivie par le ministère public que dans l'intérêt de la loi et sans préjudicier à la partie acquittée.

Art. 410. Lorsque la nullité procédera de ce que l'arrêt aura prononcé une peine autre que celle appliquée par la loi à la nature du crime, l'annulation de l'arrêt pourra être poursuivie, tant par le ministère public que par la partie condamnée.

La même action appartiendra au ministère public contre les arrêts d'absolution mentionnés en l'article 364 (2), si l'absolution a été prononcée sur le fondement de la non-existence d'une loi pénale qui pourtant aurait existé.

---

(1) Voir l'article 102 du Code de justice militaire.
(2) Voir l'article 136, 3° paragraphe, du Code de justice militaire.

(N° 7.) ART. 178.

CODE D'INSTRUCTION CRIMINELLE.

Art. 471. Si le contumax est condamné, ses biens seront, à partir de l'exécution de l'arrêt, considérés et régis comme biens d'absent; et le compte du séquestre sera rendu à qui il appartiendra, après que la condamnation sera devenue irrévocable par l'expiration du délai donné pour purger la contumace.

Art. 474. En aucun cas la contumace d'un accusé ne suspendra ni ne retardera de plein droit l'instruction à l'égard de ses coaccusés présents.

La cour pourra ordonner, après le jugement de ceux-ci, la remise des effets déposés au greffe comme pièce de conviction, lorsqu'ils seront réclamés par les propriétaires ou ayants droit. Elle pourra aussi ne l'ordonner qu'à charge de représenter, s'il y a lieu.

Cette remise sera précédée d'un procès-verbal de description dressé par le greffier, à peine de cent francs d'amende.

Art. 475. Durant le séquestre, il peut être accordé des secours à la femme, aux enfants, au père ou à la mère de l'accusé, s'ils sont dans le besoin.

Ces secours sont réglés par l'autorité administrative.

Art. 476. Si l'accusé se constitue prisonnier ou s'il est arrêté avant que la peine soit éteinte par prescription, le jugement rendu par contumace et les procédures faites contre lui depuis l'ordonnance de prise de corps ou de se représenter seront anéantis de plein droit, et il sera procédé à son égard dans la forme ordinaire.

Si cependant la condamnation par contumace était de nature à emporter la mort civile (1), et si l'accusé n'a été arrêté ou ne s'est représenté qu'après les cinq ans qui ont suivi l'exécution du jugement de contumace, ce jugement, conformément à l'article 30 du Code Napoléon, conservera, pour le passé, les effets que la mort civile aurait produits dans l'intervalle écoulé depuis l'expiration des cinq ans jusqu'au jour de la comparution de l'accusé en justice.

Art. 477. Dans les cas prévus par l'article précédent, si, pour quelque cause que ce soit, des témoins ne peuvent être produits aux débats, leurs dépositions écrites et les réponses écrites des autres accusés du même délit seront lues à l'audience; il en sera de même de toutes les autres pièces qui seront jugées par le président être de nature à répandre la lumière sur le délit et les coupables.

---

(1) La mort civile a été abrogée par la loi du 31 mai 1854, qui y a substitué les incapacités établies par les articles 28, 29 et 31 du Code pénal.

Art. 478 (1). Le contumax qui, après s'être représenté, obtiendra son renvoi de l'accusation, pourra être dispensé par la cour du payement des frais occasionnés par sa contumace.

La cour pourra également ordonner que les mesures de publicité prescrites par l'article 472 du présent Code s'appliqueront à toute décision de justice rendue au profit du contumax.

(N° 8.) ART. 181.

Art. 441 et 442 du Code d'instruction criminelle, déjà cités à l'article 82.

(N° 9.) ART. 184.

CODE D'INSTRUCTION CRIMINELLE.

Art. 635. Les peines portées par les arrêts ou jugements rendus en matière criminelle se prescriront par vingt années révolues à compter de la date des arrêts ou jugements.

Néanmoins, le condamné ne pourra résider dans le département où demeureraient, soit celui sur lequel ou contre la propriété duquel le crime aurait été commis, soit ses héritiers directs.

Le Gouvernement pourra assigner au condamné le lieu de son domicile.

Art 636. Les peines portées par les arrêts ou jugements rendus en matière correctionnelle se prescriront par cinq années révolues à compter de la date de l'arrêt ou du jugement rendu en dernier ressort ; et à l'égard des peines prononcées par les tribunaux de première instance, à compter du jour où ils ne pourront plus être attaqués par la voie de l'appel.

Art. 637. L'action publique et l'action civile résultant d'un crime de nature à entraîner la peine de mort ou des peines afflictives perpétuelles, ou de tout autre crime emportant peine afflictive ou infamante, se prescriront après dix années révolues à compter du jour où le crime aura été commis, si dans cet intervalle il n'a été fait aucun acte d'instruction ni de poursuite.

S'il a été fait, dans cet intervalle, des actes d'instruction ou de poursuite non suivis de jugement, l'action publique et l'action civile ne se prescriront qu'après dix années révolues, à compter du dernier acte, à l'égard même des personnes qui ne seraient pas impliquées dans cet acte d'instruction ou de poursuite.

Art. 638. Dans les deux cas exprimés en l'article précédent, et suivant les distinctions d'époques qui y sont établies, la durée de la prescription sera réduite à trois années révolues s'il s'agit d'un délit de nature à être puni correctionnellement.

---

(1) Texte donné par la loi du 22 décembre 1917 (*B. O.*, p. 3921).

Art. 639. Les peines portées par les jugements rendus pour contraventions de police seront prescrites après deux années révolues, savoir : pour les peines prononcées par arrêt ou jugement en dernier ressort, à compter du jour de l'arrêt ; et, à l'égard des peines prononcées par les tribunaux de première instance, à compter du jour où ils ne pourront plus être attaqués par la voie de l'appel.

Art. 640. L'action publique et l'action civile pour une contravention de police seront prescrites après une année révolue, à compter du jour où elle aura été commise, même lorsqu'il y aura eu procès-verbal, saisie, instruction ou poursuite, si dans cet intervalle il n'est point intervenu de condamnation ; s'il y a eu un jugement définitif de première instance, de nature à être attaqué par la voie de l'appel, l'action publique et l'action civile se prescriront après une année révolue, à compter de la notification de l'appel qui en aura été interjeté.

Art. 641. En aucun cas, les condamnés par défaut ou par contumace, dont la peine est prescrite, ne pourront être admis à se présenter pour purger le défaut ou la contumace.

Art. 642. Les condamnations civiles portées par les arrêts ou par les jugements rendus en matière criminelle, correctionnelle ou de police, et devenues irrévocables, se prescriront d'après les règles établies par le Code Napoléon.

Art. 643. Les dispositions du présent chapitre ne dérogent point aux lois particulières relatives à la prescription des actions résultant de certains délits ou de certaines contraventions.

(N° 10.) ART. 189.

CODE PÉNAL ORDINAIRE.

Art. 15. Les hommes condamnés aux travaux forcés seront employés aux travaux les plus pénibles ; ils traineront a leurs pieds un boulet, ils seront attachés deux à deux avec une chaine, lorsque la nature du travail auquel ils seront employés le permettra (1).

Art. 16. Les femmes et les filles condamnées aux travaux forcés n'y seront employées que dans l'intérieur d'une maison de force.

Art. 17. La peine de la déportation consistera à être transporté et à demeurer à perpétuité dans un lieu déterminé par la loi, hors du territoire continental de l'empire (2).

Si le déporté rentre sur le territoire de l'empire, il sera, sur la

______

(1) La loi du 30 mai 1854 a modifié le mode d'exécution des travaux forcés, mais elle n'a pas changé ses effets légaux.

(2) La Nouvelle-Calédonie a été déclarée lieu de déportation par la loi du 23 mars 1872.

seule preuve de son identité, condamné aux travaux forcés à perpétuité.

Le déporté qui ne sera pas rentré sur le territoire de l'empire mais qui sera saisi dans les pays occupés par les armées françaises, sera conduit dans le lieu de sa déportation.

Tant qu'il n'aura pas été établi un lieu de déportation, le condamné subira à perpétuité la peine de la détention soit dans une prison de la République, soit dans une prison située hors du territoire continental, dans l'une des possessions françaises qui sera déterminée par la loi selon que les juges l'auront expressément décidé par l'arrêt de condamnation.

Lorsque les communications seront interrompues entre la métropole et le lieu de l'exécution de la peine, l'exécution aura lieu provisoirement en France.

Art. 19. La condamnation à la peine des travaux forcés à temps sera prononcée pour cinq ans au moins, et vingt ans au plus.

Art. 20. Quiconque aura été condamné à la détention sera renfermé dans l'une des forteresses situées sur le territoire continental de l'empire, qui auront été déterminées par décret de l'Empereur rendu dans la forme des règlements d'administration publique.

Il communiquera avec les personnes placées dans l'intérieur du lieu de la détention ou avec celles du dehors, conformément aux règlements de police établis par un décret de l'Empereur.

La détention ne peut être prononcée pour moins de cinq ans, ni pour plus de vingt ans, sauf le cas prévu par l'article 33.

Art. 21. Tout individu de l'un ou de l'autre sexe condamné à la peine de la réclusion sera renfermé dans une maison de force, et employé à des travaux dont le produit pourra être en partie appliqué à son profit, ainsi qu'il sera réglé par le Gouvernement.

La durée de cette peine sera au moins de cinq années et de dix ans au plus.

Art. 28. La condamnation à la peine des travaux forcés à temps, de la détention, de la réclusion ou du bannissement, emportera la dégradation civique. La dégradation civique sera encourue du jour où la condamnation sera devenue irrévocable, et, en cas de condamnation par contumace, du jour de l'exécution par effigie.

Art. 29. Quiconque aura été condamné à la peine des travaux forcés à temps, de la détention ou de la réclusion, sera, de plus, pendant la durée de sa peine, en état d'interdiction légale ; il lui sera nommé un tuteur ou un subrogé-tuteur pour gérer et administrer ses biens, dans les formes prescrites pour les nominations des tuteurs et subrogés tuteurs aux interdits.

Art. 32. Quiconque aura été condamné au bannissement sera

transporté, par ordre du Gouvernement, hors du territoire du royaume.

La durée du bannissement sera au moins de cinq années et de dix ans au plus.

Art. 33. Si le banni, avant l'expiration de sa peine, rentre sur le territoire de l'empire, il sera, sur la seule preuve de son identité, condamné à la détention pour un temps au moins égal à celui qui restait à courir jusqu'à l'expiration du bannissement, et qui ne pourra excéder le double de ce temps.

Art. 34. La dégradation civique consiste :

1º Dans la destitution et l'exclusion des condamnés de toutes fonctions, emplois ou offices publics ;

2º Dans la privation du droit de vote, d'élection, d'éligibilité, et en général de tous les droits civiques et politiques, et du droit de porter aucune décoration ;

3º Dans l'incapacité d'être juré-expert, d'être employé comme témoin dans des actes, et de déposer en justice autrement que pour y donner de simples renseignements ;

4º Dans l'incapacité de faire partie d'aucun conseil de famille, et d'être tuteur, curateur, subrogé-tuteur, ou conseil judiciaire, si ce n'est de ses propres enfants, et sur l'avis conforme de la famille ;

5º Dans la privation du droit de port d'armes, du droit de faire partie de la garde nationale, de servir dans les armées françaises, de tenir école, ou d'enseigner et d'être employé dans aucun établissement d'instruction, à titre de professeur, maître ou surveillant.

Art. 35. Toutes les fois que la dégradation civique sera prononcée comme peine principale, elle pourra être accompagnée d'un emprisonnement dont la durée, fixée par l'arrêt de condamnation, n'excédera pas cinq ans.

Si le coupable est un étranger ou un Français ayant perdu la qualité de citoyen la peine de l'emprisonnement devra toujours être prononcée.

Art. 36. Tous les arrêts qui porteront la peine de mort, des travaux forcés à perpétuité et à temps, la déportation, la détention, la réclusion, la dégradation civique et le bannissement seront imprimés par extrait.

Ils seront affichés dans la ville centrale du département, dans celle où l'arrêt aura été rendu, dans la commune du lieu où le délit aura été commis, dans celle où se fera l'exécution, et dans celle du domicile du condamné.

Art. 70. Les peines des travaux forcés à perpétuité, de la déportation et des travaux forcés à temps ne seront prononcées contre aucun individu âgé de soixante et dix ans accomplis au moment du jugement (1).

Art. 71. Ces peines seront remplacées, à leur égard, savoir: celle de la déportation, par la détention à perpétuité; et les autres par celle de la réclusion, soit à perpétuité, soit à temps, selon la durée de la peine qu'elle remplacera.

(N° 11.) ART. 190.

Art. 28 et 34 du Code pénal ordinaire, déjà cité à l'art. 189.

(N° 12.) ART. 198.

Art. 463. Les peines prononcées par la loi contre celui ou ceux des accusés reconnus coupables, en faveur de qui le jury aura déclaré les circonstances atténuantes, seront modifiées ainsi qu'il suit:

Si la peine prononcée par la loi est la mort, la cour appliquera la peine des travaux forcés à perpétuité ou celle des travaux forcés à temps.

Si la peine est celle des travaux forcés à perpétuité, la cour appliquera la peine des travaux forcés à temps ou celle de la réclusion.

Si la peine est celle de la déportation dans une enceinte fortifiée, la cour appliquera celle de la déportation simple ou celle de la détention; mais dans les cas prévus par les articles 96 et 97, la peine de la déportation simple sera seule appliquée (2).

Si la peine est celle de la déportation, la cour appliquera la peine de la détention ou celle du bannissement.

Si la peine est celle des travaux forcés à temps, la cour appliquera la peine de la réclusion ou les dispositions de l'article 401,

---

(1) Aux termes de l'article 5 de la loi du 30 mai 1854, la limite de l'âge à laquelle on peut prononcer la peine des travaux forcés à perpétuité ou à temps est fixée à soixante ans.

(2) Art. 96. Quiconque soit pour envahir des domaines, propriétés ou deniers publics, places, villes, forteresses, postes, magasins, arsenaux, ports, vaisseaux ou bâtiments appartenant à l'État, soit pour piller ou partager des propriétés publiques ou nationales, ou celles d'une généralité de citoyens, soit enfin pour faire attaque ou résistance envers la force publique agissant contre les auteurs de ces crimes, se sera mis à la tête de bandes armées, ou y aura exercé une fonction ou commandement quelconque, sera puni de mort.

Les mêmes peines seront appliquées à ceux qui auront dirigé l'association, levé ou fait lever, organisé ou fait organiser les bandes, ou leur auront, sciemment et volontairement, fourni ou procuré des armes, munitions et instruments de crime, ou envoyé des convois de subsistance, ou qui auront de toute autre manière pratiqué des intelligences avec les directeurs ou commandants des bandes.

Art. 97. Dans le cas où l'un ou plusieurs des crimes mentionnés aux arsans toutefois pouvoir réduire la durée de l'emprisonnement au-dessous de deux ans.

Si la peine est celle de la réclusion, de la détention, du bannissement ou de la dégradation civique, la cour appliquera les dispositions de l'article 401, sans toutefois pouvoir réduire la durée de l'emprisonnement au-dessous d'un an.

Dans le cas où le Code prononce le maximum d'une peine afflictive, s'il existe des circonstances atténuantes, la cour appliquera le minimum de la peine, ou même la peine inférieure.

Dans tous les cas où la peine de l'emprisonnement et celle de l'amende sont prononcées par le Code pénal, si les circonstances paraissent atténuantes, les tribunaux correctionnels sont autorisés, même en cas de récidive, à réduire l'emprisonnement même au-dessous de six jours et l'amende même au-dessous de seize francs ; ils pourront aussi prononcer séparément l'une ou l'autre de ces peines, et même substituer l'amende a l'emprisonnement, sans qu'en aucun cas elle puisse être au-dessous des peines de simple police.

Dans le cas où l'amende est substituée à l'emprisonnement, si la peine de l'emprisonnement est seule prononcée par l'article dont il est fait application, le maximum de cette amende sera de 3.000 francs.

(N° 13.) ART. 199.

CODE PÉNAL ORDINAIRE.

Art. 66 (1). Lorsque le prévenu ou l'accusé aura moins de dix-huit ans, s'il est décidé qu'il a agi *sans discernement*, il sera acquitté ; mais il sera selon les circonstances, remis à ses parents ou conduit dans une colonie pénitentiaire, pour y être élevé et détenu pendant un tel nombre d'années que le jugement déterminera, et qui toutefois ne pourra excéder l'époque où il aura atteint sa majorité.

Art. 67 (1) S'il est décidé qu'un mineur de 16 ans a agi *avec discernement*, les peines seront prononcées ainsi qu'il suit :

S'il a encouru la peine de mort, des travaux forcés à perpétuité, de la déportation, il sera condamné à la peine de dix à vingt ans d'emprisonnement dans une colonie correctionnelle.

S'il a encouru la peine des travaux forcés à temps, de la détention ou de la réclusion, il sera condamné à être enfermé dans une colonie correctionnelle ou une colonie pénitentiaire, pour un

---

ticles 86, 87 et 91, auront été exécutés ou simplement tentés par une bande, la peine de mort sera appliquée, sans distinction de grades, à tous les individus faisant partie de la bande et qui auront été saisis sur le lieu de la réunion, séditieuse.

Sera puni des mêmes peines, quoique non saisi sur le lieu, quiconque aura dirigé la sédition, ou aura exercé dans la bande un emploi ou commandement quelconque.

(1) Modifié par la loi du 12 avril 1906.

temps égal au tiers au moins et à la moitié au plus de celui pour lequel il aurait pu être condamné à l'une de ces peines.

Dans tous les cas, il pourra lui être fait défense de paraître, pendant cinq ans au moins et dix ans au plus, dans les lieux dont l'interdiction lui sera signifiée par le gouvernement.

S'il a encouru la peine de la dégradation civique ou du bannissement, il sera condamné à être enfermé, d'un an à cinq, dans une colonie pénitentiaire ou une colonie correctionnelle.

Art. 69. Dans tous les cas où le mineur de seize ans n'aura commis qu'un simple délit, la peine qui sera prononcée contre lui ne pourra s'élever au-dessus de la moitié de celle à laquelle il aurait pu être condamné s'il avait eu seize ans.

(N° 14.) ART. 201.

CODE PÉNAL ORDINAIRE.

Art. 401. Les autres vols non spécifiés dans la présente section, les larcins et filouteries, ainsi que les tentatives de ces mêmes délits, seront punis d'un emprisonnement d'un an au moins et de cinq ans au plus, et pourront même l'être d'une amende qui sera de seize francs au moins et de cinq cents francs au plus.

Les coupables pourront encore être interdits des droits mentionnés en l'article 42 du présent Code (1), pendant cinq ans au moins et dix ans au plus, à compter du jour où ils auront subi leur peine.

Ils pourront aussi être mis, par l'arrêt ou le jugement, sous la surveillance de la haute police pendant le même nombre d'années.

Quiconque, sachant qu'il est dans l'impossibilité absolue de payer, se sera fait servir des boissons ou des aliments qu'il aura consommés, en tout ou en partie, dans les établissements à ce destinés, sera puni d'un emprisonnement de six jours au moins et de six mois au plus, et d'une amende de 16 francs au moins et de 200 francs au plus.

---

(1) Art. 42. Les tribunaux jugeant correctionnellement pourront, dans certains cas, interdire, en tout ou en partie, l'exercice des droits civiques, civils et de famille suivants :

1° De vote et d'élection ;

2° D'éligibilité ;

3° D'être appelé ou nommé aux fonctions de juré ou autres fonctions publiques, ou aux emplois de l'administration, ou d'exercer ces fonctions ou emplois ;

4° Du port d'armes :

5° Du vote et du suffrage dans les délibérations de famille ;

6° D'être tuteur, curateur, si ce n'est de ses enfants et sur l'avis seulement de la famille :

7° D'être expert ou employé comme témoin dans les actes ;

8° De témoignage en justice, autrement que pour y faire de simples déclarations.

Art. 402. Ceux qui, dans les cas prévus par le Code de commerce, seront déclarés coupables de banqueroute, seront punis ainsi qu'il suit .

Les banqueroutiers frauduleux seront punis de la peine des travaux forcés à temps ;

Les banqueroutiers simples seront punis d'un emprisonnement d'un mois au moins et de deux ans au plus.

Art. 403. Ceux qui, conformément au Code de commerce, seront déclarés complices de banqueroute frauduleuse, seront punis de la même peine que les banqueroutiers frauduleux.

Art. 405. Quiconque, soit en faisant usage de faux noms ou de fausses qualités, soit en employant des manœuvres frauduleuses pour persuader l'existence de fausses entreprises, d'un pouvoir ou d'un crédit imaginaire, ou pour faire naître l'espérance ou la crainte d'un succès, d'un accident ou de tout autre événement chimérique, se sera fait remettre ou délivrer ou aura tenté de se faire remettre ou délivrer des fonds, des meubles ou des obligations, dispositions, billets, promesses, quittances ou décharges, et aura, par un de ces moyens, escroqué ou tenté d'escroquer la totalité ou partie de la fortune d'autrui, sera puni d'un emprisonnement d'un an au moins et de cinq ans au plus et d'une amende de cinquante francs au moins et trois mille francs au plus.

Le coupable pourra être, en outre, à compter du jour où il aura subi sa peine, interdit, pendant cinq ans au moins et dix ans au plus, des droits mentionnés en l'article 42 du présent Code ; le tout, sauf les peines plus graves, s'il y a crime de faux.

Art. 406. Quiconque aura abusé des besoins, des faiblesses ou des passions d'un mineur, pour lui faire souscrire, à son préjudice, des obligations, quittances ou décharges, pour prêt d'argent ou de choses mobilières, ou d'effets de commerce, ou de tous autres effets obligatoires, sous quelque forme que cette négociation ait été faite ou déguisée, sera puni d'un emprisonnement de deux mois au moins, de deux ans au plus, et d'une amende qui ne pourra excéder le quart des restitutions et des dommages-intérêts qui seront dus aux parties lésées, ni être moindre de vingt-cinq francs.

La disposition portée au second paragraphe du précédent article pourra de plus être appliquée.

Art. 407. Quiconque, abusant d'un blanc-seing qui lui aura été confié, aura frauduleusement écrit au-dessus une obligation ou décharge, ou tout autre acte pouvant compromettre la personne ou la fortune du signataire, sera puni des peines portées en l'article 405.

Dans le cas où le blanc-seing ne lui aurait pas été confié, il sera poursuivi comme faussaire et puni comme tel.

Art. 408. Quiconque aura détourné ou dissipé, au préjudice des propriétaires, possesseurs ou détenteurs, des effets, deniers, marchandises, billets, quittances ou tous autres écrits contenant ou opérant obligation ou décharge qui ne lui auraient été remis qu'à titre de louage, de dépôt, de mandat de nantissement, de prêt à usage, ou pour un travail salarié ou non salarié, à la charge de les rendre ou représenter, ou d'en faire un usage ou un emploi déterminé, sera puni des peines portées en l'article 406.

Si l'abus de confiance prévu et puni par le précédent paragraphe a été commis par un officier public ou ministériel, ou par un domestique, homme de service à gages, élève, clerc, commis, ouvrier, compagnon ou apprenti, au préjudice de son maître, la peine sera celle de la réclusion.

Le tout sans préjudice de ce qui est dit aux articles 254, 255 et 256, relativement aux soustractions et enlèvements de deniers, effets ou pièces commis dans les dépôts publics (1).

(N° 15.) ART. 202.

CODE PÉNAL ORDINAIRE.

Art. 2. Toute tentative de *crime* qui aura été manifestée par un commencement d'exécution, si elle n'a été suspendue ou si elle n'a manqué son effet que par des circonstances indépendantes de la volonté de son auteur, est considérée comme le *crime* même.

Art. 3. Les tentatives de *délits* ne sont considérées comme *délits* que dans les cas déterminés par une disposition spéciale de la loi.

Art. 59. Les complices d'un crime ou d'un délit seront punis de la même peine que les auteurs mêmes de ce crime ou de ce délit, sauf les cas où la loi en aurait disposé autrement.

Art. 60. Seront punis comme complices d'une action qualifiée crime ou délit, ceux qui, par dons, promesses, menaces, abus

---

(1) Art. 254. Quant aux soustractions, destructions et enlèvements de pièces ou de procédures criminelles ou d'autres papiers, registres, actes et effets, contenus dans les archives, greffes ou dépôts publics, ou remis à un dépositaire public en cette qualité, les peines seront, contre les greffiers, archivistes, notaires et autres dépositaires négligents, de trois mois à un an d'emprisonnement, ou d'une amende de cent francs à trois cents francs.

Art. 255. Quiconque se sera rendu coupable des soustractions, enlèvements ou destructions mentionnés en l'article précédent, sera puni de la réclusion.

Si le crime est l'ouvrage du dépositaire lui-même, il sera puni des travaux forcés à temps.

Art. 256. Si le bris de scellés, les soustractions, enlèvement ou destruction de pièces ont été commis avec violence envers les personnes, la peine sera contre toute personne, celle des travaux forcés à temps, sans préjudice de peines plus fortes, s'il y a lieu, d'après la nature des violences et des autres crimes qui y seraient joints.

d'autorité ou de pouvoir, machinations ou artifices coupables, auront provoqué à cette action ou donné des instructions pour la commettre.

Ceux qui auront procuré des armes, des instruments, ou tout autre moyen qui aura servi à l'action, sachant qu'ils devaient y servir.

Ceux qui auront, avec connaissance, aidé ou assisté l'auteur ou les auteurs de l'action, dans les faits qui l'auront préparée ou facilitée, ou dans ceux qui l'auront consommée ; sans préjudice des peines qui seront spécialement portées par le présent Code contre les auteurs des complots ou de provocations attentatoires à la sûreté intérieure ou extérieure de l'Etat, même dans le cas où le crime qui était l'objet des conspirateurs ou des provocateurs n'aurait pas été commis.

Art. 61. Ceux qui, connaissant la conduite criminelle des malfaiteurs exerçant des brigandages ou des violences, contre la sûreté de l'Etat, la paix publique, les personnes ou les propriétés, leur fournissent habituellement logement, lieu de retraite ou de réunion, seront punis comme leurs complices.

Art. 62. Ceux qui sciemment auront recélé, en tout ou en partie, des choses enlevées, détournées ou obtenues à l'aide d'un crime ou d'un délit, seront aussi punis comme complices de ce crime ou délit.

Art. 63. Néanmoins la peine de mort, lorsqu'elle sera applicable aux auteurs des crimes, sera remplacée, à l'égard des recéleurs, par celle des travaux forcés à perpétuité.

Dans tous les cas, les peines des travaux forcés à perpétuité ou de la déportation, lorsqu'il y aura lieu, ne pourront être prononcées contre les recéleurs qu'autant qu'ils seront convaincus d'avoir eu, au temps du recélé, connaissance des circonstances auxquelles la loi attache les peines de mort, des travaux forcés à perpétuité et de la déportation ; sinon ils ne subiront que la peine des travaux forcés à temps.

Art. 64. Il n'y a ni crime ni délit, lorsque le prévenu était en état de démence au temps de l'action, ou lorsqu'il a été contraint par une force à laquelle il n'a pu résister.

Art. 65. Nul crime ou délit ne peut être excusé, ni la peine mitigée, que dans les cas et dans les circonstances où la loi déclare le fait excusable, ou permet de lui appliquer une peine moins rigoureuse.

(N° 16). ART. 216.

CODE PÉNAL ORDINAIRE.

Art. 237. Toutes les fois qu'une évasion de détenu aura lieu, les huissiers, les commandants en chef ou en sous-ordre, soit de la gendarmerie, soit de la force armée servant d'escorte ou garnissant les postes, les concierges, gardiens, geôliers, et tous autres préposés à la conduite, au transport ou à la garde des détenus, seront punis ainsi qu'il suit.

Art. 238. Si l'évadé était prévenu de délits de police, ou de crimes simplement infamants, ou condamné pour l'un de ces crimes, s'il était prisonnier de guerre, les préposés à sa garde ou conduite seront punis, en cas de négligence, d'un emprisonnement de six jours à deux mois; et, en cas de connivence, d'un emprisonnement de six mois à deux ans.

Ceux qui, n'étant pas chargés de la garde ou de la conduite du détenu, auront procuré ou facilité son évasion, seront punis de six jours à trois mois d'emprisonnement.

Art. 239. Si les détenus évadés, ou l'un d'eux, étaient prévenus ou accusés d'un crime de nature à entraîner une peine afflictive à temps, ou condamnés pour l'un de ces crimes, la peine sera, contre les préposés à la garde ou conduite, en cas de négligence, un emprisonnement de deux mois à six mois; en cas de connivence, la réclusion.

Les individus non chargés de la garde des détenus, qui auront procuré ou facilité l'évasion, seront punis d'un emprisonnement de trois mois à deux ans.

Art. 240. Si les évadés, ou l'un d'eux, sont prévenus ou accusés de crimes de nature à entraîner la peine de mort ou des peines perpétuelles, ou s'ils sont condamnés à l'une de ces peines, leurs conducteurs ou gardiens seront punis d'un an à deux ans d'emprisonnement, en cas de négligence, et des travaux forcés à temps, en cas de connivence.

Les individus non chargés de la conduite ou de la garde qui auront facilité ou procuré l'évasion seront punis d'un emprisonnement d'un an au moins et de cinq ans au plus.

Art. 241. Si l'évasion a eu lieu ou a été tentée avec violences ou bris de prison, les peines contre ceux qui l'auront favorisée en fournissant des instruments propres à l'opérer seront :

Si le détenu qui s'est évadé se trouve dans le cas prévu par l'article 238, trois mois à deux ans d'emprisonnement; au cas de l'article 239, un an à quatre ans d'emprisonnement; et, au cas de l'article 240, deux ans à cinq ans de la même peine et une amende de cinquante francs à deux mille francs.

Dans ce dernier cas, les coupables pourront, en outre, être privés des droits mentionnés en l'article 42 du présent Code (1) pendant cinq ans au moins et dix ans au plus, à compter du jour où ils auront subi leur peine.

---

(1) L'article 42 est transcrit en renvoi sous l'article 401.

Art. 242. Dans tous les cas ci-dessus, lorsque les tiers qui auront procuré ou facilité l'évasion y seront parvenus en corrompant les gardiens ou geôliers, ou de connivence avec eux, ils seront punis des mêmes peines que lesdits gardiens et geôliers.

Art. 243. Si l'évasion avec bris ou violence a été favorisée par transmission d'armes, les gardiens et conducteurs qui y auront participé seront punis des travaux forcés à perpétuité; les autres personnes, des travaux forcés à temps.

Art. 247. Les peines d'emprisonnement ci-dessus établies contre les conducteurs ou les gardiens, en cas de négligence seulement, cesseront lorsque les évadés seront repris ou représentés, pourvu que ce soit dans les quatre mois de l'évasion, et qu'ils ne soient pas arrêtés pour d'autres crimes ou délits commis postérieurement.

Art. 248. Ceux qui auront recélé ou fait recéler des personnes qu'ils savaient avoir commis des crimes emportant peine afflictive seront punis de trois mois d'emprisonnement au moins et de deux ans au plus.

Sont exceptés de la présente disposition les ascendants ou descendants, époux ou épouse même divorcés, frères ou sœurs des criminels recélés, ou leurs alliés aux mêmes degrés.

(N° 17.) ART. 233.

LOI DU 19 MAI 1834 SUR L'ÉTAT DES OFFICIERS.

Art. 1er. Le grade est conféré par le Roi; il constitue l'état de l'officier. L'officier ne peut le perdre que par l'une des causes ci-après :

1° Démission acceptée par le Roi;

2° Perte de la qualité de Français, prononcée par jugement;

3° Condamnation à une peine afflictive ou infamante;

4° Condamnation à une peine correctionnelle, pour délits prévus par la section 1re et les articles 402, 403, 405, 406 et 407 du chapitre 2 du titre II du livre III du Code pénal;

5° Condamnation à une peine correctionnelle d'emprisonnement, et qui, en outre, a placé le condamné sous la surveillance de la haute police, et l'a interdit des droits civiques, civils et de famille;

6° Destitution prononcée par jugement d'un conseil de guerre.

Indépendamment des cas prévus par les autres lois en vigueur, la destitution sera prononcée pour les causes ci-après déterminées :

1° A l'égard de l'officier en activité, pour l'absence illégale de son corps, après trois mois;

2° A l'égard de l'officier en activité, en disponibilité ou en non-activité, pour résidence hors du royaume sans l'autorisation du Roi, après quinze jours d'absence.

(N° 18.) ART. 248.

CODE PÉNAL ORDINAIRE.

Art. 381. Seront punis des travaux forcés à perpétuité les individus coupables de vols commis avec la réunion des cinq circonstances suivantes :

1° Si le vol a été commis la nuit ;
2° S'il a été commis par deux ou plusieurs personnes ;
3° Si les coupables ou l'un d'eux étaient porteurs d'armes apparentes ou cachées ;
4° S'ils ont commis le crime, soit à l'aide d'effraction extérieure, ou d'escalade, ou de fausses clefs, dans une maison, appartement, chambre ou logement habités ou servant à l'habitation, ou leurs dépendances, soit en prenant le titre d'un fonctionnaire public ou d'un officier civil ou militaire, ou après s'être revêtus de l'uniforme ou du costume du fonctionnaire ou de l'officier, ou en alléguant un faux ordre de l'autorité civile ou militaire ;
5° S'ils ont commis le crime avec violence ou menace de faire usage de leurs armes.

Art. 382. Sera puni de la peine des travaux forcés à temps tout individu coupable de vol commis à l'aide de violence. Si la violence à l'aide de laquelle le vol a été commis a laissé des traces de blessures ou de contusions, cette circonstance suffira pour que la peine des travaux forcés à perpétuité soit prononcée.

Art. 383. Les vols commis sur les chemins publics emporteront la peine des travaux forcés à perpétuité, lorsqu'ils auront été commis avec deux des circonstances prévues dans l'article 381.

Ils emporteront la peine des travaux forcés à temps, lorsqu'ils auront été commis avec une seule de ces circonstances.

Dans les autres cas, la peine sera celle de la réclusion.

Art. 384. Sera puni de la peine des travaux forcés à temps, tout individu coupable de vol commis à l'aide d'un des moyens énoncés dans le n° 4 de l'article 381, même quoique l'effraction, l'escalade et l'usage des fausses clefs aient eu lieu dans des édifices, parcs ou enclos non servant à l'habitation et non dépendants des maisons habitées, et lors même que l'effraction n'aurait été qu'intérieure.

Art. 385. Sera également puni de la peine des travaux forcés à temps tout individu coupable de vol commis avec deux des trois circonstances suivantes :

1° Si le vol a été commis la nuit ;

2° S'il a été commis dans une maison habitée, ou dans un des édifices consacrés aux cultes légalement établis en France ;

3° S'il a été commis par deux ou plusieurs personnes :

Et si, en outre, le coupable, ou l'un des coupables, était porteur d'armes apparentes ou cachées.

Art. 390. Est réputée *maison habitée* tout bâtiment, logement, loge, cabane, même mobile, qui, sans être actuellement habité, est destiné à l'habitation, et à tout ce qui en dépend, comme cours, basses-cours, granges, écuries, édifices qui y sont enfermés, quel qu'en soit l'usage, et quand même ils auraient une clôture particulière dans la clôture ou enceinte générale.

Art. 391. Est réputé *parc* ou *enclos*, tout terrain environné de fossés, de pieux, de claies, de planches, de haies vives ou sèches, ou de murs de quelque espèce de matériaux que ce soit, quelles que soient la hauteur, la profondeur, la vétusté, la dégradation de ces diverses clôtures, quand il n'y aurait pas de porte fermant à clef ou autrement, ou quand la porte serait à claire-voie et ouverte habituellement.

Art. 392. Les parcs mobiles destinés à contenir du bétail dans la campagne, de quelque matière qu'ils soient faits, sont aussi réputés enclos ; et lorsqu'ils tiennent aux cabanes, mobiles ou autres abris destinés aux gardiens, ils sont réputés dépendants de maison habitée.

Art. 393. Est qualifiée *effraction*, tout forcement, rupture, dégradation, démolition, enlèvement de murs, toits, planchers, portes, fenêtres, serrures, cadenas ou autres ustensiles ou instruments servant à fermer ou à empêcher le passage, et de toute espèce de clôture, quelle qu'elle soit.

Art. 394. Les effractions sont extérieures ou intérieures.

Art. 395. Les effractions extérieures sont celles à l'aide desquelles on peut s'introduire dans les maisons, cours, basses-cours, enclos ou dépendances, ou dans les appartements ou logements particuliers.

Art. 396. Les effractions intérieures sont celles qui, après l'introduction dans les lieux mentionnés en l'article précédent, sont faites aux portes ou clôtures du dedans, ainsi qu'aux armoires ou autres meubles fermés.

Est compris dans la classe des effractions intérieures, le simple enlèvement des caisses, boîtes, ballots sous toile et corde, et autres meubles fermés, qui contiennent des effets quelconques, bien que l'effraction n'ait pas été faite sur le lieu.

Art. 397. Est qualifiée *escalade*, toute entrée dans les maisons, bâtiments, cours, basses-cours, édifices quelconques, jardins, parcs et enclos, exécutée par-dessus les murs, portes, toitures ou toute autre clôture.

L'entrée par une ouverture souterraine, autre que celle qui a été établie pour servir d'entrée, est une circonstance de même gravité que l'escalade.

Art. 398. Sont qualifiés *fausses clefs*, tous crochets, rossignols, passe-partout, clefs imitées, contrefaites, altérées ou qui n'ont pas été destinées par le propriétaire, locataire, aubergiste ou logeur, aux serrures, cadenas, ou aux fermetures quelconques auxquelles le coupable les aura employées.

(Nº 19.) ART. 261.

CODE PÉNAL ORDINAIRE.

Art. 177. Tout fonctionnaire public de l'ordre administratif ou judiciaire, tout agent ou préposé d'une administration publique, qui aura agréé des offres ou promesses ou reçu des dons ou présents pour faire un acte de sa fonction ou de son emploi, même juste, mais non sujet à salaire, sera puni de la dégradation civique, et condamné à une amende double de la valeur des promesses agréées ou des choses reçues, sans que ladite amende puisse être inférieure à deux cents francs.

La présente disposition est applicable à tout fonctionnaire, agent ou préposé de la qualité ci-dessus exprimée qui, par offres ou promesses agréées, dons ou présents reçus, se sera abstenu de faire un acte qui entrait dans l'ordre de ses devoirs.

Sera puni de la même peine tout arbitre ou expert nommé soit par un tribunal, soit par les parties, qui aura agréé des offres ou promesses, ou reçu des dons ou présents, pour rendre une décision ou donner une opinion favorable à l'une des parties.

Sera punie des mêmes peines toute personne investie d'un mandat électif, qui aura agréé des offres ou promesses, reçu des dons ou présents pour faire obtenir ou tenter de faire obtenir des décorations, médailles, distinctions ou récompenses, des places, fonctions ou emplois, des faveurs quelconques, accordées par l'autorité publique, des marchés, entreprises, ou autres bénéfices résultant de traités conclus également avec l'autorité publique, et aura ainsi abusé de l'influence, réelle ou supposée, que lui donne son mandat.

Toute autre personne qui se sera rendue coupable de faits semblables sera punie d'un emprisonnement d'un an au moins et de cinq ans au plus, et d'une amende égale à celle prononcée par le premier paragraphe du présent article.

Les coupables pourront, en outre, être interdits des droits mentionnés dans l'article 42 du présent Code pendant cinq ans au moins et dix ans au plus, à compter du jour où ils auront subi leur peine.

Art. 179. Quiconque aura contraint ou tenté de contraindre par

voies de fait ou menaces, corrompu ou tenté de corrompre, pa
promesses, offres, dons ou présents, l'une des personnes de la
qualité exprimée en l'article 177, pour obtenir, soit une opinion
favorable, soit des procès-verbaux, états, certificats ou estimations
contraires à la vérité, soit des places, emplois, adjudications,
entreprises ou autres bénéfices quelconques, soit tout autre acte
du ministère du fonctionnaire, agent ou préposé, soit enfin l'abs-
tention d'un acte qui rentrait dans l'exercice de ses devoirs, sera
puni des mêmes peines que la personne corrompue.

Toutefois, si les tentatives de contrainte ou corruption n'ont eu
aucun effet, les auteurs de ces tentatives seront simplement punis
d'un emprisonnement de trois mois au moins et de six mois au
plus, et d'une amende de cent francs à trois cents francs.

(N° 20.) ART. 263.

CODE PÉNAL ORDINAIRE.

Art. 169. Tout percepteur, tout commis à une perception, dépositaire ou comptable public, qui aura détourné ou soustrait des
deniers publics ou privés, ou effets actifs en tenant lieu, ou des
pièces, titres, actes, effets mobiliers qui étaient entre ses mains
en vertu de ses fonctions, sera puni des travaux forcés à temps,
si les choses détournées ou soustraites sont d'une valeur au-dessus
de trois mille francs.

Art. 170. La peine des travaux forcés à temps aura lieu également, quelle que soit la valeur des deniers ou des effets détournés
ou soustraits, si cette valeur égale ou excède, soit le tiers de la
recette ou du dépôt, s'il s'agit de deniers ou effets une fois reçus
ou déposés, soit le cautionnement, s'il s'agit d'une recette ou d'un
dépôt attaché à une place sujette à cautionnement, soit enfin le
tiers du produit commun de la recette pendant un mois, s'il
s'agit d'une recette composée de rentrées successives et non sujette à cautionnement.

Art. 174. Tous fonctionnaires, tous officiers publics, leurs commis
ou préposés, tous percepteurs des droits, taxes, contributions, deniers, revenus publics ou communaux ou leurs commis et préposés,
qui se seront rendus coupables du crime de concussion, en ordonnant de percevoir ou en exigeant ou en recevant ce qu'ils savaient
n'être pas dû, ou excéder ce qui était dû pour droits, taxes, contributions, deniers ou revenus, ou pour salaires ou traitements,
seront punis, savoir : les fonctionnaires ou les officiers publics,
de la peine de la réclusion ; et leurs commis ou préposés, d'un
emprisonnement de deux ans au moins et de cinq ans au plus,
lorsque la totalité des sommes exigées ou reçues, ou dont la perception a été ordonnée, a été supérieure à trois cents francs.

Toutes les fois que la totalité de ces sommes n'excédera pas trois cents francs, les fonctionnaires ou les officïers publics ci-dessus désignés seront punis d'un emprisonnement de deux à cinq ans, et leurs commis ou préposés d'un emprisonnement d'une année au moins, et de quatre ans au plus.

La tentative de ce délit sera punie comme le délit lui-même.

Dans tous les cas où la peine d'emprisonnement sera prononcée, les coupables pourront, en outre, être privés des droits mentionnés en l'article 42 du présent Code pendant cinq ans au moins et dix ans au plus à compter du jour où ils auront subi leur peine; ils pourront aussi être mis, par l'arrêt ou le jugement, sous la surveillance de la haute police pendant le même nombre d'années.

Dans tous les cas prévus par le présent article, les coupables seront condamnés à une amende dont le *maximum* sera le quart des restitutions et des dommages-intérêts, et le *minimum* le douzième.

Les dispositions du présent article sont applicables aux greffiers et officiers ministériels, lorsque le fait a été commis à l'occasion des recettes dont ils sont chargés par la loi.

Art. 175. Tout fonctionnaire, tout officier public, tout agent du Gouvernement, qui, soit ouvertement, soit par actes simulés, soit par interposition de personnes, aura pris ou reçu quelque intérêt que ce soit dans les actes, adjudications entreprises ou régies dont il a ou avait, au temps de l'acte, en tout ou en partie, l'administration ou la surveillance, sera puni d'un emprisonnement de six mois au moins et de deux ans au plus, et sera condamné à une amende qui ne pourra excéder le quart des restitutions et des indemnités, ni être au-dessous du douzième.

Il sera de plus déclaré à jamais incapable d'exercer aucune fonction publique.

La présente disposition est applicable à tout fonctionnaire ou agent du Gouvernement qui aura pris un intérêt quelconque dans une affaire dont il était chargé d'ordonnancer le paiement ou de faire la liquidation.

(N° 21.) ART. 267.

Art. 463 du Code pénal ordinaire déjà cité à l'article 198. (Voir page 85.)

2° Instructions relatives à l'exécution du Code de justice militaire.

Le Ministre Secrétaire d'Etat de la guerre à MM. les Généraux commandant les divisions territoriales et actives. (*Bureau de la Justice militaire.*)

Paris, le 28 juillet 1857.

Général, je vous adresse, pour le service des tribunaux militaires et de l'état-major de votre division, des exemplaires du Code de justice militaire. Je crois utile d'appeler votre attention sur les dispositions principales qu'il contient.

Ce Code, en même temps qu'il maintient les tribunaux militaires actuellement existants sous la dénomination de conseils de guerre et de révision, établit pour les armées en campagne une troisième juridiction sous le nom de *Prévôtés*.

Il n'admet en principe qu'un conseil de guerre au chef-lieu de chaque division; mais il réserve à l'Empereur la faculté d'en établir un second lorsque les besoins du service l'exigent. Sa Majesté, usant de ce droit, a, par le décret du 18 juillet dernier, déterminé les villes dans lesquelles un second conseil de guerre doit être établi, et a réglé la circonscription de son ressort.

La composition du conseil de guerre permanent reste la même que par le passé, pour le jugement des sous-officiers, caporaux, brigadiers et soldats.

La nomination des commissaires du gouvernement et des rapporteurs est attribuée au Ministre de la guerre; celle du président, des juges et des substituts est laissée au général commandant la division.

Le règlement d'administration publique dont fait mention l'article 9, et qui a pour objet de déterminer les conditions et les formes de la nomination des greffiers et des commis-greffiers, paraîtra prochainement; le décret du 18 juillet 1857 règle provisoirement la position de ces officiers d'administration, ainsi que celle des adjudants sous-officiers commis-greffiers titulaires (1). Il assigne en même temps la destination qui devra être donnée aux archives des deuxièmes conseils de guerre et des conseils de révision qui se trouvent supprimés; et rappelle conformément aux règles sur la compétence, que les affaires pendantes devant les tribunaux supprimés sont de droit portées dans l'état d'instruction où elles se trouvent devant les juridictions qui remplacent ces tribunaux.

Conformément à l'article 10 du Code et au tableau qui l'accompagne, le conseil de guerre appelé à juger un officier doit subir des modifications en raison du grade de l'accusé. Ce tableau embrasse les divers échelons de la hiérarchie militaire, telle qu'elle est fixée par l'ordonnance du 16 mars 1838.

La faculté éventuellement donnée aux généraux par le dernier paragraphe de cet article 10 de nommer membres des conseils de guerre des officiers d'un grade égal ou inférieur à celui de l'accusé doit se combiner avec l'article 21; ils ne peuvent y avoir recours que s'ils ne trouvent pas dans l'étendue de leur division des officiers du grade requis pour composer le conseil, et qu'autant que ce grade n'est pas celui d'officier supérieur ou général, parce

---

(1) **Voir** les décrets des 6 septembre 1875, 19 septembre 1900 (vol. 59³) et 23 novembre 1916 (vol. 72).

qu'alors il appartient au Ministre de la guerre d'y pourvoir, conformément à l'article 21.

Il ne vous échappera pas que dans les cas prévus par les articles 12 et 16, le commissaire du gouvernement peut être remplacé
par un officier supérieur ou général, auquel il demeure toutefois
adjoint.

Pour l'exécution de l'article 13, qui concerne le jugement des
membres du corps de l'intendance, des médecins et autres individus assimilés aux militaires, l'Empereur a rendu un décret (1)
faisant connaître la composition des conseils de guerre d'après le
rang de l'accusé; ce décret, étant tout spécial pour l'administration de la justice, ne modifie en rien les situations déterminées,
sous les autres rapports, par les décrets et les règlements relatifs
à l'organisation des différents corps de l'armée.

Afin de pourvoir tant à la composition des tribunaux militaires
qu'aux modifications dont il vient d'être parlé, il est une mesure
que vous devez prendre immédiatement et qui réclame tous vos
soins: c'est de faire dresser les tableaux, prescrits par les articles
19 et 28, des officiers et sous-officiers de votre division qui peuvent être appelés à siéger comme juges dans les conseils de guerre
et dans les conseils de revision. On y portera les militaires désignés par les colonels pour faire ce service selon l'ordre qui est indiqué par ces articles, tout en ne faisant cependant concourir que
les officiers et sous-officiers reconnus aptes par leur instruction et
leur expérience à remplir ces fonctions, qui pourront siéger au
conseil sans nuire au service, et dont la résidence, soit dans la
ville où se tient le conseil, soit dans un rayon voisin, permettra
la prompte convocation. Il importera de s'assurer que les officiers
et les sous-officiers présentés par les chefs de corps remplissent
les conditions de nationalité et d'âge requises par la loi (art. 22);
il conviendra en outre de rechercher, avant de les faire entrer en
fonction, s'ils ne se trouvent pas dans l'un des cas d'empêchement ou d'incompatibilité prévus par l'article 24; enfin, vous de-
vrez veiller à remplir, sur ces tableaux, les vides occasionnés par
les changements de résidence ou de position des militaires qui y
sont portés.

Ainsi que l'article 26 en laissait la faculté, il a paru utile de réduire le nombre des conseils de revision; le décret de l'Empereur,
du 18 juillet 1857, a fixé ce nombre à cinq pour la France et à
trois pour l'Algérie; le tableau annexé à ce décret en détermine
le siège et le ressort (2).

L'organisation ancienne du conseil de revision a été maintenue
en ce qui concerne le nombre des juges, mais elle n'admet plus
que des officiers généraux et supérieurs. Les règles tracées pour
le mode de nomination des membres du conseil de revision, des

______

(1) Voir le décret du 18 juillet 1857, mis à jour, page 109.
(2) Voir le renvoi de la page 9.

commissaires du gouvernement, des substituts et des greffiers, sont les mêmes que celles fixées pour les conseils de guerre, et les causes d'incompatibilité sont identiques ; la condition d'âge seule est différente.

Le titre II traite des conseils de guerre et des conseils de revision aux armées, dans les communes, dans les départements et dans les places de guerre en état de siège. Aucune explication n'est nécessaire, quant à présent, sur ce titre dont, au surplus, les dispositions nettes et précises s'appuient sur les principes généraux qui viennent d'être établis et ne comportent que des modifications commandées par les circonstances exceptionnelles en vue desquelles ces dispositions ont dû être formulées.

Le titre III, relatif aux prévôtés, élève à la hauteur d'une véritable juridiction une institution qui, depuis un temps immémorial, a toujours trouvé place dans l'organisation des armées en campagne, et régularise législativement les pouvoirs donnés au grand prévôt et aux prévôts par les règlements en vigueur, spécialement par ceux du 3 mai 1832, sur le service des armées en campagne (1), et du 1er mars 1854, sur le service de la gendarmerie (2).

Pour ce qui est de la compétence réglée par le livre II, il est facile de reconnaître que la loi nouvelle s'écarte peu des dispositions des lois antérieures, et qu'elle consacre généralement les principes successivement établis par la jurisprudence. Toutefois, une innovation importante est celle introduite par l'article 57, qui déclare justiciables des conseils de guerre, pour les crimes et délits prévus par le titre II du livre IV, c'est-à-dire. prévus par le Code de justice militaire, les militaires de tous grades, les membres de l'intendance militaire et tous les individus assimilés aux militaires : 1° lorsque, sans être employés, ils reçoivent un traitement et restent à la disposition du Gouvernement; 2° lorsqu'ils sont en congé ou permission.

Jusqu'à ce jour, pour être justiciable des tribunaux militaires, il fallait être présent sous les drapeaux et soumis directement à l'action de l'autorité militaire, au moment de la perpétration du crime ou du délit, quelle qu'en fût d'ailleurs la nature ; le Code crée donc une situation nouvelle qu'il importe de ne point perdre de vue.

Il a encore été dérogé à la législation actuelle, en ce qui concerne les militaires de la gendarmerie ; ils sont désormais soumis à la juridiction des conseils de guerre ; il n'est fait exception que pour les crimes ou délits que ces militaires peuvent commettre dans l'exercice des fonctions de la police judiciaire et dans la constatation des contraventions en matière administrative (art. 59).

L'article 60 règle d'une manière précise à quel tribunal appar-

---

(1) Aujourd'hui décret du 2 décembre 1913 (É. M., vol. 76²).
(2) Aujourd'hui décret du 20 mai 1903 (É. M., vol 39).

tient la priorité des poursuites contre un militaire prévenu de plusieurs crimes ou délits qui le rendent passible et d'un tribunal militaire et d'un tribunal ordinaire.

La compétence des conseils de guerre reçoit naturellement aux armées, dans les divisions territoriales en état de guerre, dans les communes et les places de guerre en état de siège, une extension en rapport avec ces situations exceptionnelles. Cette extension, du reste, clairement définie, résulte des lois en vigueur, et spécialement de la loi du 9 août 1849, sur l'état de siège.

La faculté donnée à tout justiciable des conseils de guerre de se pourvoir en revision a été maintenue, et les pouvoirs des conseils de revision sont restés ce qu'ils ont été jusqu'à ce jour.

Le titre III, qui règle la compétence des prévôtés, n'a besoin que de quelques explications; il faut observer seulement que le Code, en donnant aux prévôtés juridiction pour connaitre de toute infraction dont la peine n'excède pas six mois d'emprisonnement et deux cents francs d'amende, entend parler de la peine édictée par la loi contre l'infraction, et non de la peine que le juge pourrait appliquer, alors que la loi déterminerait un maximum plus élevé; de même, en autorisant les prévôts à statuer sur les demandes en dommages-intérêts jusqu'à 150 francs, la loi a entendu parler du chiffre de la somme demandée et non de celle allouée par le juge (art. 75).

Le titre IV, qui est relatif à la compétence en cas de complicité, tout en maintenant, en ce qui touche l'attribution de juridiction, les distinctions consacrées par la jurisprudence, y apporte quelques dérogations ; ainsi, le conseil devient compétent alors même que les complices militaires ne seraient pas ses justiciables à raison de leur position au moment du crime ou du délit (art. 77), et il en est de même toutes les fois que des étrangers se trouvent mis en cause avec des justiciables du conseil de guerre.

Les articles 78 et 79 règlent la compétence et la juridiction, en ce qui concerne les crimes et délits commis, soit à bord des vaisseaux, soit dans l'enceinte des ports militaires et établissements maritimes, de complicité par des militaires et des marins.

L'article 80 interdit le pourvoi devant la Cour de cassation contre les jugements des conseils de guerre et de revision aux individus que la loi a déclarés formellement justiciables de ces tribunaux, ainsi que le proclame l'article 77 de la loi du 27 ventôse an VIII, et à ceux qui, sur le territoire ennemi, sont auteurs ou complices de crimes prévus par le Code de justice militaire, ou encore à ceux qui, en France, mais en présence de l'ennemi, sont étrangers ou prévenus de crimes qui touchent à la sûreté de l'armée. Dans ces divers cas, le jugement est exécutoire dans les vingt-quatre heures à partir de l'expiration du délai fixé pour le recours en revision ou de la réception du jugement qui a rejeté le recours (art. 145 et 146).

Le Code maintient au contraire la faculté de se pourvoir en cassation en faveur des citoyens français non militaires, ou non assimilés aux militaires, tout en la réduisant au cas d'incompétence. Dès que la compétence de la juridiction est reconnue, tout ce qui touche à la procédure, à la régularité des formes et à l'application des lois ne saurait en effet relever que du conseil de revision.

Le livre III traite de la procédure; il ne fait que consacrer, pour la recherche et la constatation des crimes et délits, les mesures prescrites par la législation antérieure; mais la poursuite ne peut commencer sans qu'il en ait été référé au général de division, auquel est dévolu le droit d'ordonner ou de refuser l'information.

Dans le cas où vous jugerez qu'il n'y a pas lieu de donner suite à la plainte, vous aurez à motiver votre décision, en faisant connaitre si c'est faute de gravité, de précision des faits articulés, ou parce que ces faits ne constitueraient ni crime, ni délit; enfin vous remarquerez que, dans le modèle de formules qui vous est envoyé, on se sert de ces mots: *en l'état*, parce que, s'il survenait de nouveaux renseignements de nature à modifier votre première opinion, vous auriez le droit et le devoir de faire reprendre les poursuites.

Vous aurez, en outre, dans le cas où vous ne donneriez pas suite à la plainte, à me rendre compte de vos décisions (1).

Les états mensuels et nominatifs des refus d'informer, qui sont adressés au ministère de la guerre, en ce qui concerne le délit de désertion, devront également comprendre désormais les refus d'informer que le général commandant la division aura cru devoir prononcer pour quelque fait que ce soit.

Dans les cas où le droit d'appréciation de la plainte est réservé au Ministre de la guerre, vous aurez à me transmettre, avec votre avis motivé, les rapports, actes ou procès-verbaux qui vous auraient été adressés.

Vous remarquerez qu'en ce qui concerne la marche à suivre pour saisir le commissaire du gouvernement et le rapporteur des pièces et documents qui doivent servir de base à l'instruction, et pour les formalités de toute nature qu'il peut y avoir à remplir au cours de cette instruction, le nouveau Code ne fait que consacrer législativement le mode de procéder suivi depuis que le Code d'instruction criminelle sert de guide à la juridiction militaire, en l'absence de loi spéciale.

Cependant, contrairement à ce que prescrivait l'article 12 de la loi du 13 brumaire an V, le premier acte de l'instruction doit être l'interrogatoire de l'accusé, sauf à lui faire subir des suppléments d'interrogatoire, si la découverte de la vérité l'exige.

Lorsque l'instruction est terminée (art. 108), le rapporteur transmet les pièces et son avis au commissaire impérial, lequel les adresse immédiatement, avec ses conclusions, au général commandant la division, qui prononce sur la mise en jugement.

---

(1) Comptes rendus à ne fournir que par le commandant de région. (Instruction du 18 janvier 1916, *B. O.*, p. 169.)

Cette disposition vous confère encore un droit d'appréciation sur lequel je ne saurais trop appeler votre sollicitude, en raison des graves intérêts qui s'y rattachent tant pour les personnes que pour l'ordre public.

Vos décisions doivent être motivées comme dans le cas prévu par l'article 99, et quand vous déciderez qu'il n'y a pas lieu de convoquer le conseil, vous aurez à m'en rendre compte. Lorsqu'il m'appartiendra de statuer directement, vous aurez soin de m'envoyer, avec votre avis motivé, les pièces de la procédure, ainsi que le rapport du juge d'instruction et l'avis du commissaire du gouvernement.

L'ordre de mise en jugement une fois donné, la notification qui doit en être faite à l'accusé, trois jours avant la réunion du conseil de guerre, est, en procédure militaire, une formalité nouvelle, que le commissaire du gouvernement ne devra pas négliger de remplir. C'est à ce moment aussi que cet officier doit avertir l'accusé que, s'il n'a pas fait choix d'un défenseur (art. 109), il lui en sera nommé un d'office. C'est encore à ce moment que le défenseur doit être admis à communiquer avec l'accusé, et peut prendre au greffe communication des pièces (article 112).

Les présidents des conseils de guerre ne se trouvant pas toujours sur les lieux, il est important, pour éviter toute perte de temps et pour faciliter l'exécution de l'article 109, que ces officiers désignent d'avance les personnes réunissant les conditions de l'article 110, parmi lesquelles seront pris les défenseurs d'office, afin que le commissaire du gouvernement, en avertissant l'accusé de son droit de choisir un défenseur, puisse, si l'accusé n'a pas usé de cette faculté, lui indiquer immédiatement le défenseur ainsi désigné par le président.

Toutes les dispositions relatives à l'examen et au jugement ainsi qu'à la police de l'audience, sont calquées, soit sur la loi ancienne, soit sur le Code d'instruction criminelle ; elles ne sauraient, par conséquent, soulever de difficulté.

Ici, cependant, se trouve résolu un point de droit qui a quelquefois divisé les conseils de guerre, je veux parler de la disposition de l'article 115, d'après laquelle tout militaire qui se rend coupable envers le conseil ou l'un de ses membres de voies de fait, ou d'outrages ou menaces par propos ou gestes, est passible des peines prononcées contre ces mêmes crimes ou délits commis envers des supérieurs pendant le service.

Rien n'a été changé en ce qui concerne la comparution de l'accusé devant le conseil de guerre et les mesures à prendre à son égard s'il refuse de comparaître, si ce n'est que la loi nouvelle a étendu aux conseils de guerre les pouvoirs accordés aux juridictions de droit commun pour la répression des crimes et délits qui peuvent se commettre aux audiences et pour garantir le respect dû aux magistrats. Rien non plus n'a été modifié en ce qui touche les jugements sur les exceptions et les moyens d'incompétence, les dépositions des témoins et l'interrogatoire de l'accusé, les réquisitions du commissaire du gouvernement et la défense. Toute cette partie des débats et tout ce qui a rapport à la délibération des membres du conseil, au prononcé du jugement, à la lecture qui doit en être faite à l'accusé, ne font que reproduire des règles depuis longtemps en pratique et qui découlent du Code d'instruction criminelle et de la loi du 9 septembre 1835.

Il importe de remarquer seulement que, d'après les articles 124, 133 et 134, les jugements sur les exceptions, les moyens d'incompétence et les incidents, sont rendus à la majorité des voix, à la différence des questions sur la culpabilité et l'application des peines, qui ne peuvent être résolues contre l'accusé qu'à la majorité de cinq voix contre deux, comme le prescrivait la loi du 13 brumaire an V.

L'article 132 précise l'ordre dans lequel les questions doivent être posées par le président; il est essentiel que cet ordre soit exactement suivi, afin que chaque question présente un sens complet, sans cependant tomber dans le vice de complexité.

La première question doit porter sur le fait principal, en spécifiant les éléments constitutifs de l'infraction.

Chaque circonstance aggravante doit ensuite être l'objet d'une question spéciale, de manière que l'accusation tout entière soit purgée, et s'il y a plusieurs chefs d'accusation, le même ordre doit être suivi pour chacun d'eux.

Ainsi, dans une accusation de voies de fait *envers un supérieur pendant le service ou à l'occasion du service*, la question principale pourrait être ainsi posée :

N... est-il coupable de voies de fait envers N... (nom et grade), son supérieur?

La deuxième question serait celle-ci : Ces voies de fait ont-elles été commises pendant le service ou à l'occasion du service?

Lorsque la loi autorise l'admission des circonstances atténuantes, le président du conseil doit poser la question, mais le jugement ne doit en faire mention qu'autant que la majorité l'a résolue en faveur de l'accusé, et, dans ce cas, le jugement doit la constater en ces termes: *à la majorité, il y a des circonstances atténuantes en faveur de...*

L'attention toute particulière du président, du commissaire du gouvernement et du greffier doit se porter sur l'article 140, qui détermine la forme du jugement et spécifie les diverses mentions qui doivent y être constatées.

Aux termes de cet article, le jugement est tout à la fois la décision sur le fond et le procès-verbal d'audience.

Il ne peut reproduire ni les réponses de l'accusé, si ce n'est celles faites aux questions qui ont pour but de constater son identité (voir art. 117), ni les dépositions des témoins.

Il doit énoncer, à peine de nullité : 1° les noms et grades des juges; 2° les nom, prénoms, âge, profession et domicile de l'accusé; 3° le crime ou le délit pour lequel l'accusé a été traduit devant le conseil de guerre; 4° la prestation de serment des témoins; 5° les réquisitions du commissaire du gouvernement; 6° les questions posées au conseil, les décisions et le nombre des voix, en se conformant aux dispositions des articles 132, 133 et 134; 7° le texte de la loi appliquée; 8° la publicité des séances ou la décision qui a ordonné le huis-clos; 9° la publicité de la lecture du jugement faite par le président.

Les formules de jugement que je vous adresse sont rédigées de manière que toutes les mentions exigées à peine de nullité soient fidèlement consignées.

On devra se rappeler que les débats seuls peuvent avoir lieu à huis-clos lorsque le tribunal croit devoir l'ordonner dans l'intérêt de l'ordre et des mœurs, et que, par suite, la lecture des pièces dont parle l'article 121 du Code, et les avertissements qu'il prescrit, doivent se faire publiquement, ainsi que la lecture de tout jugement soit sur les incidents, soit sur le fond (art. 136). Il faut encore observer que le huis-clos doit être ordonné par jugement du conseil et non par simple décision du président. (Art. 81 de la Constitution du 12 novembre 1848.)

Quant aux décisions qui peuvent être rendues sur les moyen d'incompétence et les autres incidents, elles doivent énoncer le fait qui y a donné lieu, les conclusions des parties, les réquisitions du ministère public, les moyens de défense présentés par l'accusé, et enfin le jugement motivé du conseil.

Dans le cas où le cadre de la formule ne permettrait pas d'insérer toutes ces mentions, il suffira d'y indiquer l'incident au moment où il se produit, en ajoutant *qu'il y a été statué par jugement séparé, lequel est joint et annexé au présent;* et alors le jugement séparé doit reprendre l'intitulé du jugement principal, indiquer la publicité de l'audience, se terminer par la même formule et être signé de la même manière que le jugement principal, en mentionnant qu'il y sera annexé comme en faisant partie.

Le Code maintient le délai de vingt-quatre heures pour se pourvoir en revision; seulement ce délai ne court plus à partir de la lecture du jugement, mais bien de l'expiration du jour où cette lecture a été faite au condamné.

Le défenseur est admis à faire la déclaration de pourvoi, qui peut être reçue, soit par le greffier du conseil, soit par l'agent principal de l'établissement dans lequel est détenu le condamné (art. 141 et 143).

Le droit de se pourvoir, que l'article 12 de la loi du 18 vendémiaire an VI conférait au commissaire du gouvernement, ser est-treint par le nouveau Code aux cas prévus par les articles 409 et 410 du Code d'instruction criminelle, c'est-à-dire que ce droit ne peut être exercé par le commissaire du gouvernement que dans l'intérêt de la loi, ou pour fausse application de la peine, ou encore lorsque l'absolution du condamné a été motivée sur la non-existence d'une loi pénale qui pourtant existerait.

En ce qui concerne le recours en revision et le pourvoi en cassation, le Code introduit des dispositions dont vous comprendrez facilement toute l'importance pour la bonne et prompte administration de la justice; aux termes des articles 81, 123, 147, le recours en revision contre les jugements d'incompétence ou d'incidents n'empêche pas de continuer les débats et de passer au jugement de l'affaire, sauf à statuer sur le recours en même temps que sur la décision au fond, et le pourvoi en cassation ne peut être intenté que dans les trois jours qui suivent la notification de la décision du conseil de revision, ou, s'il n'y a pas eu recours en revision, dans les trois jours qui suivent l'expiration du délai accordé pour l'exercer.

Une faculté, dont vous apprécierez également l'importance, vous est laissée par l'article 150; c'est celle de faire suspendre l'exécution du jugement, à la charge seulement d'en rendre compte immédiatement au Ministre de la guerre.

Comme cela s'est fait jusqu'à présent, il devra être sursis à l'exécution de toute condamnation à la peine capitale prononcée par les conseils de guerre des divisions territoriales (1).

En ce qui concerne les condamnations prononcées en Algérie et hors du territoire français, on devra continuer à se conformer aux dispositions de l'ordonnance du 1er avril 1842 (2).

La procédure établie pour les conseils de guerre dans les divisions en état de paix n'a été modifiée, en ce qui touche les conseils de guerre aux armées, dans les divisions territoriales en état de guerre, et dans les communes, les départements et les places de guerre en état de siège. qu'en ce qui touche certaines dispositions, et alors que ces modifications étaient commandées par une situation tout à fait exceptionnelle.

Le titre II, qui règle la procédure devant les conseils de revision, a généralement consacré les errements suivis jusqu'à ce jour. Toutefois, à la différence de ce qui se pratiquait en cas d'annulation, on pourra ne recommencer la procédure qu'à partir de l'acte

---

(1) Voir le décret du 10 juillet 1852, relatif aux rapports sur les commutations de peines, vol. 59ᵉ. Voir, en outre, la loi du 17 juin 1871 sur l'exercice du droit de grâce.

(2) Article 1er de l'ordonnance du 1er avril 1842 :

« Aucune exécution à mort, par quelque juridiction qu'elle ait été ordonnée, ne pourra avoir lieu, dans toute l'étendue des possessions françaises en Algérie, qu'après qu'il nous en aura été rendu compte et que nous aurons décidé de laisser un libre cours à la justice.

« Toutefois, dans le cas d'urgence extrême, le gouverneur général pourra ordonner l'exécution, à la charge de faire immédiatement connaître les motifs de sa décision à notre Ministre Secrétaire d'Etat de la guerre, qui nous en rendra compte.

« Ce pouvoir, attribué au gouverneur général, ne pourra, dans aucun cas, être délégué. »

annulé, de telle sorte que, quand la déclaration de culpabilité est maintenue et que l'annulation n'est prononcée que pour fausse application de la loi, le renvoi devant un autre conseil de guerre n'a pour objet que l'application de la peine légalement encourue à raison des faits reconnus constants par le premier conseil de guerre.

La procédure devant les prévôtés se trouve résumée en deux articles qui ne comportent aucune observation.

Des dispositions, empruntées au Code d'instruction criminelle, ont été introduites dans la procédure militaire pour les jugements par contumace et par défaut; elles viennent combler une lacune de la législation militaire et en même temps compléter ce que la jurisprudence de la Cour de cassation n'avait pu qu'imparfaitement réglementer.

Le Code de justice militaire s'approprie également les dispositions du droit commun, relatives à la reconnaissance de l'identité d'un individu condamné par un conseil de guerre, et au mode de procéder, dans le cas où un second jugement est annulé par les mêmes motifs que le premier.

Il rend encore applicables à la justice militaire les dispositions du Code d'instruction criminelle, relatives à la prescription; mais il introduit une disposition nouvelle en ce qui concerne l'insoumission et la désertion; il les couvre par une prescription qu'il fait courir du jour où l'insoumis ou le déserteur a atteint l'âge de quarante-sept ans.

Le livre IV, qui traite de la pénalité, se divise en deux parties bien distinctes: dans la première, il définit les peines et règle leurs effets; dans la seconde, il classe et définit les infractions qu'il entend réprimer, et indique la sanction pénale dont il les atteint, en laissant aux tribunaux militaires à appliquer à tous les crimes ou délits qu'il n'a pas prévus les peines portées par les lois pénales ordinaires (art. 267).

Tout en maintenant le principe de l'admission de circonstances atténuantes pour les crimes et délits dérivant du droit commun, le nouveau Code ne l'étend aux infractions militaires qu'autant qu'il n'y a pas danger à laisser exposer devant le conseil des doctrines qui auraient pour conséquence d'affaiblir le respect dû au commandement, et ce n'est que dans les cas où cette admission est autorisée par une disposition expresse du Code, que la question des circonstances atténuantes peut être posée.

La loi nouvelle s'est attachée à supprimer l'infamie dont la loi qu'elle remplace stigmatisait certains actes qui ne sauraient impliquer l'idée du déshonneur. C'est ainsi qu'elle a supprimé la peine des fers pour fait d'insubordination, et a voulu que la peine de mort n'eût un caractère infamant qu'autant qu'elle serait accompagnée de la dégradation militaire.

Jusqu'à ce jour aucune disposition législative, ni même réglementaire, n'avait déterminé, d'une manière précise. les formalités constitutives de la dégradation militaire ; l'article 190 a comblé une lacune.

. Du reste, il ne vous échappera pas qu'aux termes de l'article 187 du Code, tout condamné, sans distinction (militaire, assimilé ou autre individu), qui doit subir la peine de mort prononcée contre lui par jugement définitif d'un conseil de guerre, est fusillé, et que, d'après l'article 196, il doit en être de même des militaires et assi·milés aux militaires condamnés par les tribunaux ordinaires, puisque cet article prescrit que les peines prononcées contre les militaires soient exécutées conformément aux dispositions du Code de justice militaire et à la diligence de l'autorité militaire.

Quant au mode d'exécution, le législateur ayant cru devoir s'abstenir de le déterminer et laisser ce soin à l'autorité militaire supérieure, on aura à se conformer aux prescriptions contenues dans le décret du 25 octobre 1874, concernant les exécutions militaires (1).

Comme la peine des fers, celle du boulet a disparu ; cette dernière, bien qu'elle fût rangée au nombre des peines correctionnelles, assujettissait le condamné à un régime tel, que l'opinion générale s'y méprenait, en présence surtout de l'appareil redoutable qui accompagnait son exécution.

Si le Code ne renferme aucune disposition spéciale sur la récidive alors que par son article 202 il prévoit la tentative et la complicité, c'est que le législateur a entendu maintenir l'état de choses actuel, sauf pour le cas de désertion (art. 232 et 236) ; c'est-à-dire ne faire encourir les effets de la récidive qu'autant que le fait qui a motivé la première condamnation serait une infraction de droit commun, aux termes du dernier paragraphe de l'article 56 du Code pénal-ordinaire.

Vous remarquerez encore que le livre IV renferme plusieurs dispositions qui sont obligatoires, même pour les juridictions de droit commun : telles sont celles qui répriment la tentative des délits spéciaux prévus par les articles 41, 43, 44 et 45 (2) de la loi sur le recrutement de l'armée, ce que ne faisait pas cette loi, lacune que répare le Code dans son article 270.

L'achat et le recel des effets militaires n'étaient pas non plus suffisamment punis par les lois anciennes qui remontaient à 1793, et ce n'était qu'avec le secours de la jurisprudence que ces délits pouvaient quelquefois être atteints ; le Code fait cesser toute incertitude sur l'interprétation des textes, en les remplaçant par des dispositions nouvelles (art. 247).

Vous n'oublierez pas que la partie pénale du nouveau Code doit être lue aux troupes, le premier samedi de chaque mois, conformément aux règlements en vigueur.

---

(1) Voir l'article 52 du décret du 7 octobre 1909 sur le service de place complété par le décret du 4 mars 1912 (vol. 75) et l'instruction du 3 novembre 1923 (*Bulletin officiel*, page 3440).

(2) Remplacés par les articles 86 et suivants de la loi du 1ᵉʳ avril 1923.

Vous trouverez enfin, jointe au Code, une série de formules des principaux actes de la procédure devant les tribunaux militaires ; bien que ces formules n'aient plus la force obligatoire de celles contenues dans l'arrêté du directoire exécutif du 8 frimaire an VI, vous devez veiller à ce qu'elles soient rigoureusement observées, puisque, en s'en écartant, on risquerait de donner lieu à des cas de nullité.

Le Maréchal de France,
Ministre Secrétaire d'État de la guerre,
Signé : Vaillant.

3° Composition des tribunaux militaires.

Décret indiquant, selon le grade, le rang ou l'emploi de l'accusé, la composition des tribunaux militaires pour le jugement des divers individus qui, dans l'armée de terre, sont assimilés aux militaires, aux termes des articles 10 et 13 du Code de justice militaire.

Plombières, le 18 juillet 1857.

NAPOLÉON, par la grâce de Dieu et la volonté nationale, Empereur des Français, à tous présents et à venir, Salut :

Vu le Code de justice militaire pour l'armée de terre, en date du 9 juin 1857, et spécialement l'article 13, ainsi conçu :

« Pour juger un membre du corps de l'intendance militaire, un « médecin, un pharmacien, un officier d'administration, un vété- « rinaire ou tout autre individu assimilé aux militaires, le con- « seil de guerre est composé, conformément à l'article 10, sui- « vant le grade auquel le rang de l'accusé correspond. »

Sur le rapport de notre Ministre Secrétaire d'Etat de la guerre,

Avons décrété et décrétons ce qui suit :

Art. 1er. Lorsqu'il y aura lieu de traduire devant les tribunaux militaires un membre du corps de l'intendance militaire, un méde- cin, un pharmacien, un officier d'administration, un vétérinaire ou tout autre individu assimilé aux militaires, le conseil de guerre sera composé conformément au tableau annexé au présent dé- cret (1).

Art. 2. La correspondance de grades et de rangs résultant du tableau mentionné dans l'article précédent est toute spéciale à l'ac- tion judiciaire devant les tribunaux militaires, et ne modifie en

---

(1) Tableau mis à jour par l'incorporation dans le texte des modifi- cations qui y ont été apportées par les décrets ultérieurs.

rien les situations telles qu'elles sont respectivement réglées sous les autres rapports, pour ces divers assimilés, par les ordonnances, décrets et règlements en vigueur.

Art. 3. Notre Ministre Secrétaire d'Etat au Département de la guerre est chargé de l'exécution du présent décret.

Fait à Plombières, le 18 juillet 1857.

TABLEAU annexé au décret du 18 juillet 1857 (1), indiquant, selon le grade, le rang ou l'emploi de l'accusé, la composition des tribunaux militaires, pour le jugement des divers individus qui, dans l'armée de terre, sont assimilés aux militaires, aux termes des articles 10 et 13 du Code de justice militaire.

DÉSIGNATION DES CORPS.	GRADE OU EMPLOI DE L'ACCUSÉ.	COMPOSITION DES CONSEILS DE GUERRE.	
		GRADE DU PRÉSIDENT.	GRADES DES JUGES.
CONTRÔLE DE L'ADMINISTRATION DE L'ARMÉE........ (Décret du 4 septembre 1883, Vol. 64)...............	Contrôleur général de 1re classe.	Maréchal de France.	2 maréchaux de France. 4 généraux de division.
	Contrôleur général de 2e classe..	Maréchal de France.	4 généraux de division. 2 généraux de brigade.
	Contrôleur ou contrôleur adjoint	Général de division..	4 généraux de brigade. 2 colonels.
INTENDANCE MILITAIRE......	Adjoint à l'intendance..........	Colonel	1 lieutenant-colonel 3 chefs de bataillon, ou chefs d'escadron, ou majors. 2 capitaines.
	Sous-intendant de 3e classe.....	Général de brigade..	2 colonels. 2 lieutenants-colonels. 2 chefs de bataillon, ou chefs d'escadron, ou majors.
	Sous-intendant de 2e classe	Id	4 colonels. 2 lieutenants-colonels.
	Sous-intendant de 1re classe....	Général de division..	4 généraux de brigade. 2 colonels.
	Intendant militaire...........	Maréchal de France.	4 généraux de division. 2 généraux de brigade.
	Intendant général	Id	2 maréchaux de France. 4 généraux de division.
OFFICIERS DE SANTÉ........	Les prescriptions du décret du 18 juillet 1857, indiquant la composition des tribunaux militaires, sont abrogées en ce qui concerne les officiers de santé, et, pour la composition des conseils de guerre appelés à juger ces officiers, on se conformera à l'avenir, suivant le rang d'assimilation, aux indications portées au tableau qui fait suite à l'article 10 du Code de justice militaire. (Art. 2. Décret du 18 juin 1860.)		
VÉTÉRINAIRES MILITAIRES ..	Les prescriptions du décret du 18 juillet 1857, indiquant la composition des tribunaux militaires, sont abrogées en ce qui concerne les vétérinaires militaires, et pour les conseils de guerre appelés à les juger, on se conformera, à l'avenir, aux indications portées au tableau qui fait suite à l'article 10 du Code de justice militaire, modifié par la loi du 18 mai 1875. (Art. 1er. Décret du 18 juillet 1875.)		
OFFICIERS D'ADMINISTRATION DES DIVERS SERVICES (ÉTAT-MAJOR ET RECRUTEMENT, ARTILLERIE, CONTRÔLEURS D'ARMES, GÉNIE, INTENDANCE, SERVICE DE SANTÉ, JUSTICE MILITAIRE). (Décrets des 1er août 1900 et 30 novembre 1903.).........	Officier d'administration principal......................	Général de brigade..	2 colonels. 2 lieutenants-colonels. 2 chefs de bataillon, ou chefs d'escadron, ou majors.
	Officier d'administration de 1re classe....................	Colonel	1 lieutenant-colonel. 3 chefs de bataillon, ou chefs d'escadron, ou majors. 2 capitaines.
	Officier d'administration de 2e classe....................	Colonel ou lieutenant-colonel...........	1 chef de bataillon, ou chef d'escadron, ou major. 3 capitaines. 2 lieutenants.
	Officier d'administration de 3e classe....................	Colonel ou lieutenant-colonel...........	1 chef de bataillon, ou chef d'escadron, ou major. 2 capitaines. 1 lieutenant. 2 sous-lieutenants.
INTERPRÈTES MILITAIRES. (Décret du 13 juin 1901.)..	Officier interprète principal ...	Général de division..	1 général de brigade. 1 colonel ou lieutenant-colonel. 2 officiers interprètes principaux.
	Officier interprète de 1re classe.	Général de brigade..	1 colonel ou lieutenant-colonel. 1 chef de bataillon, d'escadron ou major. 2 officiers interprètes de 1re classe.

(1) Mis à jour par l'incorporation dans le texte des modifications qui y ont été apportées par les décrets ultérieurs.

DÉSIGNATION DES CORPS.	GRADE OU EMPLOI DE L'ACCUSÉ.	COMPOSITION DES CONSEILS DE GUERRE.	
		GRADE DU PRÉSIDENT.	GRADES DES JUGES.
INTERPRÈTES MILITAIRES. Décret du 13 juin 1901.	Officier interprète de 2ᵉ classe.	Général de brigade..	1 colonel ou lieutenant-colonel. 1 chef de bataillon, d'escadron ou major. 1 officier interprète de 1ʳᵉ classe. 1 officier interprète de 2ᵉ classe.
	Officier interprète de 3ᵉ classe.	Général de brigade..	1 colonel ou lieutenant-colonel. 1 chef de bataillon, d'escadron ou major. 1 officier interprète de 1ʳᵉ classe. 1 officier interprète de 3ᵉ classe.
MUSIQUES MILITAIRES (Décrets des 1ᵉʳ août 1900 et 30 novembre 1903).......	Chef de musique de 1ʳᵉ classe.	Colonel.............	1 lieutenant-colonel. 3 chefs de bataillon, ou chefs d'escadron, ou majors. 2 capitaines.
	Chef de musique de 2ᵉ classe..	Colonel ou lieutenant-colonel...........	1 chef de bataillon, ou chef d'escadron, ou major. 3 capitaines. 2 lieutenants.
	Chef de musique de 3ᵉ classe..	Colonel ou lieutenant-colonel...........	1 chef de bataillon, ou chef d'escadron, ou major. 2 capitaines. 1 lieutenant. 2 sous-lieutenants.

DÉSIGNATION DES CORPS.	GRADE OU EMPLOI DE L'ACCUSÉ.	GRADE DU PRÉSIDENT.	GRADES DES JUGES.
EMPLOYÉS DIVERS DANS LES CORPS OU ÉTABLISSEMENTS MILITAIRES. (Modifié par décret du 15 mai 1914, B. O., p. 894.).............	Maître artificier.............. Chef ouvrier d'État............	Colonel ou lieutenant-colonel............	1 chef de bataillon, ou chef d'escadron, ou major. 3 capitaines. 2 lieutenants.
	Chef artificier.................. Sous-chef ouvrier d'État.......	Id	1 chef de bataillon, ou chef d'escadron, ou major. 2 capitaines. 1 lieutenant. 2 sous-lieutenants.
	Ouvrier d'État................ Chef armurier de 2ᵉ ou 1ʳᵉ classe. Gardien de batterie de 2ᵉ ou 1ʳᵉ classe................. Adjudant d'administration du génie.................	Id	1 chef de bataillon, ou chef d'escadron, ou major. 2 capitaines. 1 lieutenant. 1 sous-lieutenant. 1 sous-officier.
MUSIQUES MILITAIRES.......	Musicien de 3ᵉ, 2ᵉ ou 1ʳᵉ classe. Sous-chef....................	Id	1 chef de bataillon, ou chef d'escadron, ou major. 2 capitaines. 1 lieutenant. 1 sous-lieutenant. 1 sous-officier.
AUMÔNIERS MILITAIRES AUX ARMÉES ACTIVES..........	Aumônier ordinaire...........	Colonel............	1 lieutenant-colonel. 3 chefs de bataillon, ou chefs d'escadron, ou majors. 2 capitaines.
	Aumônier chef du service......	Général de brigade..	2 colonels. 2 lieutenants-colonels. 2 chefs de bataillon, ou chefs d'escadron, ou majors.
ENFANTS DE TROUPE........	(Sans distinction).............	Colonel ou lieutenant-colonel............	1 chef de bataillon, ou chef d'escadron, ou major. 2 capitaines. 1 lieutenant. 1 sous-lieutenant. 1 sous-officier.

TABLEAU annexé au décret du 6 juin 1916 indiquant, selon le rang de l'accusé, la composition des tribunaux militaires appelés à juger les agents du service de la trésorerie et des postes aux armées, des sections de chemins de fer de campagne, des sections militaires postales et du service de la télégraphie militaire.

DÉSIGNATION DES CORPS.	GRADE OU EMPLOI DE L'ACCUSÉ.	COMPOSITION DES CONSEILS DE GUERRE.	
		GRADE DU PRÉSIDENT.	GRADES DES JUGES.
AGENTS DU SERVICE DE LA TRÉSORERIE ET DES POSTES AUX ARMÉES	Gardien de caisse ou de bureau, courriers-conducteurs	Colonel ou lieutenant-colonel	1 chef de bataillon, chef d'escadrons ou major. 2 capitaines. 1 lieutenant..... } ou 2 lieutenants. 1 sous-lieutenant } 1 sous-officier.
	Commis de la trésorerie et des postes	Colonel ou lieutenant-colonel	1 chef de bataillon, chef d'escadrons ou major. 2 capitaines. 1 lieutenant. 2 sous-lieutenants.
	Payeur adjoint	Colonel	1 lieutenant-colonel. 3 chefs de bataillon, chefs d'escadrons ou majors. 2 capitaines.
	Payeur particulier	Général de brigade	2 colonels. 2 lieutenants-colonels. 2 chefs de bataillon, chefs d'escadrons ou majors.
	Payeur principal	Général de brigade	4 colonels. 2 lieutenants-colonels
	Payeur général	Général de division	4 généraux de brigade. 2 colonels.
	Ouvriers, maîtres ouvriers, sous-chefs ouvriers, chefs ouvriers, employés	Colonel ou lieutenant-colonel	1 chef de bataillon, chef d'escadrons ou major. 2 capitaines. 1 lieutenant..... } ou 2 lieutenants. 1 sous-lieutenant } 1 sous-officier.
AGENTS DES SECTIONS DE CHEMINS DE FER DE CAMPAGNE	Employés principaux, sous-chefs de service	Colonel ou lieutenant-colonel	1 chef de bataillon, chef d'escadrons ou major. 3 capitaines. 2 lieutenants.
	Chefs de service, commandants de section	Général de brigade	2 colonels. 2 lieutenants-colonels. 2 chefs de bataillon, chefs d'escadrons ou majors.
AGENTS DES SECTIONS MILITAIRES POSTALES	Commis et sous-agents	Colonel ou lieutenant-colonel	1 chef de bataillon, chef d'escadrons ou major. 2 capitaines. 1 lieutenant..... } ou 2 lieutenants. 1 sous-lieutenant } 1 sous-officier.
	Commis principal	Colonel ou lieutenant-colonel	1 chef de bataillon, chef d'escadrons ou major. 2 capitaines. 1 lieutenant. 2 sous-lieutenants.
	Chef de brigade	Colonel ou lieutenant-colonel	1 chef de bataillon, chef d'escadrons ou major. 3 capitaines. 2 lieutenants.
	Sous-chef de section, et chef de brigade, quand il a la correspondance du grade de capitaine	Colonel	1 lieutenant-colonel. 3 chefs de bataillon, ou chefs d'escadrons, ou majors. 2 capitaines.
	Chef de section	Général de brigade	2 colonels. 2 lieutenants-colonels. 2 chefs de bataillon, ou chefs d'escadrons, ou majors.

| DÉSIGNATION DES CORPS. | GRADE OU EMPLOI DE L'ACCUSÉ. | COMPOSITION DES CONSEILS DE GUERRE. | |
		GRADE DU PRÉSIDENT.	GRADES DES JUGES.
AGENTS DES SERVICES DE TÉLÉGRAPHIE DE 2ᵉ LIGNE.	Télégraphiste, chef d'équipe, maître ouvrier, ouvrier......	Colonel ou lieutenant-colonel........,.....	1 chef de bataillon, chef d'escadrons ou major. 2 capitaines. 1 lieutenant..... } ou 2 lieutenants. 1 sous-lieutenant } 1 sous-officier.
	Chef de poste.................	Colonel ou lieutenant-colonel............	1 chef de bataillon, chef d'escadrons ou major. 2 capitaines. 1 lieutenant. 2 sous-lieutenants.
	Sous-chef de section..........	Colonel ou lieutenant-colonel	1 chef de bataillon, chef d'escadrons ou major. 2 capitaines. 3 lieutenants.
	Chef de section...............	Colonel	1 lieutenant-colonel. 3 chefs de bataillon, ou chefs d'escadrons, ou majors. 2 capitaines.
	Sous-directeur de télégraphie..	Général de brigade..	2 colonels. 2 lieutenants-colonels. 2 chefs de bataillon, ou chefs d'escadrons, ou majors.
	Directeur de télégraphie.......	Général de brigade..	4 colonels. 2 lieutenants-colonels.

4° Nomenclature alphabétique des crimes et délits militaires et des peines qui y sont attachées.

Extrait du Code de justice militaire pour l'armée de terre (9 juin 1857).

CRIMES OU DÉLITS.	PEINES.	ART. du Code.
Abandon du poste en présence de l'ennemi ou de rebelles armés............	Mort..................	213
Idem, sur un territoire en état de guerre ou de siège	2 à 5 ans de prison.....	213
Idem, dans tous les autres cas.........	2 à 6 mois de prison....	213
Idem, étant en faction ou en vedette en présence de l'ennemi ou de rebelles armés	Mort..................	211
Idem, sur un territoire en état de guerre ou de siège	2 à 5 ans de travaux publics.................	211
Idem, dans tous les autres cas........	2 mois à 1 an de prison.	211
Absence du poste en cas d'alerte ou à la générale en temps de guerre, aux armées, dans les communes et départements en état de siège et dans des places de guerre, assiégées ou investies...............................	6 mois à 2 ans de prison.	214
Absence d'un militaire au conseil de guerre où il est appelé à siéger	2 à 6 mois de prison....	215
Achat ou recel d'effet de petit équipement	6 mois à 1 an de prison.	244
Idem, de chevaux, d'effets d'armement, d'équipement ou d'habillement, de munitions ou de tout autre objet confié pour le service...................	1 à 5 ans de prison.....	244
Achat ou recel, ou acceptation en gage d'armes, de munitions, d'effets d'habillement, de grand et de petit équipement, ou de tout autre objet militaire............................	La même peine que l'auteur du délit.........	247
Acte d'hostilité commis par un chef militaire, sur un territoire allié ou neutre, sans ordre ou provocation........	Destitution.............	226
Armes portées contre la France........	Mort avec dégradation militaire	204

Les tribunaux militaires appliquent les peines portées par les lois pénales ordinaires à tous les crimes ou délits non prévus par le présent Code, et, dans ce cas, s'il existe des circonstances atténuantes, il est fait application aux militaires de l'article 463 du Code pénal. (Art. 267 du Code de justice militaire.)

CRIMES OU DÉLITS.	PEINES.	ART. du Code.
Attaque sans ordre, ou provocation contre les troupes d'une puissance alliée ou neutre...........................	Mort...................	226
Blessure volontaire faite à un cheval ou à une bête de somme employée au service de l'armée...............	2 à 5 ans de travaux publics.................	254
Blessure volontaire faite à un cheval ou à une bête de somme employée au service de l'armée, en cas de circonstances atténuantes...............	2 mois à 5 ans de prison.	254
Capitulation avec l'ennemi.............	Mort avec dégradation militaire.............	209
Capitulation en rase campagne.........	Mort avec dégradation militaire ou destitution................	210
Commandement pris ou retenu sans ordre ou motif légitime...................	Mort...................	228
Concussion dans le service et dans l'administration militaires...............	5 à 20 ans de travaux forcés.................	263
Idem, en cas de circonstances atténuantes.....................	5 à 10 ans de réclusion ou 2 à 5 ans de prison.	263
Contrefaçon ou tentative de contrefaçon de sceaux, de timbres ou de marques militaires.........................	5 à 10 ans de réclusion.	259
Corruption ou contrainte dans le service et dans l'administration militaire.....	Dégradation militaire et peine plus grave, s'il y a lieu.................	261
En cas de circonstances atténuantes....	3 mois à 2 ans de prison.	249
Dépouillement d'un blessé.............	5 à 10 ans de réclusion.	249
Idem, auquel il est fait de nouvelles blessures.......................	Mort...................	249
Désertion à l'ennemi..................	Mort avec dégradation militaire............	238
Idem, en présence de l'ennemi.........	5 à 20 ans de détention..	239
Idem, à l'étranger en temps de paix ...	2 à 5 ans de travaux publics (1)...........	235 236
Idem, en temps de guerre, ou d'un territoire en état de guerre ou de siège.	5 à 10 ans de travaux publics (1)...........	235 236
Idem, à l'intérieur en temps de paix...	2 à 5 ans de prison (2)..	231 232

(1) La peine ne peut être moindre de trois ans pour le premier cas et de sept ans pour le second, si le coupable a emporté des armes, des effets d'habillement ou d'équipement, ou emmené son cheval, s'il était de service ou s'il avait déserté antérieurement.

(2) Le minimum est de trois ans, si le déserteur a emporté des armes, des effets d'habillement ou d'équipement, ou emmené son cheval, s'il était de service ou s'il avait déserté antérieurement.

CRIMES OU DÉLITS.	PEINES.	ART. du Code.
Désertion à l'intérieur en temps de guerre, ou d'un territoire en état de guerre ou de siège..................	2 à 5 ans de travaux publics (1).............	231 232
Idem, avec complot en présence de l'ennemi, ou étant chef du complot de désertion à l'étranger..............	Mort..................	241
Désertion avec complot, étant chef du complot à l'intérieur...............	5 à 10 ans de travaux publics.............	241
Idem, avec complot dans tous les autres cas..............................	Le maximum de la peine portée pour la désertion	241
Destruction ou dévastation volontaire d'édifices, bâtiments, ouvrages militaires, magasins, chantiers, vaisseaux, navires, bateaux à l'usage de l'armée...........................	5 à 20 ans de travaux forcés..............	252
Idem, en cas de circonstances atténuantes............................	5 à 10 ans de réclusion ou 2 à 5 ans de prison.	252
Idem, par incendie ou explosion.......	Mort avec dégradation militaire.............	251
Idem, en cas de circonstances atténuantes............................	5 à 20 ans de travaux forcés..............	251
Destruction, dans un but coupable, en présence de l'ennemi, des moyens de défense, de tout ou partie d'un matériel de guerre, des approvisionnements en armes, vivres, munitions, effets de campement, d'équipement, d'habillement......................	Mort avec dégradation militaire.............	253
Idem, hors de la présence de l'ennemi.	5 à 20 ans de détention.	253
Destruction ou bris volontaire d'armes, des effets de campement, de casernement, d'équipement ou d'habillement appartenant à l'Etat...............	2 à 5 ans de travaux publics...............	254
Idem, en cas de circonstances atténuantes	2 mois à 5 ans de prison.	254
Destruction des registres, minutes, ou actes originaux de l'autorité militaire.	5 à 10 ans de réclusion.	255
Idem, en cas de circonstances atténuantes	2 à 5 ans de prison.....	255
Dissipation ou détournement d'armes, de munitions, effets ou autres objets remis pour le service..............	6 mois à 2 ans de prison.	245
Distribution de viandes, substances, matières, denrées ou liquides avariés, corrompus ou gâtés...............	5 à 10 ans de réclusion.	265
Idem, en cas de circonstances atténuantes	1 à 5 ans de prison.....	265

(1) Le minimum est de trois ans, si le déserteur a emporté des armes, des effets d'habillement ou d'équipement, ou emmené son cheval, s'il était de service ou s'il avait déserté antérieurement.

CRIMES OU DÉLITS.	PEINES.	ART. du Code.
Embauchage pour l'ennemi............	Mort, de plus la dégradation militaire, si le coupable est militaire.	203
Espionnage par les ennemis sous des déguisements.................	Mort.................	207
Espionnage pour l'ennemi ou recel d'espions ou d'ennemis	Mort avec dégradation militaire	206
Évasion (auteurs ou complices d') de prisonniers de guerre ou détenus, selon la nature du crime ou délit commis par l'évadé, en cas de négligence.................	6 jours à 5 ans de prison.	216
Idem, en cas de connivence..........	6 jours à 5 ans de prison; 50 à 2,000 fr. d'amende; 5 à 10 ans de réclusion; 5 à 20 ans de travaux forcés: travaux forcés à perpétuité.........	216
Falsification par un militaire de substances, matières, denrées ou liquides confiés à sa garde ou placés sous sa surveillance................	5 à 10 ans de réclusion.	265
Idem, en cas de circonstances atténuantes	1 à 5 ans de prison.....	265
Faux sur des états de situation ou de revues ou dans les comptes des comptables................	5 à 20 ans de travaux forcés............	257
Idem, en cas de circonstances atténuantes	5 à 10 ans de réclusion, 2 à 5 ans de prison...	257
Faux certificats de maladie obtenus d'un médecin militaire par dons ou promesses.................	Dégradation militaire...	262
Sans dons ou promesses..............	1 à 4 ans de prison, avec destitution facultative.	262
Hostilités prolongées après l'avis de la paix ou d'une trêve ou d'un armistice.	Mort.................	227
Incendie d'édifices, bâtiments ou ouvrages militaires, des magasins, chantiers, vaisseaux, navires ou bateaux à l'usage de l'armée.............	Mort avec dégradation militaire............	251
Idem, en cas de circonstances atténuantes	5 à 20 ans de travaux forcés..............	251
Infidélité dans les états de situation ou de revues..................	5 à 20 ans de travaux forcés..............	257
Idem, en cas de circonstances atténuantes.	5 à 10 ans de réclusion, 2 à 5 ans de prison...	257
Infidélité dans les poids ou mesures des rations	2 à 5 ans de prison.....	258

CRIMES OU DÉLITS.	PEINES.	ART. du Code.
Insoumission à la loi du recrutement de l'armée.	1 mois à 1 an de prison. (Art. 83 de la loi du 21 mars 1905.)	230
Idem, en temps de guerre	2 à 5 ans de prison, avec affichage du nom de l'insoumis dans toutes les communes du canton de son domicile, pendant toute la durée de la guerre. (*Idem*).	230
Instigateurs de pillage en bande, soit avec arme ou force ouverte, soit avec bris de clôture ou violence	Mort avec dégradation militaire	250
Instigateurs ou chefs de rébellion, et militaire le plus élevé en grade	Le maximum de la peine contre la rebellion	225
Insulte envers une sentinelle	6 jours à 1 an de prison.	220
Meurtre sur la personne de son hôte, sur celle de sa femme ou de ses enfants.	Mort.	256
Mise en gage d'effets d'armement, de grand équipement, d'habillement ou de tout autre objet confié pour le service	6 mois à 1 an de prison.	246
Idem, de petit équipement	2 à 6 mois de prison.	246
Mort donnée à un cheval ou bête de trait ou de somme employée au service de l'armée.	2 à 5 ans de travaux publics	254
Idem, en cas de circonstances atténuantes	2 mois à 5 ans de prison.	254
Outrages par paroles, gestes ou menaces envers un supérieur, pendant le service ou à l'occasion du service.	5 à 10 ans de travaux publics	224
Outrages hors ce cas	1 à 5 ans de prison	246
Pillage ou dégât de denrées, marchandises, effets, commis en bandes, soit avec armes ou force ouverte, soit avec bris de clôture ou violences, pour les instigateurs et les militaires les plus élevés en grade	Mort avec dégradation militaire	250
Idem pour les autres militaires	5 à 20 ans de travaux forcés	250
Idem, en cas de circonstances atténuantes, pour les instigateurs	5 à 20 ans de travaux forcés.	250
Pour les autres militaires	5 à 10 ans de réclusion.	250
Pillage en bande dans tous les autres cas	5 à 10 ans de réclusion.	250
En cas de circonstances atténuantes	1 à 5 ans de prison	250

CRIMES OU DÉLITS.	PEINES.	ART. du Code.
Port illégal de décorations, de médailles, d'uniformes ou d'insignes	2 mois à 2 ans de prison.	266
Prévarication (infidélités) dans le service et dans l'administration militaires suivant les cas et les circonstances..	5 à 20 ans de travaux forcés............... Dégradation militaire... 5 à 10 ans de réclusion. 3 mois à 5 ans de prison.	261 à 265
Prisonnier de guerre qui, ayant faussé sa parole, est repris les armes à la main	Mort.................	204
Provocation ou assistance à la désertion par un militaire	Même peine que pour la désertion.............	242
Idem, par un individu non militaire....	2 mois à 5 ans de prison.	242
Rébellion envers la force armée ou les agents de l'autorité, sans armes......	2 à 6 mois de prison....	225
Idem, avec armes.....................	6 mois à 2 ans de prison.	225
Rébellion par plus de deux militaires sans armes........................	2 à 5 ans de prison.....	225
Idem, avec armes.....................	5 à 10 ans de réclusion.	225
Rébellion par des militaires armés au nombre de huit au moins	Mort ou travaux publics de 5 à 10 ans selon les circonstances........	225
Reddition de place..................	Mort avec dégradation militaire	209
Refus d'obéissance pour marcher contre l'ennemi ou pour tout autre service en présence de l'ennemi ou de rebelles armés	Mort avec dégradation militaire.............	218
Idem, sur un territoire en état de guerre ou de siège	5 à 10 ans de travaux publics..............	218
Idem, dans tous les autres cas.........	1 à 2 ans de prison	218
Révolte, suivant la gravité des faits, selon le nombre, la position et le grade de ceux qui y participent, comme pour la rébellion	Mort. 5 à 10 ans de travaux publics	217
Sommeil d'un factionnaire ou d'une vedette en présence de l'ennemi ou de rebelles armés....................	2 à 5 ans de travaux publics	212
Idem, sur un territoire en état de guerre ou de siège...	6 mois à 1 an de prison.	212
Idem, dans tous les autres cas........	2 à 6 mois de prison....	212
Soustractions commises par des comptables militaires	5 à 20 ans de travaux forcés..............	263
Idem, en cas de circonstances atténuantes	5 à 10 ans de réclusion, 2 à 5 ans de prison...	263

CRIMES OU DÉLITS.	PEINES.	ART du Code.
Tentative de crime	La même peine que pour le crime lui-même....	202
Tentative de contrainte ou de corruption n'ayant produit aucun effet......	3 à 6 mois de prison	261
Tentative de fraudes en matière de recrutement.	La même peine que pour les fraudes elles-mêmes.................	270
Trafic à son profit des fonds ou deniers appartenant à l'État ou à des militaires.	1 à 5 ans de prison.....	264
Trahison	Mort avec dégradation militaire	205
Usage frauduleux ou tentative d'usage frauduleux des sceaux, timbres ou marques militaires	Dégradation militaire...	260
Vente d'effets de petit équipement.....	6 mois à 1 an de prison.	244
Idem, de son cheval, de ses effets d'armement, d'équipement ou d'habillement, de munitions ou de tout autre objet confié pour le service..........	1 à 5 ans de prison.....	244
Violation de consigne en présence de l'ennemi ou des rebelles armés.......	5 à 20 ans de détention.	219
Idem, sur un territoire en état de guerre ou de siège	2 à 10 ans de travaux publics.............	219
Idem, dans tous les autres cas........	2 mois à 3 ans de prison.	219
Violence à main armée envers une sentinelle ou vedette.................	Mort.................	220
Idem, sans armes mais en réunion de plusieurs personnes	5 à 10 ans de travaux publics.............	220
Idem, sans armes et par une seule personne.................	1 à 5 ans de prison	220
Voies de fait envers un supérieur avec préméditation et guet-apens	Mort avec dégradation militaire.............	221
Voies de fait commises sous les armes envers un supérieur.................	Mort.................	222
Voies de fait envers un supérieur pendant le service ou à l'occasion du service	Mort.................	223
Voies de fait hors du service ou sans que cela soit à l'occasion du service.................	5 à 10 ans de travaux publics.............	223
Voies de fait envers un inférieur sans motif légitime	2 mois à 5 ans de prison.	229

CRIMES OU DÉLITS.	PEINES.	ART. du Code.
Vol des armes et munitions appartenant à l'État, de l'argent de l'ordinaire, de la solde, des deniers ou effets quelconques, appartenant à des militaires ou à l'Etat si le coupable en est comptable........................	5 à 20 ans de travaux forcés................	248
Idem, en cas de circonstances atténuantes...........................	5 à 10 ans de réclusion ou 3 à 5 ans de prison.	»
Vol si le coupable n'est pas comptable des choses volées................	5 à 10 ans de réclusion.	»
Idem, en cas de circonstances atténuantes...........................	1 à 5 ans de prison.....	»
Vol chez l'hôte................	5 à 10 ans de réclusion.	»
Idem, en cas de circonstances atténuantes...........................	1 à 5 ans de prison.....	»
Vols qualifiés par le Code pénal ordinaire selon les circonstances........	Travaux forcés à perpétuité, travaux forcés à temps, réclusion ou emprisonnement......	»

5° Extrait de la loi du 1er avril 1923 sur le recrutement de l'armée.

Art. 52. . ...
En cas de mobilisation, les affectés spéciaux font partie de l'armée et sont justiciables des tribunaux militaires.

Art. 53. Les hommes de la disponibilité et des réserves appelés en cas de mobilisation, rappelés par application des articles 40, 48 et 52 ci-dessus ou convoqués pour des exercices, sont considérés, sous tous les rapports, comme des militaires du service actif et soumis dès lors à toutes les obligations imposées par les lois et règlements en vigueur.

Art. 54. — Lorsque les hommes de la disponibilité et des réserves, même non présents sous les drapeaux, sont revêtus de la tenue militaire ou d'un insigne militaire réglementaire, ils doivent à tout supérieur hiérarchique, en uniforme, les marques extérieures de respect prescrites par les règlements militaires, et sont, comme des militaires en congé, passibles de peines disciplinaires.

Art. 55. Tout homme inscrit sur le registre matricule est astreint, s'il se déplace, aux obligations suivantes :

1° S'il se déplace pour changer de domicile ou de résidence, il fait viser, dans le délai d'un mois, son livret individuel par la gendarmerie dont relève la localité où il transporte son domicile ou sa résidence;

2° S'il se déplace pour voyager pendant plus de deux mois, il fait viser son livret, avant son départ, par la gendarmerie de sa résidence habituelle;

3° S'il va se fixer en pays étranger, il fait de même viser son livret avant son départ et doit, en outre, dès son arrivée, prévenir l'agent consulaire de France le plus voisin, qui lui donne récépissé de sa déclaration et envoie copie de celle-ci dans les huit jours au Ministre de la guerre.

A l'étranger, s'il se déplace pour changer de résidence, il en prévient, au départ et à l'arrivée, l'agent consulaire de France, qui en informe le Ministre de la guerre.

Lorsqu'il rentre en France, il se conforme aux prescriptions du paragraphe 1ᵉʳ du présent article.

Les hommes qui se sont conformés aux prescriptions du présent article ont droit, s'il y a lieu, en cas de mobilisation ou de rappel sous les drapeaux, à des délais supplémentaires pour rejoindre, calculés d'après la distance à parcourir.

Ceux qui ne s'y sont pas conformés sont considérés comme n'ayant pas changé de domicile ou de résidence.

Art. 56. Tout citoyen non encore dégagé de toutes obligations militaires est tenu de fournir à l'autorité militaire les renseignements qui pourraient lui être demandés concernant sa profession ou ses capacités. La correspondance relative à cet objet a lieu en franchise; à l'étranger, elle est transmise par l'agent consulaire de France.

L'intéressé doit répondre exactement, et au plus tard dans les trente jours qui suivent la remise du questionnaire, aux questions qui lui sont posées.

Tel qui s'abstiendrait de répondre ou ferait une déclaration inexacte est passible des sanctions prévues à l'article 92.

Art. 57. Les hommes de la disponibilité et des réserves, ainsi que les hommes dispensés de la présence effective sous les drapeaux par application de l'article 98 de la présente loi sont, en temps de paix, justiciables des tribunaux ordinaires et passibles des peines édictées par le Code de justice militaire, lorsque, ayant été renvoyés dans leurs foyers depuis moins de six mois, ils commettent l'un des crimes ou délits prévus et punis par les articles suivants dudit Code. (Voir page 55.)

6° Dispositions diverses.

Circulaire relative à l'application de la loi du 18 mai 1875 (1).

Versailles, le 23 juin 1875.

Messieurs, la loi du 18 mai dernier, portant modification de certains articles du Code de justice militaire, a principalement pour objet :

1° De mettre les tribunaux militaires, en temps de paix, en rapport avec l'organisation générale de l'armée, telle qu'elle résulte des lois des 24 juillet 1873 et 5 janvier 1875;

2° D'accorder aux chefs de corps la faculté de déléguer les pouvoirs d'officier de police judiciaire à l'un des officiers sous leurs ordres ;

3° De donner aux conseils de guerre des armées en campagne une organisation plus simple, des moyens d'action plus prompts, et de rendre aussi rapide que possible, dans certains cas très graves, l'exécution des peines ;

4° Enfin de réduire, en cas de guerre ou de mobilisation, la durée des délais de grâce ou de repentir, dont jouissent, en temps ordinaire, les hommes qui commettent les délits d'insoumission ou de désertion.

L'ensemble de ces dispositions ne change, du reste, en rien l'économie du Code de justice militaire. Ainsi l'action judiciaire, à l'égard des justiciables des conseils de guerre permanents en France et en Algérie, appartient toujours uniquement au général commandant le territoire, c'est-à-dire, les circonscriptions territoriales formées à l'intérieur, sous le titre de gouvernement militaire ou région de corps d'armée, et, en Algérie, sous celui de division militaire. Il y aura, comme précédemment, un conseil de guerre au chef-lieu de chacune de ces circonscriptions ; mais le droit du chef de l'État d'en créer d'autres lorsque les besoins du service l'exigeront cesse d'être limité à deux seulement (1).

. . . . (2)

Je vous prie de faire à ce sujet les recommandations les plus formelles et de prescrire, en même temps, à MM. les commissaires du gouvernement près les conseils de guerre permanents,

---

(1) Dispositions transitoires devenues sans objet.

(2) Paragraphes modifiés. (Voir, page 153, la circulaire du 13 décembre 1912.)

de veiller à ce que, tout en observant strictement les formes judiciaires, on active les instructions, afin d'éviter des dépenses en pure perte et les inconvénients qui peuvent résulter d'une prévention trop prolongée.

Les dispositions concernant les conseils de guerre aux armées et dans les places de guerre assiégées ou investies, c'est-à-dire privées de toutes communications avec les conseils de guerre permanents, n'ont pas besoin de commentaires, au moins pour le moment. Le développement donné à l'article 156 du Code de justice militaire concernant la citation directe, sans instruction préalable, a l'avantage de régler d'une manière précise les conditions de la procédure spéciale à suivre dans ce cas particulier.

. . . . (1).

Il reste maintenant un objet important à prévoir : c'est le fonctionnement de la justice militaire dans les divisions actives en cas de guerre ou de mobilisation, après que l'ordre d'établir des conseils de guerre a été donné par le Ministre de la guerre (art. 33). Dans ce but, je désire que des officiers appartenant à chacune de ces divisions soient constamment et successivement attachés aux parquets des conseils de guerre permanents de votre circonscription comme substituts des commissaires du gouvernement et des rapporteurs, afin de pouvoir étudier la loi militaire pendant le temps qu'ils passeront dans les parquets, et acquérir les connaissances nécessaires pour remplir convenablement en campagne les fonctions, qui seront alors réunies, de commissaire du gouvernement et de rapporteur. Mon intention est d'attacher, en outre, à chaque conseil de guerre, dès que la situation des crédits le permettra, un nombre de commis-greffiers titulaires correspondant à celui des divisions actives, et qui devront marcher avec ces divisions, dès que la mobilisation aura été ordonnée.

En attendant, je tiens à ce qu'il soit formé à l'avance, dans chaque greffe des tribunaux militaires, un dépôt des codes, formules et instructions destinés à chacune des divisions actives. Je vous prie donc de faire établir, dès à présent, la demande de ces documents, afin que je puisse vous les adresser.

---

(1) Recommandation concernant les modifications apportées par la loi du 18 mai 1875 à l'article 230 du Code de justice militaire et devenues sans objet, les règles relatives à l'insoumission ayant été postérieurement modifiées par les articles 90 et suivants de la loi du 1er avril 1923.

Loi sur l'atténuation et l'aggravation des peines.

Paris, le 26 mars 1891.

Le Sénat et la Chambre des députés ont adopté,
Le Président de la République promulgue la loi dont la teneur suit :

Art. 1er. En cas de condamnation à l'emprisonnement ou à l'amende, si l'inculpé n'a pas subi de condamnation antérieure à la prison pour crime ou délit de droit commun, les cours ou tribunaux peuvent ordonner, par le même jugement et par décision motivée, qu'il sera sursis à l'exécution de la peine.

Si, pendant le délai de cinq ans à dater du jugement ou de l'arrêt, le condamné n'a encouru aucune poursuite suivie de condamnation à l'emprisonnement ou à une peine plus grave pour crime ou délit de droit commun, la condamnation sera comme non avenue.

Dans le cas contraire, la première peine sera d'abord exécutée sans qu'elle puisse se confondre avec la seconde.

Art. 2. La suspension de la peine ne comprend pas le payement des frais du procès et des dommages-intérêts.

Elle ne comprend pas non plus les peines accessoires et les incapacités résultant de la condamnation.

Toutefois, ces peines accessoires et ces incapacités cesseront d'avoir effet du jour où, par application des dispositions de l'article précédent, la condamnation aura été réputée non avenue.

Art. 3. Le président de la cour ou du tribunal doit, après avoir prononcé la suspension, avertir le condamné qu'en cas de nouvelles condamnations dans les conditions de l'article 1er, la première peine sera exécutée sans confusion possible avec la seconde et que les peines de la récidive seront encourues dans les termes des articles 57 et 58 du Code pénal.

Art. 4. La condamnation est inscrite au casier judiciaire, mais avec la mention expresse de la suspension accordée.

Toutefois, elle ne devra pas figurer sur les extraits (bulletin n° 3) délivrés aux parties, à moins qu'une poursuite suivie de condamnation dans les termes de l'article 1er, paragraphe 2, ne soit intervenue dans le délai de cinq ans (1).

Art. 5. Les articles 57 et 58 du Code pénal sont modifiés comme suit :

« Art. 57. Quiconque, ayant été condamné pour crime à une

---

(1) Nouveau texte. (Loi du 24 janvier 1923. *Bulletin officiel*, page 645.)

peine supérieure à une année d'emprisonnement, aura, dans un délai de cinq années après l'expiration de cette peine ou sa prescription, commis un délit ou un crime qui devra être puni de la peine de l'emprisonnement, sera condamné au maximum de la peine portée par la loi, et cette peine pourra être élevée jusqu'au double.

« Défense pourra être faite, en outre, au condamné de paraître, pendant cinq ans au moins et dix ans au plus, dans les lieux dont l'interdiction lui sera signifiée par le gouvernement avant sa libération.

« Art. 58. Il en sera de même pour les condamnés à un emprisonnement de plus d'une année pour délit qui, dans le même délai, seraient reconnus coupables du même délit ou d'un crime devant être puni de l'emprisonnement.

« Ceux qui, ayant été antérieurement condamnés à une peine d'emprisonnement de·moindre durée, commettraient le même délit dans les mêmes conditions de temps, seront condamnés à une peine d'emprisonnement qui ne pourra être inférieure au double de celle précédemment prononcée sans toutefois qu'elle puisse dépasser le double du maximum de la peine encourue.

« Les délits de vol, escroquerie et abus de confiance seront considérés comme étant, au point de vue de la récidive, un même délit.

« Il en sera de même des délits de vagabondage et de mendicité. »

Art. 6. La présente loi est applicable aux colonies, où le Code pénal métropolitain a été déclaré exécutoire en vertu de la loi du 8 janvier 1877..

Des décrets statueront sur l'application qui pourra en être faite aux autres colonies.

Art. 7. La présente loi n'est applicable aux condamnations prononcées par les tribunaux militaires qu'en ce qui concerne les modifications apportées par l'article 5 ci-dessus aux articles 57 et 58 du Code pénal.

La présente loi, délibérée et adoptée par le Sénat et par la Chambre des députés, sera exécutée comme loi de l'Etat.

Fait à Paris, le 26 mars 1891.

Signé : CARNOT.

Par le Président de la République :

Le Garde des sceaux,
Ministre de la justice et des cultes.

Signé : A. FALLIÈRES.

Loi portant extension de certaines dispositions de la loi du 8 décembre 1897 sur l'instruction préalable à la procédure devant les conseils de guerre (1).

Paris, le 15 juin 1899.

Le Sénat et la Chambre des députés ont adopté,

Le Président de la République promulgue la loi dont la teneur suit :

Article unique. Les dispositions du premier paragraphe de l'article 2 de la loi du 8 décembre 1897 (2), relatives au délai dans lequel l'inculpé doit être interrogé, ainsi que celles des articles 3, 7 et 8 (3) de ladite loi, sont applicables, en temps de guerre, à l'instruction devant les conseils de guerre permanents du territoire.

---

(1) Modifiée par la loi du 27 avril 1916 (B. O., p. 307).

(2) Art. 2 :

« Dans le cas de mandat de comparution, il interrogera de suite; dans le cas de mandat d'amener, dans les vingt-quatre heures au plus tard », est complété ainsi qu'il suit :

« ... de l'entrée de l'inculpé dans la maison de dépôt ou d'arrêt. »

....

(2) Art. 3. Lors de cette première comparution, le magistrat constate l'identité de l'inculpé, lui fait connaître les faits qui lui sont imputés, et reçoit ses déclarations, après l'avoir averti qu'il est libre de ne pas en faire.

Mention de cet avertissement est faite au procès-verbal.

Si l'inculpation est maintenue, le magistrat donnera avis à l'inculpé de son droit de choisir un conseil parmi les avocats inscrits au tableau ou admis au stage, ou parmi les avoués, et, à défaut de choix, il lui en fera désigner un d'office si l'inculpé le demande. La désignation sera faite par le bâtonnier de l'ordre des avocats s'il existe un conseil de discipline et, dans le cas contraire, par le président du tribunal.

Mention de cette formalité sera faite au procès-verbal.

....

Art. 7. Nonobstant les termes de l'article 3, le juge d'instruction peut procéder à un interrogatoire immédiat et à des confrontations, si l'urgence résulte soit de l'état d'un témoin en danger de mort, soit de l'existence d'indices sur le point de disparaître, ou encore s'il est transporté sur les lieux en cas de flagrant délit.

Art. 8. Si l'inculpé reste détenu, il peut, aussitôt après la première comparution, communiquer librement avec son conseil.

Le paragraphe final ajouté par la loi du 14 juillet 1865 à l'article 613 du Code d'instruction criminelle est abrogé en ce qui concerne les maisons d'arrêt ou de dépôt soumises au régime cellulaire. Dans toutes les autres, le juge d'instruction aura le droit de prescrire l'interdiction de communiquer pour une période de dix jours; il pourra la renouveler, mais pour une nouvelle période de dix jours seulement.

En aucun cas l'interdiction de communiquer ne saurait s'appliquer au conseil de l'inculpé.

....

Art. 12. Seront observées, à peine de nullité de l'acte et de la procédure

Les articles 9 et 10 de la même loi sont également applicables devant les mêmes conseils en temps de guerre, sous réserve des modifications ci-après :

Art. 9. L'inculpé doit faire connaître le nom du conseil par lui choisi en le déclarant, soit au greffier du rapporteur, soit au gardien chef de la prison militaire.

Le premier interrogatoire qui suit la comparution visée à l'article 3 et le dernier interrogatoire de l'inculpé détenu ou libre ne peuvent avoir lieu qu'en présence de son conseil ou lui dûment appelé, à moins que l'inculpé n'y renonce expressément.

Le conseil ne peut prendre la parole qu'après y avoir été autorisé par le rapporteur. En cas de refus, mention de l'incident est faite au procès-verbal.

Le conseil sera convoqué par lettre missive au moins vingt-quatre heures à l'avance.

Art. 10. La procédure doit être mise à la disposition du conseil la veille de chacun des deux interrogatoires que l'inculpé doit subir en sa présence, et vingt-quatre heures avant la clôture de l'information.

Ces dispositions sont prescrites à peine de nullité.

La présente loi, délibérée et adoptée par le Sénat et par la Chambre des députés, sera exécutée comme loi de l'État.

Fait à Paris, le 15 juin 1899.

ÉMILE LOUBET.

Par le Président de la République :

Le Ministre de la guerre,	*Le Ministre de la marine,*
C. KRANTZ.	Edouard LOCKROY.

Circulaire portant envoi d'instructions pour l'application de la loi du 15 juin 1899 relative à l'extension de la loi du 8 décembre 1897 sur l'instruction préalable à la procédure devant les conseils de guerre.

Paris, le 20 juin 1899.

Mon cher Général, le *Journal officiel*, en date du 16 juin courant, a publié la loi du 15 du même mois « portant extension de certaines dispositions de la loi du 8 décembre 1897 sur l'ins-

---

ultérieure, les dispositions prescrites par les articles 1er, 3, paragraphe 2; 9, paragraphe 2 et 10.

Art. 13. Sont et demeurent abrogées toutes les dispositions antérieures contraires à la présente loi.

Art. 14. La présente loi est applicable aux colonies de la Guadeloupe, de la Martinique et de la Réunion.

truction préalable à la procédure devant les conseils de guerre ».

En ce qui concerne le paragraphe 1er de l'article 2 de ladite loi, vous remarquerez que le premier interrogatoire doit avoir lieu, au plus tard, vingt-quatre heures après l'entrée dans la maison d'arrêt. Or, comme le rapporteur ne peut lui-même procéder à cet interrogatoire qu'après avoir été saisi de l'ordre d'informer, il s'ensuit nécessairement que ledit ordre devra, dans tous les cas, précéder l'incarcération. Si, avant de faire procéder à l'information judiciaire, l'autorité militaire juge nécessaire de s'assurer de la personne de l'inculpé, il lui appartiendra de prendre ou d'ordonner à cet effet telles mesures d'ordre disciplinaire que les règlements mettent à sa disposition.

Pour l'application des articles 3, 7, 8, 9, 10 et 12 de la loi du 8 décembre 1897, je ne puis mieux faire que de vous adresser un extrait de la circulaire envoyée par M. le Garde des sceaux à MM. les procureurs généraux lors de la promulgation de ladite loi du 8 décembre 1897. Il conviendra de se pénétrer des dispositions qui y sont insérées, en les adaptant aux règles qui président au fonctionnement de la justice militaire.

Des garanties nouvelles accordées à la défense.

(Art. 3, 7, 8, 9 et 10.)

On a dit avec raison que les articles 3, 7, 8, 9 et 10 constituent les dispositions fondamentales et vraiment maîtresses de la loi. Ils proclament, en effet, le droit pour l'inculpé d'organiser sa défense dès le début même de l'information préalable, et garantissent le libre exercice de ce droit par des règles absolument nouvelles et opposées à celles de la législation antérieure.

Les auteurs du Code d'instruction criminelle avaient considéré le secret de l'instruction comme indispensable à la manifestation de la vérité. Ils pensaient que l'inculpé devait, jusqu'à la clôture de l'information, rester seul, sans appui ni conseil, en face du juge, chargé de rechercher et de réunir les preuves de son innocence ou de sa culpabilité.

Depuis longtemps, les meilleurs esprits avaient signalé le vice capital de ce système. Malgré les tempéraments que beaucoup de magistrats apportent souvent dans la pratique à l'application rigoureuse du principe, on pouvait craindre que les intérêts de l'inculpé ne fussent pas toujours suffisamment sauvegardés. Le privilège excessif accordé à l'accusation avait pu engendrer quelques abus et être parfois la cause d'erreurs profondément regrettables, presque toujours difficiles à réparer et qui, en attei-

gnant les individus, troublaient aussi l'ordre. social et mena-
çaient la collectivité des citoyens.

D'un autre côté, tout en portant au mal le remède nécessaire,
il fallait éviter d'énerver et de paralyser la répression, aux dé-
pens de l'intérêt général.

Le problème était difficile à résoudre, ce qui suffirait à expli-
quer pourquoi la réforme depuis si longtemps désirée et atten-
due a reçu si tardivement sa consécration légale.

De nombreuses et vives polémiques l'ont précédée. Mais elle
vient d'entrer dans le domaine législatif ; serviteurs fidèles et
respectueux de la loi, nous devons tous, quelles qu'aient été nos
opinions pendant la période d'élaboration et de discussion, l'appliquer loyalement et sans arrière-pensée, et faire tous nos efforts
pour assurer, par une bonne volonté constante, un zèle toujours
grandissant et une activité sans cesse en éveil, le fonctionnement
régulier de ses rouages.

Ainsi que je viens de le dire, le législateur a voulu qu'au seuil
même de l'information, et ensuite pendant tout son cours, l'inculpé pût être assisté d'un conseil qui collaborât à l'œuvre de sa
défense.

Les mesures édictées dans ce but se rattachent aux trois ordres
d'idées suivants :

1° Choix ou désignation d'office d'un conseil ;

2° Droit pour le conseil d'assister à certains actes de l'information et d'être tenu au courant de la procédure ;

3° Réglementation nouvelle de l'interdiction de communiquer
dorénavant supprimée en ce qui concerne le conseil, et restreinte
à l'égard des autres personnes.

I. — CHOIX OU DÉSIGNATION D'UN CONSEIL.

Dès le début de l'instruction, l'inculpé est mis à même de
recourir à l'assistance d'un conseil. A cet effet, le juge, après sa
première comparution, lui donne avis qu'il a le droit de choisir
un défenseur parmi les avocats inscrits au tableau ou admis au
stage, ou parmi les avoués. L'inculpé qui ne croit pas devoir ou
qui ne peut pas exercer ce choix peut demander qu'il lui soit
désigné d'office un conseil. Cette désignation est faite, sur les
diligences du juge d'instruction, par le bâtonnier de l'ordre des
avocats, s'il existe un conseil de discipline, et, dans le cas contraire, par le président du tribunal (art. 3, § 3).

La loi n'a fait, sur ce point, que rendre obligatoire une pratique déjà suivie par beaucoup de juges d'instruction, notamment par ceux du tribunal de la Seine.

Il importe, d'ailleurs, de remarquer que l'assistance de l'avocat
ou de l'avoué est seulement facultative. La loi n'a pas entendu

l'imposer à l'inculpé, qui apprécie souverainement quel est son véritable intérêt. C'est donc seulement sur sa demande expresse qu'il est procédé à la désignation d'office.

L'inculpé qui n'a pas choisi ou qui ne s'est pas fait désigner d'office un défenseur dès sa première comparution n'est évidemment pas forclos. L'article 9, paragraphe 1, porte « qu'il doit faire connaître le nom du conseil par lui choisi en le déclarant soit au greffier du juge d'instruction, soit au gardien-chef de la maison d'arrêt ». Les termes de cette disposition permettent de l'appliquer soit que l'inculpé ait fait choix d'un conseil avant même la première comparution, soit que, n'ayant pas cru devoir profiter de l'avertissement à lui donné par le juge d'instruction, conformément à l'article 3, paragraphe 3, il ait depuis changé d'avis. Dans ce dernier cas, et bien que l'article 9 ne fasse allusion qu'à un défenseur choisi, l'inculpé pourrait également, sans aucun doute, demander que la désignation fût faite d'office. Le juge d'instruction aurait alors à suivre la procédure instituée par l'article 3, paragraphe 3.

Le conseil, désigné ou choisi, doit être nécessairement pris parmi les avocats inscrits au tableau ou stagiaires, ou parmi les avoués. Il offrira donc toujours les garanties les plus sérieuses de discrétion et d'honorabilité.

J'ajoute que ce conseil, devant être nominativement désigné, ne pourra se faire suppléer ou représenter par un confrère.

Un amendement qui lui donnait cette faculté a été proposé au Sénat par M. Tillaye et n'a été ni voté ni même mis en discussion. Toutefois, il n'est pas obligatoire que le choix ou la désignation portent sur un conseil unique.

II. — DROIT POUR LE CONSEIL D'ASSISTER A CERTAINS ACTES DE L'INFORMATION ET D'ÊTRE TENU AU COURANT DE LA PROCÉDURE.

A partir du moment où il est choisi ou désigné, le conseil est mis en mesure de prêter à son client un concours actif et toujours éclairé.

Si le législateur n'est pas allé jusqu'à lui permettre d'assister à tous les actes de l'information, du moins a-t-il voulu qu'il soit présent chaque fois que l'inculpé sera appelé à discuter les charges relevées contre lui.

D'autre part, afin de lui permettre de remplir utilement sa mission, il reçoit, pendant le cours de l'information, communication de la procédure, et connaissance lui est donnée des ordonnances rendues par le juge.

a) Assistance du conseil aux interrogatoires et confrontations.

En règle générale, l'inculpé, détenu ou libre, ne peut, à peine de nullité, être interrogé ou confronté qu'en présence de son conseil, ou lui dûment appelé (art. 9, § 2 ; art. 12).

C'est par application de ce principe que, lors de la première comparution, le magistrat doit se borner à constater l'identité de l'inculpé, à lui faire connaître les faits qui lui sont imputés et à recevoir ses déclarations, après l'avoir averti qu'il est libre de ne pas en faire (art. 3, § 1er).

Cet avertissement et la mention qui en est insérée au procès-verbal sont également prescrits par l'article 12, à peine de nullité.

Ce sont là des dispositions capitales que les magistrats instructeurs ne devront jamais perdre de vue. Leur inobservation entraînerait les conséquences les plus fâcheuses, puisqu'elle dépouillerait de toute force légale, non seulement l'acte irrégulier, mais encore toute la procédure ultérieure (art. 12).

Le rôle du conseil est nettement défini par l'article 9, paragraphe 3. Il n'a pas le droit, par une intervention sans cesse renouvelée, d'enlever aux réponses de son client, des autres inculpés ou des témoins confrontés, la spontanéité, qui est le meilleur garant de leur sincérité. Il ne peut, en effet, prendre la parole qu'après y avoir été autorisé par le juge d'instruction. En cas de refus, mention de l'incident est faite au procès-verbal.

Il n'est pas impossible que l'application du paragraphe 3 de l'article 9 donne naissance, dans la pratique, à quelques conflits qui seraient profondément regrettables. Ils seront facilement évités si le défenseur et le juge sont bien pénétrés de cette pensée qu'ils collaborent à une œuvre commune et que leurs efforts réunis doivent tendre à la manifestation rapide et éclatante de la vérité.

L'assistance nécessaire du conseil aux interrogatoires et confrontations constitue la règle formellement écrite dans la loi. Mais cette règle devait forcément recevoir des exceptions sans lesquelles les recherches de la justice eussent été fréquemment vouées à un échec certain.

Aussi l'article 7 décide-t-il que, nonobstant les termes de l'article 3, le juge d'instruction peut procéder à un interrogatoire immédiat et à des confrontations, si l'urgence résulte soit de l'état d'un témoin en danger de mort, soit de l'existence d'indices sur le point de disparaître ou encore s'il s'est transporté sur les lieux en flagrant délit (art. 7).

Comme tous les textes qui apportent une dérogation à un principe général, l'article 7 doit être appliqué restrictivement. Il prévoit trois hypothèses limitativement précisées et ne saurait être étendu à tout autre cas, alors même que l'urgence y apparaîtrait avec la dernière évidence. La règle d'interprétation que je viens de rappeler impose cette solution, sur laquelle les travaux préparatoires de la loi ne peuvent d'ailleurs laisser aucun doute, puisque le Sénat, dans sa séance du 28 mai 1897, a repoussé un amendement de M. Demôle ainsi conçu : « ... s'il n'existe des motifs d'urgence dûment constatés au procès-verbal ».

Pour assurer l'exacte observation des dispositions de l'article 7, il importe que le juge d'instruction mentionne au procès-verbal, en termes formels, celle des trois circonstances prévues au texte qui légitime l'interrogatoire ou la confrontation hors la présence du défenseur. Il ne suffirait pas de reproduire purement et simplement la formule nécessairement générale employée par la loi, sans préciser le fait spécial auquel il en est fait application.

Les deux premiers cas d'urgence ne comportent aucun commentaire. Il appartiendra au juge d'instruction, après avoir recueilli, s'il y a lieu, tous renseignements utiles, de constater qu'un témoin est réellement en danger de mort, ou que des indices sérieux sont sur le point de disparaître. Il paraît certain que, si l'urgence résulte de l'état d'un témoin en danger de mort, c'est avec ce témoin seul que l'inculpé pourra être confronté sans l'assistance du conseil.

En ce qui concerne le troisième cas, j'estime que la faculté laissée au juge peut s'exercer toutes les fois qu'il se rend sur les lieux en cas de flagrant délit, soit que, dans les conditions prévues par les articles 47 et 62 du Code d'instruction criminelle, il ait été requis d'informer et de se transporter, soit que, conformément à l'article 59, il use des pouvoirs accordés en cas de flagrant délit au procureur de la République par les articles 32 et suivants du même code.

Bien que l'article 7 se réfère à l'article 3 relatif à la première comparution. il paraît hors de doute que, durant tout le cours de l'information, le juge a le droit. lorsqu'un témoin se trouve en danger de mort ou que des indices sont sur le point de disparaître, de procéder, en l'absence du conseil, à un interrogatoire et à des confrontations. Quel que soit le degré d'avancement de l'instruction, la nécessité d'empêcher la disparition des preuves s'impose avec la même évidence.

Si pénétrés de leurs devoirs respectifs que soient le juge et le défenseur, on ne saurait guère se dissimuler que les formalités nouvelles imposées par la loi pourront quelquefois avoir pour résultat de retarder la clôture de l'information et, par suite. de prolonger la détention préventive.

Aussi la loi a-t-elle voulu que l'inculpé, prenant uniquement conseil de ses intérêts, eût la faculté de renoncer aux garanties que lui accordent les articles 7 et 9.

Par ces mots « à moins qu'il y renonce expressément », le paragraphe 2 de l'article 9 apporte une nouvelle et importante dérogation au principe.

En conséquence, lorsque l'inculpé le demande ou y consent

formellement, l'interrogatoire et les confrontations peuvent avoir lieu sans que son conseil y assiste.

Pour qu'il ne subsiste aucun doute, la renonciation doit être expresse et constatée en tête du procès-verbal d'interrogatoire ou de confrontation. L'oubli de cette règle entraînerait la nullité de l'acte et de toute la procédure ultérieure (art. 12).

La renonciation peut se produire au début même de l'information et porter sur tous les interrogatoires et toutes les confrontations qui suivront. Elle peut aussi avoir lieu au cours de l'instruction, et pour un interrogatoire ou une confrontation déterminés. Mais, dans aucun cas, elle ne saurait avoir un caractère définitif. L'inculpé a toujours la faculté de la rétracter ; toutefois, il va sans dire que les actes accomplis avant la rétractation conservent toute leur valeur légale.

Le conseil doit être prévenu en temps utile, afin d'être mis à même d'exercer efficacement son droit. L'article 9, paragraphe 4, exige qu'il soit convoqué par lettre missive au moins vingt-quatre heures à l'avance. Le texte semble fixer le point de départ du délai au moment où est expédiée la lettre missive. Le juge se conformerait donc strictement au texte s'il faisait remettre la lettre à la poste la veille de l'interrogatoire à une heure telle que le délai de vingt-quatre heures fût expiré avant la comparution de l'inculpé.

Mais l'article 10, paragraphe 1er, sur lequel j'appelle plus loin votre attention, exige que la procédure soit mise à la disposition du conseil la veille de chacun des interrogatoires que l'inculpé doit subir. Pour éviter des frais et épargner au greffier un surcroît de travail, il me paraît préférable que la même lettre missive avertisse le conseil à la fois que la procédure sera mise à sa disposition et que l'inculpé sera interrogé. Mais, pour satisfaire en même temps aux dispositions impératives de l'article 9, paragraphe 4, et à celle de l'article 10, paragraphe 1er, il est nécessaire que le double avis, inséré dans la lettre missive, soit adressé au conseil l'avant-veille de l'interrogatoire. Dans la pratique, le délai de vingt-quatre heures, prévu par l'article 9, paragraphe 4, sera ainsi toujours augmenté.

Pour éviter toute contestation, la lettre missive devra être portée à la poste et recommandée ; le récépissé délivré par l'agent auquel elle aura été remise sera annexé au procès-verbal constatant l'expédition.

Les frais de timbre, soit 0 fr. 40 pour chaque lettre, seront avancés par le greffier, qui comprendra cette dépense dans son plus prochain mémoire de frais de justice criminelle, en ayant soin de viser les articles 9 et 10 de la loi.

Mais ils ne devront pas figurer sur l'état des frais à recouvrer contre le condamné ou la partie civile. L'article 18 de la loi du 5 mai 1855, combiné avec l'article 2, paragraphe 11, du décret du 18 juin 1811, établit en effet, pour les frais de poste, un forfait qui, en l'absence d'une disposition formelle, ne saurait être dépassé.

Toutefois, j'aurai le plus grand intérêt à savoir dans quelle mesure l'application de la loi pourra augmenter les frais de justice criminelle. Vous voudrez bien, en conséquence, inviter les magistrats instructeurs à noter exactement les dépenses nouvelles et à en faire l'objet d'un relevé mensuel qui me sera transmis par les soins du parquet. Au bout de quelques mois, ma chancellerie sera ainsi mise à même d'apprécier s'il y a lieu de réclamer un crédit plus élevé pour les frais de justice criminelle ou de provoquer la modification des droits de poste établis par la loi du 5 mai 1855.

L'article 9, paragraphe 4, prévoit uniquement la convocation par lettre missive. Cependant, il y aurait parfois le plus grand intérêt à ce que la continuation de l'interrogatoire ou des confrontations pût être remise au lendemain. L'obligation d'observer toujours strictement le délai de vingt-quatre heures et de convoquer par lettre missive s'opposerait à cette mesure, souvent indiquée dans l'intérêt même de l'inculpé. Mais il suffira, pour qu'elle soit à l'abri de toute critique, de mentionner sur le procès-verbal qu'elle est prise après avis donné au conseil et à l'inculpé, et du consentement exprès de ce dernier.

b) Droit pour le conseil d'être tenu au courant de la procédure (art. 10).

Pour que le conseil puisse utilement préparer la défense de son client et provoquer les mesures qui lui paraîtraient nécessaires à la manifestation de la vérité, la loi a voulu qu'il fût, pour ainsi dire, à chaque étape de l'information, tenu au courant de la procédure. L'article 10 prescrit à cet effet les mesures suivantes :

« 1° La procédure doit être mise à la disposition du conseil la veille de chacun des interrogatoires que l'inculpé doit subir. (Art. 6, § 1er.) »

Comme je l'ai indiqué plus haut, le défenseur est avisé de la mise à sa disposition du dossier par la même lettre missive recommandée, qui le prévient que son client sera interrogé ou confronté.

La désignation du local où se fera la communication peut soulever en pratique des difficultés sérieuses.

Le dépôt au greffe offrirait, à mon avis, d'assez graves inconvénients. Les pièces ainsi déplacées avant tout inventaire, et passant ensuite de main en main, pourraient s'égarer ou être divulguées, sans qu'il fût possible de fixer les responsabilités. En outre, dans les tribunaux d'une certaine importance, il ne serait pas aisé d'organiser un système de contrôle assez efficace pour rendre impossible la communication de la procédure à toute autre personne qu'au défenseur nominativement choisi ou désigné d'office.

Aussi, la règle générale me paraît devoir être que le conseil prendra connaissance de la procédure dans le cabinet même du juge ou dans une annexe de ce cabinet.

Lorsqu'il sera matériellement impossible de procéder ainsi, la communication pourra, par exception, être faite au greffe : mais, dans ce cas, les pièces devront être cotées et inventoriées.

Telles sont, Monsieur le Procureur général, les mesures qui me paraissent les plus propres à concilier sur ce point les nécessités de la répression et les droits de la défense. En vous inspirant des indications qui précèdent, vous réglerez au mieux les détails de leur mise en œuvre. Je me repose à cet égard sur votre sagesse et sur la prudence de vos substituts et des magistrats instructeurs.

La mise du dossier à la disposition du conseil, la veille de chaque interrogatoire, est prescrite par l'article 12, à peine de nullité. Aussi est-il indispensable que le procès-verbal constate à la fois : 1° l'expédition de la lettre missive avertissant le défenseur ; 2° la mise du dossier à sa disposition.

« 2° Il doit lui être (au conseil) immédiatement donné connaissance de toute ordonnance du juge par l'intermédiaire du greffier. (Art. 10, § 2). »

Le terme « ordonnance » employé par le paragraphe 2 de l'article 10 ne saurait évidemment s'appliquer indistinctement à toute mesure d'information : il n'est pas admissible, par exemple, que le législateur ait entendu imposer l'obligation d'avertir le conseil qu'une perquisition ou un constat d'adultère vont être opérés. De même, il convient d'écarter les actes par lesquels le juge délègue ses pouvoirs propres à un officier de police judiciaire.

Les ordonnances prévues par l'article 10, paragraphe 2, sont, dans mon opinion, uniquement celles qui ont un caractère juridictionnel, telles que les ordonnances de compétence, de mise en liberté ou de refus de mise en liberté, d'interdiction de communiquer, de soit-communiqué et de clôture.

L'ordonnance par laquelle le juge désigne un ou plusieurs experts ne paraît pas, à vrai dire, pouvoir être rangée dans cette catégorie ; mais je crois entrer dans les vues libérales du législateur en décidant qu'elle devra toujours être immédiatement portée à la connaissance du conseil.

La loi ne prévoit pas dans quelle forme doit se faire cette notification prescrite à peine de nullité (art. 12). J'estime qu'il pourrait être procédé de la façon suivante :

Aussitôt que l'ordonnance sera rendue, le greffier informera le conseil, par lettre recommandée, de l'objet de l'ordonnance (mise en liberté, refus de mise en liberté, incompétence, retenant la compétence, soit-communiqué, clôture, etc.). Il mentionnera, au bas de l'ordonnance, l'expédition de la lettre et annexera à cette mention le récépissé délivré par la poste.

Il va de soi que toute facilité devra être donnée au conseil pour lui permettre de prendre lecture du texte même de l'ordonnance, s'il en manifeste le désir.

De l'interdiction de communiquer.

a) **Suppression** de l'interdiction de communiquer vis-à-vis du conseil
(art. 8. §§ 1 et 3).

L'inculpé ne doit jamais, au cours de l'information, être privé de l'assistance de son conseil. Il peut, aussitôt après sa première comparution, conférer librement avec lui, et, en aucun cas, l'interdiction de communiquer, même avec les restrictions imposées par la loi, ne peut s'appliquer au défenseur (art. 8, §§ 1er et 3).

Cette garantie nouvelle accordée à la défense est formulée en termes précis et ne semble devoir soulever aucune difficulté. Sur la demande du conseil, le juge lui délivrera une pièce destinée au gardien-chef de la prison et attestant qu'il est bien le défenseur de l'inculpé. Cette attestation n'aura pas besoin d'être renouvelée pendant la durée de l'instruction.

b) Réglementation nouvelle de l'interdiction de communiquer à l'égard
de toutes autres personnes que le conseil (art. 8, § 2).

1° Lorsque l'inculpé est détenu dans une maison d'arrêt soumise au régime cellulaire, le juge d'instruction ne peut plus prescrire à son égard l'interdiction de communiquer. L'article 8, paragraphe 2, a abrogé, en ce qui concerne les prisons cellulaires, le paragraphe final ajouté par la loi du 14 juillet 1865 à l'article 613 du Code d'instruction criminelle. On a considéré, en effet, que les conditions mêmes de la détention rendaient inutile en ce cas la mise au secret.

Néanmoins, si, en raison de l'encombrement, deux ou plusieurs détenus devaient être réunis dans la même cellule, le juge pourrait incontestablement ordonner que cette mesure, purement administrative et provisoire, ne s'appliquerait pas à l'inculpé ;

2° Pour les maisons non soumises au régime cellulaire, le paragraphe final de l'article 613 est simplement modifié. Aux termes de l'article 8, paragraphe 2, « le juge d'instruction aura le droit de prescrire l'interdiction de communiquer pour une période de dix jours ; il pourra la renouveler, mais pour une période de dix jours seulement ».

La durée de la mise au secret ne dépassera donc jamais vingt jours. Les magistrats instructeurs ne sauraient oublier que, même ainsi limitée, cette mesure aura toujours un caractère grave. Aussi ne devra-t-elle être prescrite que lorsque les circonstances l'exigeront impérieusement. Il vous en sera d'ailleurs rendu compte, conformément à l'article 613 *in fine* du Code d'instruction criminelle, et vous ne manquerez pas, Monsieur le Procureur général, d'appeler, le cas échéant, mon attention sur les conditions dans lesquelles les juges exerceraient la faculté qui leur est laissée.

Toutefois, il ne me paraît plus nécessaire que ma chancellerie continue à recevoir l'état mensuel prévu par les circulaires des 10 février 1819, 6 décembre 1840, 13 mars 1890 et par la décision du 6 décembre 1876. Cet état sera donc, désormais, supprimé.

Même après le délai de vingt jours, les nécessités de l'information peuvent exiger qu'il n'y ait aucune communication entre deux ou plusieurs co-inculpés. Les ordres que le juge d'instruction donnerait pour éviter, entre les individus poursuivis à raison de la même infraction, une entente essentiellement préjudiciable à la manifestation de la vérité ne sauraient être considérés comme un renouvellement illégal de l'interdiction de communiquer.

L'article 8 ne réglemente pas le droit de visite. A cet égard, il n'est en rien innové par la loi nouvelle. Les magistrats continueront à se conformer aux instructions contenues dans la circulaire du 21 août 1866, qui reproduit en note celle du 24 juillet 1866 émanant du Département de l'intérieur, sans qu'il y ait à distinguer si la maison où est détenu l'inculpé est soumise ou non au régime cellulaire.

Mais, s'il leur appartient d'empêcher les visites de nature à compromettre les résultats de l'information, ils ne sauraient oublier que cette préoccupation doit toujours s'allier avec les sentiments d'humanité qui exigent que l'inculpé, présumé innocent jusqu'à sa condamnation définitive, ne soit pas isolé en quelque sorte du monde extérieur, complètement séparé des siens et privé des encouragements et des consolations pouvant apporter à son sort quelque adoucissement.

Vous exercerez sur ce point, Monsieur le Procureur général, le contrôle le plus vigilant. Vous ne manquerez pas d'examiner avec le plus grand soin les réclamations qui vous parviendraient et d'en référer à ma chancellerie toutes les fois qu'elles vous paraîtraient justifiées.

Des formalités prescrites à peine de nullité (art. 12).

L'article 12 énumère, par des renvois à plusieurs textes précédents, les formalités prescrites à peine de nullité de l'acte et de la procédure ultérieure.

En étudiant chacune des dispositions de la loi, j'ai pris soin de les indiquer au passage.

Je me contente de les rappeler purement et simplement :

1° Interdiction au juge d'instruction de concourir au jugement des affaires qu'il a instruites (art. 1er) ;

2° Obligation pour les magistrats, lors de la première comparution, d'avertir l'inculpé qu'il est libre de ne pas faire de déclarations (art. 9, § 2).

L'absence de la mention qui doit être faite de cet avis au procès-verbal équivaudrait au défaut d'avertissement ;

3° Défense d'interroger ou de confronter l'inculpé hors la présence de son conseil, sauf les exceptions prévues par l'article 7 et la renonciation expresse de l'inculpé à son droit (art. 9, § 2) ;

4° Obligation de mettre la procédure à la disposition du conseil la veille de chaque interrogatoire (art. 10, § 1er) ;

5° Obligation de donner immédiatement connaissance au conseil de toute ordonnance du juge (art. 10, § 2).

Circulaire relative à l'application de la loi du 2 avril 1901, modifiant l'article 200 du Code de justice militaire.

Paris, le 22 mai 1901.

Mon cher Général, la loi du 2 avril 1901, modifiant l'article 200 du Code de justice militaire, a décidé que la détention préventive doit être intégralement déduite de la durée de la peine prononcée, à moins que les juges n'aient ordonné, par disposition spéciale et motivée, que cette imputation n'ait point lieu ou qu'elle n'ait lieu que pour partie.

Aux termes de la même loi, « est réputé en état de détention préventive tout individu privé de sa liberté sous inculpation d'un crime ou d'un délit ».

J'ai été consulté sur le point de savoir à quel moment devait remonter la détention préventive.

Après examen, j'ai décidé que cette détention devait avoir son point de départ :

1° Pour les militaires, au jour où ils sont déposés dans les locaux disciplinaires du corps, étant sous le coup d'une plainte en conseil de guerre;

2° Pour les jeunes soldats ou hommes des réserves insoumis, au jour de leur arrestation par la police ou la gendarmerie, ou de leur présentation volontaire lorsqu'ils sont placés en subsistance dans un corps de la garnison et déposés dans les locaux disciplinaires de ce corps;

3° Pour les indigènes des territoires de commandement, au jour où ils sont écroués sur l'ordre de l'autorité militaire locale.

Vous remarquerez, d'ailleurs, en ce qui concerne les insoumis, que la mise en liberté provisoire, en abrégeant la détention préventive, pourrait avoir pour conséquence de prolonger la durée de la peine effective, si une condamnation était prononcée. Dans ces conditions, il conviendra de n'accorder la liberté provisoire que sur la demande de l'inculpé, conformément aux principes posés par l'article 113 du Code d'instruction criminelle.

Comme conséquence des dispositions contenues dans la loi du 2 avril précitée, tous les jugements, copies et extraits de jugements devront faire nettement ressortir, à l'avenir, la date à compter de laquelle les juges auront entendu faire courir le point de départ de leur sentence, afin que les autorités chargées d'assurer l'exécution de la peine puissent déterminer d'une façon précise l'époque de la libération du condamné.

Je vous invite à donner les ordres nécessaires pour assurer la stricte application des dispositions contenues dans la présente circulaire.

Loi rendant applicable l'article 463 du Code pénal (relatif aux circonstances atténuantes) à tous les crimes et délits réprimés par les Codes de justice militaire de l'armée de terre et de l'armée de mer.

Paris, le 19 juillet 1901.

Le Sénat et la Chambre des députés ont adopté,

Le Président de la République promulgue la loi dont la teneur suit :

Art. 1er. Tous les tribunaux militaires, tant de l'armée de terre que de l'armée de mer, pourront, à l'avenir, en temps de paix et même en temps de guerre, admettre des circonstances atténuantes à tous les crimes et délits réprimés tant par les codes de justice militaire . de l'armée de terre et de l'armée de mer, que par les autres dispositions pénales, lorsque ces dernières prévoient l'admission de circonstances atténuantes (1).

Si la peine prononcée par la loi est une de celles énumérées aux articles 7, 8 et 9 du Code pénal, elle sera modifiée ainsi qu'il est spécifié à l'article 463 dudit Code.

Les peines énumérées aux articles 7 et 8 emporteront, nonobstant toute réduction, la dégradation militaire.

Si la peine est celle de mort sans dégradation militaire, le conseil de guerre appliquera la peine des travaux publics pour une durée de cinq à dix années.

---

(1) Article modifié par la loi du 27 avril 1916 (*B. O.*, p. 307).

Si le coupable est officier, la peine sera la destitution et un emprisonnement d'une durée de cinq ans.

Si la peine est celle de la dégradation militaire, le conseil de guerre appliquera un emprisonnement de trois mois à deux ans et la destitution si le coupable est officier.

Si la peine est celle des travaux publics, le conseil de guerre appliquera un emprisonnement de deux mois à cinq ans.

Dans le cas où la peine de l'emprisonnement est prononcée par les Codes de justice militaire et les lois militaires postérieures, le conseil de guerre est également autorisé à faire application de l'article 463 du Code pénal, sans que toutefois la peine de l'emprisonnement puisse être remplacée par une amende.

Si la peine est une autre que celle ci-dessus spécifiée, les tribunaux pourront lui substituer l'une des peines inférieures autres que l'amende.

Nonobstant toute réduction de peine par suite de circonstances atténuantes, la peine de la destitution sera toujours appliquée par le conseil de guerre dans les cas où elle est prononcée par les Codes de justice militaire.

Art. 2. Sont abrogées, dans les Codes de justice militaire pour l'armée de terre et pour l'armée de mer, dans les lois des 15 juillet 1889 et 24 décembre 1896, toutes les dispositions contraires à celles de la présente loi.

La présente loi, délibérée et adoptée par le Sénat et par la Chambre des députés, sera exécutée comme loi d'Etat.

Fait à Paris, le 19 juillet 1901.

ÉMILE LOUBET.

Par le Président de la République :

Le Président du Conseil,
Ministre de l'intérieur et des cultes,
Ministre de la guerre par intérim.

WALDECK-ROUSSEAU.

Le Ministre de la marine,

DE LANESSAN.

Circulaire relative aux devoirs imposés aux autorités militaires par l'article 99 du Code de justice militaire.

Paris, le 3 janvier 1902.

Mon cher Général, le rapporteur de la loi du 9 juin 1857 s'exprimait en ces termes au sujet du pouvoir conféré à l'autorité militaire, d'ordonner ou de refuser l'information : « ..... Si la plainte est fondée, si elle est grave, si elle intéresse l'honneur et le devoir militaires, si elle est portée par *un chef de corps*, il n'y aura jamais refus d'information : et si pareil abus se montrait, il appellerait l'intervention du Ministre de la guerre, chef de l'armée..... »

Ce document, qui reproduisait d'ailleurs à peu près textuellement les considérations de l'exposé des motifs sur le même objet, constitue le commentaire le plus autorisé de la loi, et trace leur devoir aux commandants de corps d'armée.

La justification de la juridiction militaire ou, pour mieux dire, *la condition nécessaire de son existence*, est que nul ne puisse même la soupçonner d'avoir fermé l'oreille à de justes sujets de plainte, d'avoir refusé de faire la lumière sur les faits graves et pertinents qui lui étaient dénoncés, ou d'avoir substitué aux formes de la justice le huis-clos d'une enquête disciplinaire.

Il faut, avec le même soin, éviter l'écueil opposé et, dans le but assurément louable de permettre à l'inculpé une publique et prompte justification, prendre garde de précipiter la procédure, de convoquer hâtivement le conseil de guerre, avant que l'information ait pu réunir des éléments sérieux de conviction, dans un sens ou dans l'autre.

On ne doit pas, en effet, perdre de vue qu'un arrêt passé en force de chose jugée a pour conséquence de clore définitivement l'affaire qu'il concerne et que, quelles que soient les charges nouvelles que les événements ultérieurs pourront mettre en évidence, l'article 137 du Code de justice militaire met désormais l'accusé à l'abri de toute poursuite.

L'intérêt de la société fait donc à l'autorité militaire le devoir strict de n'ordonnere la mise en jugement que lorsque les investigations ont été complètes, que l'information n'a laissé dans l'ombre aucun point susceptible d'être élucidé par les moyens dont elle dispose; et cette règle s'impose à la juridiction militaire avec d'autant plus de force que, devant les conseils de guerre, les personnes lésées par l'acte délictueux ou criminel ne sont pas admises à se porter partie civile et qu'ainsi leurs intérêts seraient irrémédiablement compromis par une mise en jugement prématurée.

J'appelle toute votre attention, mon cher Général, sur ces graves et délicates questions. La mission que le Code de justice militaire vous a confiée est aussi élevée que difficile et, comme le disait au Sénat l'illustre maréchal Pélissier, il n'est pas un des devoirs de sa profession qui engage à un plus haut degré la responsabilité du chef militaire.

Notification de modifications au modèle n° 5 bis de procès-verbal d'interrogatoire au corps et de solutions pour l'application de la circulaire du 29 janvier 1903, au sujet de l'interprétation de la loi du 15 juin 1899.

Paris, le 23 février 1903.

Comme conséquence des prescriptions de la circulaire du 29 janvier 1903, au sujet de l'interprétation de la loi du 15 juin 1899, le modèle n° 5 *bis*, joint à la circulaire du 23 juin 1875, sera remplacé, dans les cas prévus par ladite loi, c'est-à-dire en temps de paix, par le modèle n° 5 *ter* ci-après, qui servira également pour consigner les déclarations des témoins entendus par l'officier de police judiciaire.

Le modèle n° 5 *bis* restera valable en dehors du temps de paix ; mais il y aura lieu de supprimer toute la partie finale, à partir de « quand les témoins auront été entendus.... », les déclarations des témoins n'ayant pas, dans les enquêtes des officiers de police judiciaire, à être communiquées à l'inculpé.

Les officiers de police judiciaire devront, dans l'application de la circulaire du 29 janvier 1903, s'inspirer des principes suivants :

1° L'officier de police judiciaire, pour laisser à l'inculpé toute liberté de ne présenter sa défense que devant le rapporteur et sous les garanties prévues par la loi du 8 décembre 1897, ne doit faire aucun acte tendant à provoquer, directement ou indirectement, son aveu.

Par suite, non seulement il doit l'avertir formellement qu'il est libre de ne pas faire de déclarations ; mais, si l'inculpé a déclaré ne pas vouloir en faire, l'officier de police judiciaire doit s'abstenir de lui faire subir un interrogatoire, ou de le soumettre à des confrontations autres que celles qui seraient nécessaires pour constater son identité au cas où celle-ci serait contestée.

En effet, aux termes de l'article 3 de la loi du 8 décembre 1897, on doit d'abord constater l'identité de l'inculpé, et cette formalité, indispensable pour servir de base à la procédure, notamment quand il s'agit d'un inculpé d'insoumission ou de désertion, peut, en cas de contestation, nécessiter l'audition de témoins en présence de l'inculpé pour déclarer que celui-ci est bien le nommé N.... ; mais il y aurait confrontation, au sens légal du mot et, par suite, abus, si l'on voulait faire attester par un témoin que l'individu qui lui est présenté est bien celui qu'il a vu dans telle ou telle circonstance se rapportant au délit.

De même, si l'officier de police judiciaire peut et doit, nonobstant le refus de l'inculpé de faire des déclarations, procéder, conformément au paragraphe 2 de l'article 86 du Code de justice militaire, à la constatation du corps du délit et de l'état des lieux, il ne saurait, sous ce prétexte, mettre, par exemple en cas de meurtre, l'inculpé en présence de la victime, ou le conduire sur le lieu du crime ; car, même en s'abstenant d'interroger sur place l'inculpé, il y aurait sûrement là un moyen détourné d'obtenir de lui des aveux spontanés, ou tout au moins de provoquer de sa part des manifestations, des mouvements parfois aussi significatifs qu'un aveu.

Par contre, il est évident que lorsque l'officier de police judiciaire procède, conformément au paragraphe 4 de l'article 86 du Code de justice militaire, à des saisies de pièces à conviction opérations qui, aux termes de l'article 39 du Code d'instruction criminelle visé dans cet article, doivent être faites *en présence de l'inculpé*, celui-ci, même quand il a refusé de faire des déclarations, peut être appelé à assister à la saisie et qu'on peut lui « présenter les objets saisis à l'effet de les reconnaître et de les parapher s'il y a lieu ». Ces formalités sont, au contraire, obligatoires et tout refus de l'inculpé de s'y associer doit être mentionné au procès-verbal ;

2° Tout en appliquant, chaque fois qu'il sera possible, les principes posés par l'article 3 de la loi du 8 décembre 1897, les officiers de police judiciaire ne doivent pas perdre de vue que les garanties accordées à la défense ne sauraient avoir pour conséquence de faire disparaître la preuve matérielle d'un crime ou d'un délit, et que ladite loi a prévu elle-même, à son article 7, trois cas où le juge d'instruction peut procéder à un interrogatoire immédiat ou à des confrontations, savoir : « si l'urgence résulte soit de l'état d'un témoin (ou d'une victime) en danger de mort, soit de l'existence d'indices sur le point de disparaître, ou encore s'il s'est transporté sur les lieux en cas de flagrant délit ».

L'autorisation accordée par la loi de déroger dans ces cas aux règles normales de l'instruction doit d'autant plus s'appliquer aux actes de la police judiciaire militaire, qu'en matière de justice militaire la nécessité d'un ordre d'informer, préalable à l'information proprement dite, retarde nécessairement pendant un temps plus ou moins long l'ouverture de cette information.

Il doit donc être entendu que, dans les cas dont il s'agit, l'officier de police judiciaire pourra procéder à un interrogatoire immédiat ou à des confrontations, nonobstant le refus de l'inculpé de faire des déclarations ; mais il devra mentionner expressément au procès-verbal celui de ces trois cas qui aura motivé l'interrogatoire ou la confrontation.

Il va de soi que, lorsque l'inculpé a déclaré vouloir faire des déclarations, celui-ci peut être interrogé et même, s'il y consent, confronté avec les autres personnes appelées. Mais l'inculpé peut, par la suite, revenir sur son acceptation primitive, **et, dès** qu'il annonce qu'il ne veut plus faire de déclarations, le procès-verbal doit en faire mention et l'interrogatoire ou la confrontation doivent être aussitôt arrêtés ;

3° Les articles 8, 9 et 10 de la loi du 8 décembre 1897 n'étant applicables qu'à l'instruction proprement dite, dans aucun cas, au cours de l'enquête de l'officier de police judiciaire, l'inculpé ne peut être autorisé à se faire assister d'un défenseur. S'il est militaire, il peut, en dehors des interrogatoires, communiquer, verbalement ou par écrit, avec un conseil, dans les conditions générales où les visites et les correspondances lui sont permises selon le régime disciplinaire (liberté provisoire, consigne au quartier ou à la chambre, salle de police, prison ou cellule, ou, pour l'officier, arrêts simples, de rigueur ou de forteresse) que le chef de corps a cru devoir lui appliquer.

Recommandations générales applicables dans tous les cas.

En outre des recommandations ci-dessus, spéciales à l'application de la loi du 15 juin 1899, les officiers de police judiciaire devront, dans tous les cas, se conformer aux recommandations générales suivantes :

a) L'assistance d'un greffier n'est pas obligatoire dans les actes de police judiciaire ; mais il convient, autant que possible, d'en désigner un dans les enquêtes de la police judiciaire militaire, pour donner aux déclarations des témoins le caractère d'authenticité nécessaire en vue de l'application éventuelle de l'article 104 du Code de justice militaire, comme il sera dit ci-après ;

b) Quand il est désigné un greffier, le sous-officier appelé à remplir ces fonctions doit être âgé au moins de 21 ans et prêter serment (1).

L'officier de police judiciaire lui-même n'est pas assujetti à ces conditions : sa qualité d'officier suffit à lui donner le droit d'exercer la fonction, quel que soit son âge et sans serment, de même que les commissaires du gouvernement et les rapporteurs pris parmi les officiers en activité sont, par ce fait, dispensés du serment professionnel prescrit par l'article 25 du Code de justice militaire pour ceux qui proviennent des officiers en retraite ;

c) D'après la jurisprudence consacrée au sujet de l'interprétation de l'article 33 du Code d'instruction criminelle, qui, d'après l'article 86 du Code de justice militaire, est applicable aux officiers de police judiciaire militaire, ces officiers reçoivent, non des témoignages, mais de simples *déclarations*, destinées à faciliter plus tard les recherches de la justice.

Aussi, les personnes entendues pour fournir des renseignements n'ont pas à recevoir de *citation* légale entraînant, en cas de refus de comparaître ou de déposer, une pénalité quelcon-

---

(1) Modification du 23 décembre 1922. (*Bulletin officiel,* page 3723.)

que ; elles doivent être appelées par un simple avis, à moins qu'il ne s'agisse de militaires à qui l'ordre peut être donné de comparaître et de témoigner, sous peine de punitions disciplinaires ;

d) De même, le serment — qui dans aucun cas ne doit être déféré à l'inculpé — n'est pas, en principe, obligatoire pour les témoins appelés devant les officiers de police judiciaire; mais il convient, dans les actes de la police judiciaire militaire, de le demander aux témoins, et, lorsqu'il a été prêté, de le mentionner expressément au procès-verbal, à cause des dispositions spéciales de l'article 104 du Code de justice militaire, qui ne saurait s'appliquer qu'à des déclarations reçues par l'officier de police judiciaire dans les formes prescrites par l'article 102 dudit Code (articles 73, 75, 76, 78 du Code d'instruction criminelle), c'est-à-dire, notamment, sous la foi du serment et en présence d'un greffier (Commentaires de Foucher, n° 521) ;

e) En tout cas, même si les témoins n'ont pas prêté serment, ils doivent, conformément à l'article 33 précité du Code d'instruction criminelle, être invités à signer leurs déclarations et, en cas de refus, il doit en être fait mention.

Loi (2) modifiant la loi du 26 mars 1891 sur l'atténuation et l'aggravation des peines. (Loi de sursis.)

Paris, le 28 juin 1904.

Le Sénat et la Chambre des députés ont adopté;
Le Président de la République promulgue la loi dont la teneur suit :

Art. 1er. En temps de paix et en temps de guerre, en cas de condamnation à l'amende, à l'emprisonnement ou aux travaux publics, la loi du 26 mars 1891 est applicable, sous les réserves ci-après, aux condamnations prononcées par les tribunaux militaires de l'armée de terre et de l'armée de mer contre leurs justiciables, tant militaires que non militaires.

Art. 2. Lorsqu'une condamnation prononcée pour un crime ou délit de droit commun aura fait l'objet d'un sursis, la condamnation encourue dans le délai de cinq ans pour un crime ou délit militaire ne fera perdre au condamné le bénéfice du sursis que si le crime ou délit est punissable par les lois pénales ordinaires.

Art. 3. La condamnation antérieure prononcée pour un crime ou délit militaire non punissable d'après les lois pénales ordi-

---

(1) Article modifié par la loi du 27 avril 1916 (*B. O.*, p. 307).

naires ne fera pas obstacle à l'obtention du sursis, si l'individu qui l'a encourue est condamné pour un crime ou délit de droit commun.

Art. 4. Les crimes et délits prévus par les codes de justice militaire pour l'armée de terre et pour l'armée de mer ne constituent l'inculpé en état de récidive que s'ils sont punis par les lois pénales ordinaires.

Art. 5. Si, pour l'application des dispositions qui précèdent, un condamné doit, après libération définitive du service, purger une condamnation aux travaux publics, la peine restant à courir sera remplacée par un emprisonnement d'une durée moitié moindre dans une prison civile.

Art. 6. Sont abrogées toutes les dispositions contraires à celles de la présente loi.

La présente loi, délibérée et adoptée par le Sénat et par la Chambre des députés, sera exécutée comme loi de l'Etat.

Fait à Paris, le 28 juin 1904.

ÉMILE LOUBET.

Par le Président de la République :
Le Ministre de la guerre,
Général L. ANDRÉ.

Circulaire relative à la mise en liberté provisoire des militaires placés sous mandat de dépôt (1).

Paris, le 18 décembre 1912.

La question s'est posée de savoir si, au cours de l'instruction, un inculpé, primitivement placé sous mandat de dépôt, peut être mis en liberté provisoire. Bien qu'aucune disposition législative ou réglementaire n'institue la mise en liberté provisoire en matière militaire, il convient de répondre affirmativement à cette question. Mais cette mesure exceptionnelle ne peut jamais cons-

------

(1) Article 116 du Code d'instruction criminelle, modifié par la loi du 22 décembre 1917, et articles 105 et 167 du Code de justice militaire, pages 29 et 42.

La mise en liberté provisoire peut être demandée en tout état de cause, pour tout inculpé, prévenu ou accusé, et en toute période de procédure.

La requête est formée devant la juridiction, soit d'instruction, soit de jugement, qui est saisie de la poursuite.

tituer un droit pour l'inculpé, et l'autorité militaire reste toujours libre, suivant les circonstances, de l'accorder ou de la refuser.

Il y aura lieu, à l'avenir, de se conformer aux règles suivantes: l'inculpé qui croira pouvoir bénéficier de cette faveur en fera la demande par écrit et prendra l'engagement de se présenter à tous les actes de la procédure et pour l'exécution du jugement aussitôt qu'il en sera requis. Cette demande sera transmise au général commandant la circonscription avec les avis du rapporteur et du commissaire du gouvernement. Après examen de ces pièces, le général commandant la circonscription rendra, dans le plus bref délai possible, une ordonnance accordant ou rejetant la demande de l'inculpé. Si la demande est accueillie, sur le vu de l'ordonnance du général commandant la circonscription, le rapporteur donnera mainlevée du mandat de dépôt. L'inculpé mis en liberté provisoire sera renvoyé à son corps, si celui-ci fait partie de la garnison où siège le conseil de guerre; dans le cas contraire, il sera placé en subsistance dans l'un des corps de cette garnison, appartenant autant que possible à son arme; il y sera maintenu jusqu'à ce qu'une décision définitive (ordonnance de non-lieu ou ordre de mise en jugement) ait été prise à son égard par le général commandant la circonscription. Il participera au service du corps dans lequel il sera ainsi versé, sous la seule réserve qu'il devra pouvoir constamment être mis à la disposition du rapporteur sur simple demande de ce dernier.

La mise en liberté aura lieu sans préjudice du droit que conserve le rapporteur, dans la suite de l'information, de décerner un nouveau mandat d'amener, d'arrêt ou de dépôt, si des circonstances nouvelles et graves rendent cette mesure nécessaire. En pareil cas, le rapporteur adressera, au préalable, une demande au général commandant la circonscription, qui rendra, dans le plus bref délai possible, une ordonnance retirant à l'inculpé le bénéfice de la liberté provisoire. Toutefois, si les circonstances rendent nécessaire la mise en état d'arrestation immédiate de l'inculpé, le rapporteur décernera d'urgence un mandat d'amener, d'arrêt ou de dépôt, sous réserve de rendre compte, sans retard, au général commandant la circonscription, de la décision prise et des motifs qui l'ont obligé à la prendre d'urgence.

A l'égard des individus inculpés d'insoumission, il ne sera rien changé aux termes de l'article 25 de l'instruction du 20 mars 1906.

Circulaire relative à l'instruction préparatoire au corps.

Paris, le 11 juillet 1914.

D'une enquête à laquelle il vient d'être procédé auprès des parquets militaires et des avis formulés par les généraux commandant les circonscriptions territoriales, il résulte que l'application de la circulaire du 18 décembre 1912, relative à l'instruction préparatoire au corps, a produit de bons résultats, en permettant, dans de nombreux cas, d'accélérer les procédures. Il a paru, toutefois, qu'il y aurait avantage à modifier ou abroger certaines de ses prescriptions.

L'expérience a démontré que l'enquête préparatoire, faite par le commandant d'unité, était souvent insuffisante, et que le rapporteur se trouvait parfois dans l'obligation de recommencer toute l'instruction. De plus, cette enquête ne fournit pas toujours à l'officier général, chef de la circonscription, les éléments suffisants pour lui permettre de prendre une décision en toute connaissance de cause. Elle peut nécessiter, parfois, des demandes de renseignements complémentaires, qui allongent d'autant la procédure et retardent l'information.

Il convient donc de recourir, dans la plupart des cas, à une instruction préparatoire faite au corps par un officier de police judiciaire avec toutes les garanties que comporte une semblable mesure.

A cet effet, tout crime ou délit susceptible d'être déféré aux tribunaux militaires doit faire l'objet d'un rapport circonstancié adressé sans aucun retard, par le commandant de l'unité, au chef de corps. Celui-ci restera libre de choisir, parmi les officiers placés sous ses ordres, celui auquel il croira devoir déléguer ses pouvoirs judiciaires; il ne devra pas perdre de vue l'intérêt que présente, pour la manifestation de la vérité, la prompte désignation de l'officier chargé de l'instruction et l'importance qui s'attache à ce que cet officier soit désigné au mieux des circonstances. Il tiendra compte, non seulement du caractère et des aptitudes spéciales de l'officier, mais aussi de l'indépendance à laquelle l'autorisera son rang dans la hiérarchie militaire; c'est dans ce but que, à moins de circonstances particulières tenant notamment à la constitution du corps, il ne déléguera ses pouvoirs qu'à un officier supérieur, et qu'il évitera, autant que possible, de confier l'instruction préparatoire au chef immédiat de l'unité à laquelle appartiendront les militaires impliqués dans l'affaire. Il semble préférable que ce dernier, qui pourra généralement fournir dans son rapport d'utiles renseignements sur ses subordonnés et les faits auxquels ils ont été mêlés, ne procède lui-même à aucun acte d'instruction, et puisse être entendu à titre de témoin, quand l'officier de police judiciaire le jugera à propos.

Si l'auteur présumé de l'infraction est officier, il y aura lieu de désigner, pour procéder à l'instruction préparatoire, un lieutenant-colonel, dans les corps où il existe des officiers de ce grade. Dans les autres formations, le chef de corps devra y procéder personnellement. Enfin, il est rappelé que les chefs de détachement ne peuvent déléguer les pouvoirs qui leur sont attribués.

Aussitôt désigné, l'officier de police judiciaire commencera l'instruction préparatoire, et il la poursuivra sans aucune perte de temps. Dès la clôture de cette instruction, le chef de corps ou de détachement établira la plainte et adressera le dossier de l'affaire, directement et sans délai, au général commandant la circonscription. Mais comme il importe, dans l'intérêt de la discipline et pour le bon fonctionnement du service, que les autorités intermédiaires soient tenues au courant des faits, les chefs de corps ou de détachement transmettront en même temps, par la voie hiérarchique, au général commandant la circonscription, une copie du rapport établi par le commandant d'unité.

Au cours de cette transmission les autorités intermédiaires n'auront pas d'avis à émettre.

Conformément aux prescriptions de l'article 99 du Code de justice militaire, le général commandant la circonscription pourra toujours, pour suppléer éventuellement au défaut de plainte du chef de corps ou de détachement, ou quand il jugera opportun de recourir à l'intervention immédiate du rapporteur, délivrer d'office un ordre d'informer. Cette mesure doit être préconisée dans les cas d'infractions graves ou de difficultés particulières à prévoir dans la procédure d'information; elle peut être particulièrement employée lorsque le fait délictueux est commis au siège même du conseil de guerre. Dès qu'un chef de corps ou de détachement estimera, d'après les circonstances du crime ou du délit, qu'il y aurait intérêt à adopter cette dernière forme de procédure, il en référera par voie rapide au général commandant la circonscription.

Jusqu'à leur refonte, les circulaires des 23 juin 1875, 29 janvier 1902, 23 février 1903 et 28 novembre 1908, resteront applicables dans tout ce qui n'est pas contraire aux dispositions de la présente circulaire.

Circulaire relative à l'application de la loi du 27 avril 1916 sur le fonctionnement et la compétence des tribunaux militaires en temps de guerre.

Paris, le 29 avril 1916.

A la date du 27 avril courant a été promulguée une nouvelle loi relative au fonctionnement et à la compétence des tribunaux militaires en temps de guerre (1).

J'attire tout particulièrement votre attention sur les différentes et importantes modifications apportées par cette loi dans l'organisation, le fonctionnement et la compétence des conseils de guerre et des conseils de revision.

Je vous signale notamment les points suivants :

I. — Désormais, en temps de guerre comme en temps de paix, tous les tribunaux militaires peuvent appliquer le bénéfice des *circonstances atténuantes* à tous inculpés et à tous crimes et délits réprimés tant par les Codes de justice militaire de l'armée de terre et de l'armée de mer que par les autres dispositions pénales, lorsque ces dernières prévoient l'admission des circonstances atténuantes.

II. — Ils peuvent également, en temps de guerre comme en temps de paix, faire application aux justiciables tant militaires que non-militaires, de la loi du 28 juin 1904, modifiant la loi du 26 mars 1891 sur l'atténuation et l'aggravation des peines (loi de sursis).

Le commandement conserve d'ailleurs le droit de suspendre l'exécution du jugement, que lui confèrent les articles 150 et 157 du Code de justice militaire.

III. — L'article unique de la loi du 15 juin 1899, portant extension de certaines dispositions de la loi du 8 décembre 1897 sur

---

(1) Voir pages 10, 14, 40, 43, 133 et 146.

l'instruction préalable à la procédure devant les conseils de guerre est complété.

Les dispositions du 1er paragraphe de l'article 2 de la loi de 1897 relative au délai dans lequel l'inculpé doit être interrogé, ainsi que celles des articles 3, 7 et 8 de ladite loi, sont applicables en temps de guerre à l'instruction devant les conseils de guerre permanents du territoire.

Le premier interrogatoire qui suit la comparution et le dernier interrogatoire de l'inculpé ne peuvent avoir lieu qu'en présence de son conseil, ou lui dûment appelé, à moins que l'inculpé n'y renonce expressément. Le conseil sera convoqué par lettre missive au moins vingt-quatre heures à l'avance. La procédure doit être mise à sa disposition la veille de chacun des deux interrogatoires susvisés, et vingt-quatre heures avant la clôture de l'information. Ces dispositions sont prescrites à peine de nullité.

IV. — L'article 4 de la nouvelle loi modifiant les articles 27, 28, 30, 40 et 167 du Code de justice militaire constitue des conseils de revision permanents *mixtes* composés de deux magistrats de cour d'appel et de trois officiers supérieurs, et présidés par un président de chambre de cour d'appel ou par le magistrat qui en remplit les fonctions.

V. — En état de siège résultant d'une *guerre étrangère*, les juridictions militaires peuvent être saisies quelle que soit la qualité des auteurs principaux ou des complices, de la connaissance :

a) Des crimes prévus par les articles 75 à 85, 87 à 99, 109, 110, 114, 118, 119, 123 à 126, 132, 133, 139, 140, 141, 166, 167, 177 à 179, 188, 189, 191, 210, 211, 265 à 267, 341, 430 à 432, 434, 435, 439, 440 et 441 du Code pénal;

b) Des crimes et délits d'espionnage, de commerce avec l'ennemi, d'infraction à la loi du 17 août 1915 assurant la juste répartition et une meilleure utilisation des hommes mobilisés ou mobilisables, de provocation à la désobéissance, à l'assassinat, etc., de corruption, de fraudes de fournisseurs, de faux au préjudice de l'armée, et d'une manière générale de tous crimes et délits portant atteinte à la défense nationale.

Dans tous les cas, les juridictions de droit commun restent saisies tant que l'autorité militaire ne revendique pas la poursuite.

Au surplus, vous voudrez bien vous conformer strictement aux prescriptions de la circulaire en date du 18 avril 1916, signalant qu'en principe l'inculpé non militaire est justiciable des tribunaux de droit commun et que c'est à titre exceptionnel dans les cas prévus par la loi nouvelle qu'il peut être traduit devant le conseil de guerre.

VI. — Enfin, dans son article 7, la loi nouvelle supprime les conseils de guerre spéciaux organisés par le décret du 6 septembre 1914, ratifié par la loi du 30 mars 1915; elle modifie en outre les articles 33 et 156 du Code de justice militaire.

Un ou *plusieurs* conseils de guerre sont établis dans chaque division active ainsi qu'au quartier général de l'armée, et, s'il y a lieu, au quartier général de chaque corps d'armée. Les conseils de guerre de division peuvent être affectés à chacune des unités de la force d'un régiment au moins.

La poursuite a lieu sur l'ordre de mise en jugement décerné par le chef de l'unité à laquelle est affecté le conseil de guerre.

L'inculpé est toujours assisté d'un défenseur.

D'autre part, je vous signale que la nouvelle loi, comme toute loi de procédure, est obligatoire du jour de sa promulgation et devient immédiatement applicable à toutes les poursuites en cours d'exécution. Il en résulte notamment que toutes les affaires pendantes devant les conseils de revision doivent être immédiatement suspendues. Les nouveaux conseils de revision ne pourront juger que dans la forme et avec le personnel fixé par la loi nouvelle. Un décret modifiant celui du 8 septembre 1914 fixe les ressorts de ces nouveaux conseils.

Dans les régions dans lesquelles le conseil de revision est supprimé, il y aura lieu de transmettre d'urgence tous les dossiers de procédure en cours au conseil de revision dans le ressort duquel se trouve le conseil de guerre qui a connu de l'affaire.

En vertu des mêmes principes, les affaires actuellement en cours devant les conseils de guerre et qui ne rentreraient plus dans leur compétence aux termes de la loi nouvelle, devront être transmises, après décision de dessaisissement, aux parquets civils.

*Décret suspendant temporairement la faculté pour les condam-
nés à former un recours en revision contre les jugements des
conseils de guerre aux armées aux colonies.*

Bordeaux, le 1ᵉʳ octobre 1914.

Art. 1ᵉʳ (1). Est temporairement suspendue, aux colonies et
dans les pays de protectorat, la faculté de former un recours en
revision contre les jugements des conseils de guerre spéciaux,
établis conformément à l'article 13 du décret du 28 octobre 1903.

Toutefois, le droit de recours est ouvert aux individus condamnés à la peine de mort ou à une peine de travaux forcés à perpétuité ou de déportation.

---

*Circulaire relative à l'application de la loi du 13 mai 1918
modifiant divers articles du Code de justice militaire.*

Paris, le 17 juin 1918.

Mon attention a été appelée sur l'interprétation à donner à
l'article 131 du Code de justice militaire, modifié par la loi du
13 mai 1918, au point de vue de l'application des prescriptions
relatives au vote secret et des modifications à apporter à la
rédaction des jugements.

Il convient de remarquer qu'aucune modification n'a été apportée par la loi du 13 mai 1918 au paragraphe 3 de l'ancien
article 131 qui donnait au conseil de guerre le droit de délibérer
avant que chacun des juges formulât sa réponse aux différentes
questions sur la culpabilité et sur les causes d'aggravations ou
d'atténuations. Ce droit est donc maintenu tel qu'il existait antérieurement; le paragraphe 3 est reproduit purement et simplement dans le nouveau texte. Le fait que le vote aura lieu désormais au scrutin secret n'était pas de nature à en entraîner la
suppression : à la cour d'assises, les jurés votent au scrutin
secret (Code d'instruction criminelle, art. 345 et 346), et cependant ils doivent délibérer avant de voter (Code d'instruction criminelle, art. 344).

---

(1) Modifié par les décrets du 6 juillet 1916 et 23 avril 1918 (B. O., p. 556
et 1097).

En second lieu, il n'est voté au scrutin secret que :

1° Sur le fait principal;
2° Sur les circonstances aggravantes;
3° Sur les circonstances atténuantes;
4° S'il y a lieu, sur l'application de la loi de sursis.

C'est ce qui résulte des termes mêmes du nouvel article 131, qui, de même que le texte auquel il se substitue, est complètement étranger au vote sur la peine qui doit être appliquée. Si l'accusé est déclaré coupable, c'est l'article 134 du Code de justice militaire qui indique les règles à suivre et ce texte n'a pas été modifié par la loi du 13 mai 1918; actuellement, comme antérieurement à la réforme, il n'y a qu'à appliquer l'article 134 (alinéa 1er), ainsi conçu : « Si l'accusé est déclaré coupable, le conseil de guerre délibère sur l'application de la peine. » C'est ce que vient de juger le conseil de revision de Paris (4 juin 1918) annulant plusieurs jugements de conseils de guerre, parce que, sur l'application de la peine, il avait été voté au scrutin secret.

Voici les motifs de l'un des jugements :

« Attendu que l'article 131 du Code de justice militaire nouveau, remplaçant l'article 131 de la loi du 9 juin 1857, édicte qu'il est voté au scrutin secret tant sur le fait principal et les circonstances aggravantes que sur l'existence des circonstances atténuantes et l'application, s'il y a lieu, de la loi de sursis; que le texte est muet sur l'application de la peine;

« Attendu que le législateur de 1918 a exprimé formellement, dans les travaux préparatoires de la loi, sa volonté de restreindre le vote au scrutin secret aux faits et circonstances spécialement visés dans le texte nouveau et de maintenir le scrutin public sur l'application de la peine à raison des difficultés que présenterait pour cette application le mode de votation par oui et par non prescrit par le nouvel article 131;

« Attendu que cette prescription de la loi est d'ordre public, tandis que sa violation serait de nature à porter atteinte aux droits du condamné, la votation par oui et par non prescrite devant obliger le conseil de guerre à une série considérable de scrutins sur le quantum variable entre le maximum et le minimum et rendre le plus souvent impossible l'application de l'article 134 (paragraphe 4), au cas où aucune peine n'ayant réuni la majorité de cinq voix contre deux, l'avis le plus favorable sur l'application de la peine doit être adopté;

« Attendu que l'article 134 n'ayant pas été modifié par la loi nouvelle, son observation s'impose seule au conseil de guerre pour le vote sur l'application de la peine et que dès lors il doit être seul visé à ce sujet dans le procès-verbal; qu'il est incontestablement dans son esprit que chaque juge fixe de lui-même la peine de son choix et que c'est sur l'ensemble des avis ainsi exprimés que s'établit la décision dans les conditions qu'il prévoit;

« Attendu que le procès-verbal du jugement dont est recours mentionnant que, pour l'application de la peine, le président a de nouveau recueilli les voix dans la forme prescrite par l'article 131, modifié par la loi du 13 mai 1918, et 134 du Code de justice militaire, sa décision est affectée d'un vice de forme qui, aux termes de l'article 170 du même Code, entraîne l'annulation du jugement en son entier. »

Un autre jugement du conseil de revision de Paris, rendu le même jour, rejette au contraire le recours formé par le condamné :

« Attendu que le jugement dont est recours a fait une juste appréciation de la loi en énonçant sur la question de culpabilité que les voix avaient été recueillies conformément à l'article 131 du Code de justice militaire, modifié par la loi du 13 mai 1918, et, sans en référer audit article 131, que les voix avaient été recueillies conformément à l'article 134 du même Code pour l'application de la peine, aucune modification n'ayant été apportée audit article, lequel doit être seul visé à ce sujet dans le jugement. »

Il conviendra de s'inspirer de ces décisions dans la rédaction des jugements. Il importe toutefois de remarquer que l'article 134, avant la loi du 13 mai 1918, se référait à la disposition finale de l'article 131 ainsi conçue : « Le président recueille les voix en commençant par le grade inférieur; il émet son opinion le dernier. » Bien que ce dernier alinéa ait disparu dans l'article 131, c'est cependant conformément à cette règle que les voix devront être recueillies, puisque ce texte subsiste implicitement avec la portée qu'il avait antérieurement.

Est-il indispensable de mentionner expressément que l'ordre ainsi fixé a été observé par le président, quand il a invité chacun des membres du conseil de guerre à formuler son avis? Le conseil de revision de Paris ne l'a pas pensé, estimant que cette constatation résultait nécessairement de ce que « les voix avaient été recueillies conformément à l'article 134 du Code de justice militaire pour l'application de la peine ». Mais rien ne s'oppose à ce qu'il soit dit dans le jugement que le président a recueilli les voix « en commençant par le grade inférieur, le président ayant émis son opinion le dernier ». Au contraire, il y aurait inconvénient grave à dire que les voix ont été recueillies « au scrutin public »: le vote n'a pas lieu au scrutin secret, mais le scrutin n'est pas public, puisqu'il doit y être procédé dans la chambre du conseil, où personne ne peut pénétrer, même le commissaire du gouver nement et les greffiers.

La formule actuellement employée pourrait être ainsi modifiée :

« Le conseil, délibérant à huis clos, le président a posé les questions conformément à l'article 132 du Code de justice militaire, ainsi qu'il suit. (Suivent les questions.)

« Il a été voté au scrutin secret, conformément à l'article 131 du Code de justice militaire, sur chacune de ces questions, ainsi que sur les circonstances atténuantes (ajouter s'il y a lieu : et sur l'application de la loi de sursis).

« Le président a dépouillé chaque scrutin en présence des juges du conseil de guerre; de ces dépouillements successifs il résulte que le conseil déclare :

« Sur la première question : Oui à l'unanimité (ou à la majorité de voix),

« Etc.....

« Sur quoi, et attendu les conclusions prises par le commissaire du gouvernement dans ses réquisitions, le président a lu le texte de la loi et le conseil de guerre a délibéré sur l'application de la peine, conformément à l'article 134 du Code de justice militaire. Le président a, en conséquence, recueilli les voix, en commençant par le grade inférieur, et a émis son opinion le dernier.

« Le conseil est rentré en séance publique, etc..... »

MODÈLES

(▲)

[Formule Nº 1.]

(Art. 99 et 100 du Code
de justice militaire.)

Ordre d'informer.

RÉPUBLIQUE FRANÇAISE.

Le   commandant (A)

Vu les articles 99 et 100 du Code de justice militaire,

Attendu qu'il résulte de
que le   nommé

crime (ou délit) prévu par

Ordonne qu'il soit informé contre

par le Rapporteur du   Conseil de guerre perma-
manent d

Charge le Commissaire du Gouvernement d'assurer l'exécution du présent ordre d'informer.

Fait au quartier général, à
le   19   .

(A) Gouvernement militaire de (Paris - Lyon).
Région de corps d'armée (France).
Division militaire (Alger - Oran - Constantine).

A Monsieur le Commissaire du Gouvernement près le   Conseil de guerre.

[Formule Nº 1.]

[FORMULE Nº 1 *bis*.]

(A)

(Art. 99 du Code
de justice militaire.)

Déclaration
qu'il n'y a pas lieu
d'informer.

RÉPUBLIQUE FRANÇAISE.

Le   commandant

Vu l'article 99 du Code de justice militaire ;

Attendu que le   nommé

inculpé   de

Attendu que (1)

Déclare que, dans l'état, il n'y a pas lieu à infor·
mation.

Fait au quartier général, à

le   19   .

(1) Indiquer les motifs qui portent à ne pas ordonner l'information ; spécifier s'ils résultent de ce que le fait ne constitue ni
crime ni délit, ou de circonstances spéciales qui enlèveraient tout
caractère de gravité.

(A) Gouvernement militaire de (Paris - Lyon).
    Région de corps d'armée (France).
    Division militaire (Alger - Oran - Constantine).

[FORMULE Nº 2.]

CÉDULE.

—

Art. 102. 103 et 183 du
Code de justice mili-
taire.)

La présente devra être
apportée en venant dépo-
ser.

RÉPUBLIQUE FRANÇAISE.

GREFFE

du   *Conseil de guerre permanent d* (A)
      séant à

Nous

Rapporteur près le Conseil de guerre d
requérons le sieur

de comparaître devant nous, au greffe du   Conseil de guerre permanent, le   19 ,
à   heure   du   , pour y déposer
en personne sur les faits relatifs au   nommé

Le   témoin   requis   prévenu   que, faute
par   de se conformer à la présente assignation, il y ser   contraint par les voies de
droit, conformément à l'article 103 du Code de justice militaire.

Donné à   , le   du mois
d   an 19 .

Le Rapporteur,

SIGNIFICATION.

L'an mil neuf cent   , le
à la requête de M. le Rapporteur près le   Conseil de guerre de   soussigné, avons signifié
la cédule ci-dessus au sieur

en son domicile, à
parlant à
ainsi déclaré; et, à ce qu'il n'en ignore, nous lui
avons laissé la présente ; dont acte
les jour, mois et an que dessus.

(A) Gouvernement militaire de (Paris - Lyon).
    Région de corps d'armée (France).
    Division militaire (Alger - Oran - Constantine).

[FORMULE Nº 2.]

CÉDULE.

—

(Art. 102, 103 et 183 du Code de justice militaire.)

La présente devra être apportée en venant déposer.

[FORMULE N° 2 *bis*].

RÉPUBLIQUE FRANÇAISE.

GREFFE

du   *Conseil de guerre permanent d* (A)
    séant a

Nous
Rapporteur près le   Conseil de guerre d
requérons le sieur
de comparaître devant nous au greffe du   Conseil de guerre permanent, le   19   ,
à   heure   du   pour y déposer
en personne sur les faits relatifs au nommé

Le témoin requis est prévenu que, faute par lui de se conformer à la présente assignation, il y sera contraint par les voies de droit, conformément à l'article 103 du Code de justice militaire.

Donné à   du mois d   19 .

Le Rapporteur,

SIGNIFICATION

L'an mil neuf cent   , le
à la requête de M. le Rapporteur près le   Conseil de guerre d   , nous
soussigné, avons signifié la cédule ci-dessus au sieur
en son domicile, à
parlant à
ainsi déclaré; et, à ce qu'il n'en ignore, nous lui avons laissé la présente.

Dont acte, à   , les jour, mois et an que dessus.

(A) Gouvernement militaire de (Paris - Lyon).
Région de corps d'armée (France).
Division militaire (Alger - Oran - Constantine)

[FORMULE N° 2 *bis*.]

Mandat de payement de la taxe d'un témoin.

M. le Receveur de l'enregistrement au palais de justice, à   , est invité, et au besoin requis de payer, sur la présentation de ce mandat, au sieur
la somme d
qui lui a été allouée, sur sa demande, pour sa comparution en qualité d

Fait à

Le Rapporteur,

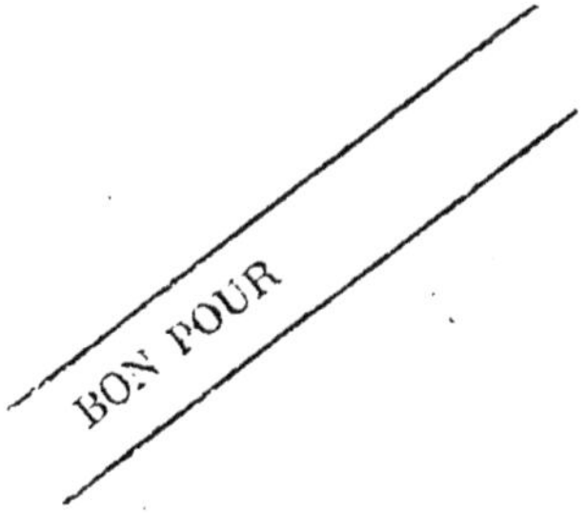

Le témoin   sait signer

Pour acquit :

Taxe de

Le Greffier,

[FORMULE N° 2 *ter*.]

ORIGINAL

DE SIGNIFICATION

DE CÉDULE.

—

(Art. 102, 103 et 183 du Code de justice militaire.

RÉPUBLIQUE FRANÇAISE.

GREFFE

du   *Conseil de guerre permanent d*(A)
         séant à

L'an mil neuf cent   le
à la requête de M. le Rapporteur près le   Conseil
de guerre d   , nous
soussigné, avons signifié au sieur
en son domicile, à
parlant à
ainsi déclaré
(1) à

1 cédule d'assignation en date du   à décernée
par M. le Rapporteur, à l'effet de comparaître au
greffe dudit Conseil de guerre, le   19 ; et,
à ce que l susnommé n'en ignore   , nous l
avons laissé l dite cédule ; dont acte
les jour, mois et an que dessus.

(1) Par cet original peuvent être constatées les significations faites le même jour, par le même agent de la force publique, à plusieurs témoins appelés dans une même affaire.

(A) Gouvernement militaire de (Paris-Lyon).
    Région de corps d'armée (France).
    Division militaire (Alger-Oran-Constantine).

[FORMULE N° 2 *ter*.]

[FORMULE Nº 3.]

RÉPUBLIQUE FRANÇAISE.

PARQUET

du   *Conseil de guerre permanent d* (A)
        séant à

Nous
Commissaire du Gouvernement près le   Conseil
de guerre d   requérons le sieur
de comparaître à l'audience du   Conseil
de guerre permanent, le   19   , à
      heure du   pour y déposer en personne
sur les faits relatifs au nommé

Le témoin requis est prévenu que, faute par lui
de se conformer à la présente assignation, il y sera
contraint par les voies de droit, conformément à
l'article 103 du Code de justice militaire.

Donné à   , le   du mois d
an 19

Le Commissaire du Gouvernement,

SIGNIFICATION

L'an mil neuf cent
à la requête de M. le Commissaire du Gouvernement près le   Conseil de guerre d
      nous
soussigné, avons signifié la cédule ci-dessus au sieur

en son domicile, à
parlant à
ainsi déclaré ; et, à ce qu'il n'en ignore, nous lui
avons laissé la présente.

Dont acte, à   les jour, mois
et an que dessus.

(A) Gouvernement militaire de (Paris-Lyon).
    Région de corps d'armée (France).
    Division militaire (Alger-Oran-Constantine)

[FORMULE Nº 3.]

[FORMULE N° 3 *bis.*]

RÉPUBLIQUE FRANÇAISE.

PARQUET

du   *Conseil de guerre permanent d*(A)
     séant à

Nous
Commissaire du Gouvernement près le   Conseil
de guerre, requérons le sieur
de comparaître à l'audience du   Conseil de guerre
permanent, le   19   , à
heure   d   pour y déposer en personne
sur les faits relatifs au nommé

Le témoin requis est prévenu que, faute par lui
de se conformer à la présente assignation, il y sera
contraint par les voies de droit, conformément à
l'article 103 du Code de justice militaire.

Donné à   , le   du mois d
an 19   .

     Le Commissaire du Gouvernement,

L'an mil neuf cent   , le
à la requête de M. le Commissaire du Gouvernement
près le   Conseil de guerre d   , nous
      soussigné,
avons signifié la cédule ci-dessus au sieur
     en son domicile, à
      parlant à
     ainsi déclaré ; et, à ce
qu'il n'en ignore, nous lui avons laissé la présente
copie.

Dont acte, à   , les jour, mois et an que
dessus.

(A) Gouvernement militaire de (Paris - Lyon).
    Région de corps d'armée (France).
    Division militaire (Alger - Oran - Constantine).

[FORMULE N° 3 *bis.*]

Mandat de payement de la taxe d'un témoin.

———

M. le Receveur de l'enregistrement au Palais de justice, à   est invité, au besoin requis, de payer, sur la présentation de ce mandat, au sieur

la somme de
qui lui a été allouée, sur sa demande, pour sa comparution en qualité d

Fait à

Le Président,

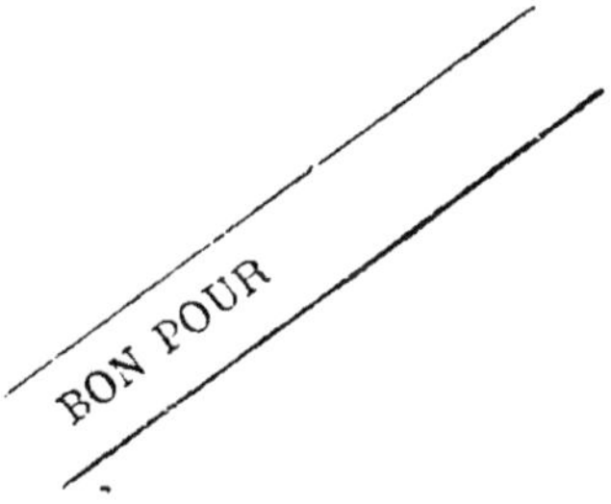

Le témoin   sait signer

Pour acquit :

Taxe de

Le Greffier,

ORIGINAL

DE SIGNIFICATION

DE CÉDULE.

—

(Art. 103 et 183 du Code
de justice militaire.)

Cette pièce doit être renvoyée au Commissaire du
Gouvernement.

RÉPUBLIQUE FRANÇAISE.

PARQUET

du   *Conseil de guerre permanent d* (A)
      séant à

L'an mil neuf cent   , le
     à la requête de M. le Commissaire du
Gouvernement près le Conseil de guerre d
        nous
soussigné, avons signifié au sieur

en son domicile, à
parlant à

ainsi déclaré
(1)

L cédule d'assignation, en date du
, décernée par M. le Commissaire du Gouvernement, à l'effet de comparaitre à l'audience du
Conseil de guerre permanent, le   19   ;
et à ce que l susnommé n'en ignore , nous
l avons laissé l dite cédule ; dont acte à
, les jour, mois et an que dessus.

(1) Par cet original peu-
vent être constatées les significations faites le même
jour, par le même agent
de la force publique, à plusieurs témoins appelés dans
une même affaire

(A) Gouvernement militaire de (Paris - Lyon).
    Région de corps d'armée (France).
    Division militaire (Alger - Oran - Constantine).

[FORMULE Nº 3 *ter*.]

MANDAT
D'EXTRACTION.
—
(Art. 101 du Code
de justice militaire).

[FORMULE Nº 4.]

RÉPUBLIQUE FRANÇAISE.

CONSEIL DE GUERRE PERMANENT

d (A)

séant à

L'Agent principal de la maison de justice mili·
taire est requis d'extraire et de faire conduire sous
bonne et sûre escorte, au greffe du   Conseil de
guerre, pour être interrogé   , puis réinté·
gré   dans ladite maison de justice,

Le nommé

Le Chef de l'escorte est personnellement respon·
sable d   susnommé jusqu'à réintégration dans
ladite ·maison de justice.

Le Rapporteur,

(A) Gouvernement militaire de (Paris - Lyon).
   Région de corps d'armée (France).
   Division militaire (Alger - Oran - Constantine)

[FORMULE Nº 4.]

PROCÈS-VERBAL
D'INTERROGATOIRE.

—

(Art. 101 du Code
de justice militaire.)

|FORMULE N° 5.

(Feuille double.)

RÉPUBLIQUE FRANÇAISE.

CONSEIL DE GUERRE PERMANENT

d (A)

séant à

L'an mil neuf cent   le
à   heure

Devant nous,   , Rapporteur
près le   Conseil de guerre d
, assisté du sieur
Greffier dudit Conseil, en la salle du greffe, sise à

Avons fait extraire de   à
l'effet de l   interroger, le   nommé

En conséquence, nous avons fait amener devant
nous le   dit
que nous avons interrogé   ainsi qu'il suit:

Interpellé de déclarer   nom , prénoms, âge,
lieu de naissance, état, profession et domicile,
répondu se nommer

(A) Gouvernement militaire de (Paris - Lyon).
Région de corps d'armée (France).
Division militaire (Alger - Oran - Constantine).

[FORMULE N° 5.]

(Feuille double.)

PROCÈS-VERBAL
*de déclarations reçues
par l'officier de po-
lice judiciaire, en
dehors du temps de
paix.*

—

Articles 85 et 86 du
Code de justice mi-
litaire.

—

Formule nº 5 *bis* (1).

FORMAT :

Hauteur 0ᵐ,320
Largeur 0ᵐ,214

e (2)

L'an mil neuf cent
Devant nous (A),

agissant en vertu des
articles 85 et 86 du Code de justice militaire et
par délégation de M. le (3)
comme officier de police judiciaire, assisté du
sieur (B)
faisaut fonctions de greffier et à qui nous avons
préalablement fait prêter serment de bien et fidèlement remplir lesdites fonctions, dans la salle
des rapports, à la caserne de
avons fait extraire de la prison, à l'effet de l'interroger. le (c)
inculpé de
En conséquence, nous avons fait amener devant
nous ledit   que nous avons
interrogé ainsi qu'il suit :

Interpellé de déclarer ses nom, prénoms, âge,
lieu de naissance, état, profession et domicile, a
répondu se nommer

fils de
demeurant, avant son entrée au service,
et aujourd'hui soldat
au   en garnison à
Demande

Réponse

Lecture faite au prévenu de son interrogatoire, il a déclaré ses réponses être fidèlement
transcrites, qu'il y persiste, et il a signé avec
nous et le greffier (D).

(ABC) Nom, prénoms, grade, corps.
(D) Si le prévenu ne sait pas signer, le procès-verbal en fera mention.
(1) Formule modifiée conformément à la notification du 23 février
1903.
(2) Corps ou service.
(3) Chef de corps ou de service.
NOTA. Cette formule, ainsi que celle des autres procès-verbaux d'enquête, ne sera pas fournie par le ministère de la guerre.

PROCÈS-VERBAL

des déclarations reçues par l'officier de police judiciaire dans les cas prévus par la loi du 15 juin 1899.

—

Art. 85 et 86 du Code de justice militaire.

(1) Corps ou service.
(2) Nom, prénoms, grade, corps ou service.
(3) Grade, nom et qualité du chef de corps ou de service.
(4) Grade, nom, prénoms, corps ou service.
(5) Indication du lieu où comparaît l'inculpé (ou le témoin) devant l'officier de police judiciaire.
(6) Résumer les faits reprochés à l'inculpé, avec la qualification légale qu'ils comportent.

(1)

Formule N° 5 *ter.*
(feuille double).

FORMAT :

Hauteur. . . . 0m,326
Largeur. . . . 0m,214

L'an mil neuf cent   , le   à heure ,
Devant nous (2)
agissant en vertu des articles 85 et 86 du Code de justice militaire et par délégation de M. le (3)
                    , comme officier de police judiciaire, assisté du (4)   ,
faisant fonctions de greffier (A) et à qui nous avons préalablement fait prêter serment de bien et fidèlement remplir ladite fonction, en la salle de (5)   ; avons fait comparaître devant nous, à l'effet de recevoir ses déclarations, l'inculpé (ou le témoin) ci-après nommé, lequel, interpellé de déclarer ses nom, prénoms, âge, lieu de naissance, profession et domicile (A), a répondu se nommer   , né à   ,
le   , profession de   ,
demeurant avant son entrée au service à
et aujourd'hui   au   en garnison à   , (B)
(C)

Nous avons alors informé le susnommé qu'il était inculpé de (6)   et
nous l'avons invité à nous faire ses déclarations, en l'avertissant qu'il était libre de ne pas en faire (D)

(A) Quand il s'agit d'un témoin, ajouter « et s'il est domestique, parent ou allié de l'inculpé et à quel degré ».

(B) Ajouter, pour les témoins, la réponse faite à la question A ci-dessus.

(C) Si l'identité de l'inculpé est contestée, mentionner ici les observations faites par l'officier de police judiciaire à l'inculpé au sujet des déclarations de celui-ci relativement à son état civil, les réponses de l'inculpé, et, s'il y a lieu, les déclarations des témoins entendus en présence de l'inculpé au sujet de son identité.

(D) Quand il s'agit d'un témoin, remplacer cette formule à la suite de l'interrogatoire par la formule suivante :

« Nous avons alors invité le témoin susnommé, hors de la présence de « l'inculpé et des autres témoins, à prêter le serment de dire toute la « vérité, rien que la vérité, et le témoin ayant prêté (ou ayant refusé « de prêter) ledit serment, nous l'avons invité à nous faire ses décla- « rations. » (Transcrire les déclarations faites, par demandes et réponses, ou mettre : le témoin a répondu ne pas vouloir faire de déclarations.)

Lorsque l'inculpé consent à faire des déclarations :

L'inculpé ayant dit vouloir faire des déclarations, nous l'avons interrogé comme il suit :

(Transcrire littéralement les déclarations faites par demandes et réponses) (E).

Lorsque l'inculpé a refusé de faire des déclarations :

L'inculpé ayant répondu ne pas vouloir faire de déclarations, nous avons clos le présent interrogatoire (F).

Lorsque l'inculpé a refusé de faire des déclarations ou d'être confronté, mais que, vu l'urgence, il est passé outre :

L'inculpé a répondu ne pas vouloir faire de déclarations (ou ne pas consentir à être confronté), mais :

Vu l'urgence résultant de ce que le sieur
                    indiqué comme témoin utile (ou comme victime) serait en danger de mort; ou vu l'urgence résultant de ce qu'il existe des indices sur le point de disparaître, à savoir : (mentionner les indices)
ou attendu que le délit étant flagrant, nous nous sommes transporté sur les lieux;

Nous avons passé outre et procédé comme il suit à l'interrogatoire de l'inculpé (ou à sa confrontation avec le témoin N...) (G).

(E) Si, au cours de l'interrogatoire, l'officier de police judiciaire juge qu'il y a lieu de confronter l'inculpé avec un témoin, mettre : « à ce « moment, nous avons informé l'inculpé que nous jugions utile de le « confronter avec le témoin N... en l'avertissant qu'il était libre de « ne pas consentir à cette confrontation.
« L'inculpé ayant consenti, nous avons procédé comme il suit à la « confrontation (ou l'inculpé ayant déclaré ne pas consentir à cette « confrontation, nous avons clos son interrogatoire). »

(F) Si, au cours d'un interrogatoire ou d'une confrontation, l'inculpé revient sur son consentement primitif, clore aussitôt le procès-verbal ou la confrontation par une formule analogue :
« L'inculpé ayant à ce moment dit ne plus vouloir faire de déclara-« tions (ou ne plus consentir à la confrontation), nous avons clos le « présent interrogatoire. »

(G) Le témoin confronté doit préalablement avoir été invité à prêter, hors de la présence de l'inculpé et des autres témoins, le serment mentionné à l'observation D.

*Formule de clôture de tout interrogatoire d'in-
culpé ou de témoin :*

Lecture faire au comparant de son interrogatoire, il a déclaré ses réponses être fidèlement
transcrites, qu'il y persiste et il a signé avec nous
et le greffier (H).

(Signatures.)

(H) Si le comparant ne sait pas signer, terminer le procès-verbal par
la formule : « et nous avons signé avec le greffier, le comparant ayant
« déclaré ne savoir signer ».
Si le comparant fait des observations au sujet de ses déclarations,
les mentionner, et, s'il refuse de signer, clore le procès-verbal par la
formule : « et nous avons signé avec le greffier, le comparant ayant
« refusé de signer ».

Nota. — Cette formule, ainsi que celle des autres procès-verbaux de
l'enquête judiciaire, ne sera pas fournie par le ministère de la guerre.

PROCÈS-VERBAL
D'INFORMATION.

—

(Art. 102 du Code
de justice militaire.)

[FORMULE N° 6.]

(Feuille simple.)

RÉPUBLIQUE FRANÇAISE.

CONSEIL DE GUERRE PERMANENT

d (A)

séant à

L'an mil neuf cent   le
à   heure

Devant nous,   Rapporteur près le
        Conseil de guerre d   assisté
du S{sup}r   greffier
dudit conseil, en la salle du greffe, sise à
est comparu, en vertu de notre cédule du
le témoin ci-après nommé, lequel, hors de la présence d prévenu   et des autres témoins, après
avoir représenté la citation à lui donnée, avoir prêté
serment de dire toute la vérité, rien que la vérité,
et, interrogé par nous sur ses nom, prénoms, âge,
état, profession et demeure, s'il est domestique, parent ou allié des parties, à quel degré.

A répondu se nommer

(A) Du gouvernement militaire de (Paris - Lyon).
Région de corps d'armée (France).
Division militaire (Alger - Oran - Constantin

[FORMULE N° 6.]

(Feuille simple.)

COMMISSION
ROGATOIRE.

—

(Art. 102 du Code
de justice militaire.)

RÉPUBLIQUE FRANÇAISE.

—

CONSEIL DE GUERRE PERMANENT

d (A)

séant à

—

Nous, Rapporteur près le   Conseil de guerre d

Vu la procédure commencée contre l
inculpé
Attendu qu'il importe d'informer et
Vu l'article 102 du Code de justice militaire et
les articles 83 et 85 du Code d'instruction criminelle,
Prions et requérons au besoin M.
auquel nous adressons la présente commission rogatoire, de vouloir bien citer à comparaître devant
lui, et d'entendre comme témoins sur les faits et
circonstances qui peuvent être à   connaissance,
relativement au délit ci-dessus mentionné, le Sr

ARTICLE 183
du
Code de justice militaire.

—

« Toutes assignations,
» citations et notifications
» aux témoins, inculpés ou
» accusés, sont faites sans
» frais par la gendarmerie
» ou par tous autres agents
» de la force publique. »

et tous autres dont les dépositions seraient utiles à
la manifestation de la vérité.
Il convient de l   adresser les questions suivantes, indépendamment de celles qu'il serait jugé utile
de l   poser :
1re question :

Prions, en outre, de nous renvoyer la présente
commission rogatoire avec l   procès-verbal   d'information dressé   en conséquence, ainsi que toutes les pièces qu'il y aurait lieu de rédiger pour son
exécution, conformément à la loi.

A   , le   19   .

Le Rapporteur,

(A) Du gouvernement militaire de (Paris - Lyon).
Région de corps d'armée (France).
Division militaire (Alger Oran - Constantine.)

[FORMULE Nº 7.]

PROCÈS-VERBAL

D'INFORMATION

ÉTABLI EN EXÉCUTION

de

COMMISSION ROGATOIRE

—

(Art. 102 du Code
de justice militaire.)

[FORMULE Nº 7 *bis.*]

RÉPUBLIQUE FRANÇAISE.

CEJOURD'HUI,   mil neuf cent
Nous,
agissant en vertu de la commission rogatoire en
date du   à nous
adressée par M.   , Rapporteur près le
Conseil de guerre
d (A)   , chargé d'informer
contre le nommé
inculpé de
    Assisté du Sʳ   , désigné
par nous pour remplir les fonctions de greffier, et
duquel nous avons préalablement reçu le serment
d'en bien et fidèlement remplir les fonctions,

    Avons fait comparaître devant nous, en vertu de
notre cédule du   l nommé
        , l quel   , hors de la présence de tout
autre témoin, après avoir représenté la citation à
        donnée, avoir entendu la lecture de la com-
mission rogatoire relative au susnommé, et, interrogé sur ses nom, prénoms, âge, profession et demeure, s   est domestique, parent ou
allié de l'inculpé et à quel degré, a prêté le serment
de dire toute la vérité, rien que la vérité, et a répondu :

    Lecture à faite de sa déposition. l comparant
a dit qu'elle contient vérité, qu   y persiste,
et a signé avec nous et le Greffier
les jour et an que dessus.

(A) Du gouvernement militaire de (Paris - Lyon).
    Région de corps d'armée (France).
    Division militaire (Alger - Oran - Constantine).

[FORMULE Nº 7 *bis.*]

(A)

[Formule nᵒ 8.]

(Art. 108 du Code
de justice militaire.

RÉPUBLIQUE FRANÇAISE.

RAPPORT sur l'affaire d

*laquelle a fait l'objet de l'ordre d'informer
donné par M. le*

A Monsieur le Commissaire du Gouvernement près le   Conseil de
guerre d

(A) Du gouvernement militaire de (Paris - Lyon).
    Région de corps d'armée (France).
    Division militaire (Alger - Oran - Constantine).

[Formule nᵒ 8.]

[Formule n° 9.]

(A)

CONSEIL DE GUERRE.

—

(Art. 108 du Code
de justice militaire.)

RÉPUBLIQUE FRANÇAISE.

, le   19 .

Le Commissaire du Gouvernement près le   e
Conseil de guerre d

A Monsieur le Général

M

J'ai l'honneur de vous transmettre, avec le rapport prescrit par l'article 108 du Code de justice militaire, les pièces de l'instruction à laquelle il a été procédé contre le   nommé

(1) Dans le cas où les conclusions tendent à la mise en jugement, on devra qualifier le crime ou le délit que les faits constituent, et indiquer les articles de loi qui le répriment.

Mes conclusions tendent à ce que (1)

J'ai l'honneur de vous prier de vouloir bien prononcer sur la mise en jugement.

(A) Gouvernement militaire de (Paris-Lyon).
    Région de corps d'armée (France).
    Division militaire (Alger-Oran-Constantine).

[Formule n° 9.]

(A)

—

(Art. 108 et 111 du Code
de justice militaire.)

Ordre
de mise en jugement.

[FORMULE N° 10.]

RÉPUBLIQUE FRANÇAISE.

Le   Commandant (A)

Vu la procédure instruite contre le   nommé

Vu le rapport et l'avis de M. le Rapporteur, et les
conclusions de M. le Commissaire du Gouvernement
tendant au renvoi devant le   Conseil de guerre;
Attendu qu'il existe contre

prévention suffisamment établie (1)

Vu les articles 108 et 111 du Code de justice militaire

Ordonne la mise en jugement d   nommé

Ordonne, en outre, que lé Conseil de guerre appelé à statuer sur les faits imputés au   dit

sera convoqué pour   , à   heure
Fait au quartier général, à

Le   19 .

(1) Spécifier le crime ou
le délit, et indiquer les articles de loi qui le répriment.

(A) Gouvernement militaire de (Paris - Lyon).
     Région de corps d'armée (France).
     Division militaire (Alger - Oran - Constantine)

NOTA. — Toute délégation est interdite.

[FORMULE N° 10.]

(A)

(Art. 108 du Code
de justice militaire.)

Ordonnance
de non-lieu.

[FORMULE Nº 10 *bis.*]

LE   COMMANDANT L

Vu la procédure instruite contre le   nommé

Vu le rapport et l'avis de M. le Rapporteur et les
conclusions de M. le Commissaire du Gouvernement
près le   Conseil de guerre, tendant à

Attendu (1)

Vu l'article 108 du Code de justice militaire,

Déclare qu'en l'état il n'y a pas lieu de prononcer
a mise en jugement et ordonne que le   dit

ser   sur-le-champ mis en liberté, s'il n   détenu   pour autre cause.

Fait au quartier général, à

Le   19

(1) Indiquer les motifs
qui portent à ne pas or-
donner la mise en juge-
ment; spécifier s'ils résultent de ce que le fait ne
constitue ni crime ni délit,
ou du défaut de charges
suffisantes.

(A) Gouvernement militaire de (Paris-Lyon).
    Région de corps d'armée (France).
    Division militaire (Alger-Oran-Constantine).

[FORMULE Nº 10 *bis.*]

[FORMULE Nº 10 *ter*.]

· DIVISION

MILITAIRE.

—

(Art. 108 et 111 du Code
de justice militaire.)

Ordonnance de non-lieu
et
ordre de mise en jugement

RÉPUBLIQUE FRANÇAISE.

LE COMMANDANT LA DIVISION MILITAIRE,

Vu la procédure instruite contre le nommé

Vu le rapport et l'avis de M. le Rapporteur et les conclusions de M. le Commissaire du Gouvernement près le Conseil de guerre,

Attendu, en ce qui concerne (1)

Vu l'article 108 du Code de justice militaire, déclare qu'il n'y a pas lieu, en l'état, d'ordonner la mise en jugement contre
et ordonne que le susnommé ser sur-le-champ mis en liberté, s'il n détenu pour autre cause.
Mais attendu qu'il existe contre

prévention suffisamment établie (2)

Vu lesdits articles 108 et 111 du Code de justice militaire,
Ordonne la mise en jugement d nommé

Ordonne que le Conseil de guerre appelé à statuer sur les faits imputés au dit sera convoqué pour , à heure

Fait au quartier général, à
Le 19 .

(1) Indiquer les motifs qui portent à ne pas ordonner la mise en jugement; spécifier s'ils résultent de ce que le fait ne constitue ni crime ni délit, ou du défaut de charges suffisantes.

(2) Spécifier le crime ou le délit et indiquer l'article de la loi qui le réprime.

[FORMULE Nº 10 *ter*.]

[FORMULE Nᵒ 10 *quater*.]

• DIVISION.

ORDRE
DE MISE EN JUGEMENT
DIRECTE.

Article 156 du Code
de justice militaire.

(1) Le général commandant la division

Vu les faits relatés dans (2)

Attendu que ces faits constituent le crime (3)
de

crime prévu et puni par l'article   du Code
de justice militaire;
Vu les articles 111 et 156 du Code de justice
militaire,
Ordonne la mise en jugement directe du nommé   , ci-dessus
qualifié ;   .
Ordonne, en outre, que le conseil de guerre,
appelé à statuer sur les faits imputés audit
                    sera convoqué pour le
              à   heure.

Fait au quartier général, à

Le   19   .

---

(1) Ce titre sera modifié selon le grade de l'officier qui ordonnera la
mise en jugement.
(2) Dans le dossier du nommé, *ou* dans la plainte, *ou* dans la dénonciation portée contre le nommé.
(3) Spécifier le crime ou le délit et les articles de la loi qui le répriment.

(A)

[FORMULE N° 11.]

(Art. 111 du Code
de justice militaire.)

Avis d'un ordre
de
mise en jugement.

RÉPUBLIQUE FRANÇAISE.

Le   commandant
prévient le Président du   Conseil de guerre qu'il
a donné le   du mois d   l'ordre de mise en jugement, devant ledit Conseil, d   nommé

inculpé   d

, Il le prévient, en outre, que la réunion du Conseil, dans le lieu ordinaire de ses séances, est fixée
au   du mois d
à   heure d   .
     Au quartier général, à
e   19   .

A M.   , Président du Conseil de guerre.

(A) Gouvernement militaire de (Paris-Lyon).
     Région de corps d'armée (France).
     Division militaire (Alger-Oran-Constantine)

[FORMULE N° 11]

[FORMULE N° 11 *bis.*]

(A)

(Art. 111 du Code
de justice militaire.)

Avis d'un ordre
de
mise en jugement.

RÉPUBLIQUE FRANÇAISE.

Le Général   prévient le
Commissaire du Gouvernement près le   Conseil
de guerre qu'il a donné, le   du mois d
, l'ordre de mise en jugement, devant ledit
Conseil, d .   nommé

nculpé   de

Il le prévient, en outre, que la réunion du Conseil, dans le lieu ordinaire de ses séances, est fixée
au   du mois d   à heure

Les convocations nécessaires devront être faites
en conséquence.

Au quartier général, a
le   19   .

(A) Gouvernement militaire de (Paris-Lyon).
Région de corps d'armée (France).
Division militaire (Alger-Oran-Constantine).

A M.   , Commissaire du Gouvernement près le   Conseil
de guerre

[FORMULE N° 11 *bis.*]

(A)

[FORMULE Nº 12.]

CONSEIL DE GUERRE

(Art. 109 du Code
de justice militaire.)

Liste
des témoins.

RÉPUBLIQUE FRANÇAISE.

Liste des témoins que M. le Commissaire du Gouvernement se propose de faire entendre dans l'affaire d   nommé

accusé   d

prévu par l   article

ainsi conçu

(1) 1º

Fait au Parquet du   Conseil de guerre de la région de corps d'armée.

A   , le   19

Le Commissaire du Gouvernement,

(1) Énoncer exactement les noms, prénoms, profession et demeures des témoins.

(A) Gouvernement militaire de (Paris-Lyon).
Région de corps d'armée (France).
Division militaire (Alger-Oran-Constantine

[FORMULE Nº 12.]

(A)

[FORMULE Nº 13.]

(Art. 109 du Code
de justice militaire.)

Original de notifica-
tion de l'ordre de mise
en jugement et de la
liste des témoins.

RÉPUBLIQUE FRANÇAISE.

GREFFE

du   *Conseil de guerre d*

      séant à

L'an mil neuf cent
à la requête de M. le Commissaire   près le
Conseil de guerre d   nous
soussigné, avons signifié et notifié à

parlant à

1º L'ordre de mise en jugement donné contre
                              par le Général

2º La liste, dressée par M. le Commissaire
des témoins qu'il se propose de faire citer.

Et, pour que du contenu audit ordre et en ladite
liste le dénommé n'ignore, nous lui avons, parlant
comme il vient d'être dit, laissé copie tant desdits
ordre de mise en jugement et liste de témoins que
de la présente signification.

(A) Gouvernement militaire de (Paris-Lyon).
      Région de corps d'armée (France).
      Division militaire (Alger-Oran-Constantine).

[FORMULE Nº 13.]

DIVISION.

—

CONSEIL DE GUERRE.

Citation directe à comparaître à l'audience du

Article 156 du Code de justice militaire.

PARQUET

du   conseil de guerre séant à

L'an mil neuf cent
à   heures du matin :
Nous,
commissaire-rapporteur près le   conseil de guerre de la   ° division, donnons, par ces présentes, citation au nommé   soldat au
, à l'effet de comparaître à l'audience dudit conseil ordonnée par M. le général commandant ladite division pour le
à   et de s'y entendre juger sur les faits de

qui lui sont imputés et qui sont prévus et punis par l'article   du Code de justice militaire, ainsi conçu :
« ...... (*Tout le texte de l'article.*)
«
«

Le prévenons, en outre, 1° que les témoins que nous assignons contre lui sont les nommés :

2° Que nous avons désigné d'office pour son défenseur M.   à   .
l'avertissant, toutefois, qu'il peut en choisir un autre jusqu'au moment de l'ouverture des débats.

Fait et clos au greffe dudit conseil, à   les jour, mois et an que dessus.

Le Commissaire-Rapporteur,

SIGNIFICATION.

SIGNIFICATION.

L'an mil neuf cent
à   heures du matin, à la requête de M. le
commissaire-rapporteur près le   conseil de
guerre de la   * division

Nous,   , gendarme de la prévôté de ladite division, soussigné, avons signifié
la citation d'autre part au nommé   ,
soldat au   , détenu à   ,
parlant à sa personne;

Ainsi déclaré; et, à ce qu'il n'en ignore, nous
lui avons laissé copie des présentes citation et
signifieation.

Dont acte. à
les jour, mois, an et heure que dessus.

Nota. — L'original de cette citation devra
toujours rester au dossier.

(A)

[FORMULE Nº 14.]

CONSEIL DE GUERRE

(Art. 106 du Code
de justice militaire.)

Avertissement
pour le
choix d'un défenseur

RÉPUBLIQUE FRANÇAISE.

L'an mil neuf cent   , le

Nous, Commissaire du Gouvernement près le
Conseil de guerre d   , étant dans
notre cabinet, assisté de
greffier, avons fait amener de la maison de justice
le nommé

accusé de

lequel, interpellé par nous de déclarer s'il a fait
choix d'un défenseur, a répondu :

(1) En cas de réponse
négative, terminer par ces
mots : « En conséquence,
l'avons averti que M. le
Président a nommé d'office
pour son défenseur M... »
(Indiquer le nom et la qualité.)

(1)

et avons signé après lecture avec le greffier.

(A) Gouvernement militaire de (Paris - Lyon).
Région de corps d'armée (France).
Division militaire (Alger - Oran - Constantine).

[FORMULE Nº 14.]

CONSEIL DE GUERRE
d (A)

(Art. 111 du Code
de justice militaire.)

[FORMULE N° 15.]

RÉPUBLIQUE FRANÇAISE.

, le   19 .

LE COMMISSAIRE DU GOUVERNEMENT PRÈS LE
CONSEIL DE GUERRE PERMANENT d

A Monsieur
    Membre du conseil de guerre

Monsieur,

Vous êtes prévenu que, conformément à l'ordre
du Général
en date du   le   Conseil de
guerre, dont vous êtes membre, se réunira le
du mois d   , à   heure   très
précise   d   , au lieu ordinaire de ses séances
à l'effet de juger l   nommé
*   prévenu   de*

(A) Gouvernement militaire de (Paris - Lyon).
    Région de corps d'armée (France).
    Division militaire de (Alger - Oran - Constantine).

[FORMULE N° 15.]

N° DU JUGEMENT :

—

(Art. 140 du Code
de justice militaire.)

MINUTE DU JUGEMENT.

RÉPUBLIQUE FRANÇAISE.

[FORMULE N° 16.]

N°   D'ORDRE.

Date du crime ou du délit :

JUGEMENT

rendu par le   CONSEIL DE GUERRE *permanent d*
séant à

AU NOM DU PEUPLE FRANÇAIS,

Le   Conseil de guerre permanent d
a rendu le jugement dont la teneur suit :

CEJOURD'HUI   au mil neuf cent
Le   Conseil de guerre permanent d
composé, conformément aux articles 3 et 10 du Code de justice militaire,
de MM.

tous nommés par le (1)
M.   Commissaire du Gouvernement,
M.   Greffier près ledit Conseil ;
Lesquels ne se trouvent dans aucun des cas d'incompatibilité prévus par
les articles 22, 23 et 24 du Code précité ;
Le Conseil, convoqué par l'ordre du commandant, conformément à l'article 111 du Code de justice militaire, s'est réuni dans le lieu ordinaire de ses
séances, en audience publique (2)
A l'effet de juger le nommé
fils d   , né le   , à
département   , profession d
résidant, avant son entrée au service, à
Taille d'un mètre   millimètres, cheveux   ,
visage   , front   , yeux   ,
nez   , teint   (3).

Renseignements physionomiques complémentaires :

Marques particulières :

(1) Le gouverneur militaire (Paris — Lyon), — le général commandant le corps d'armée (France), — le général commandant la division (Alger — Oran — Constantine) — ou le Ministre de
la guerre, selon les cas prévus par l'article 8 du Code de justice militaire.
(2) Si le huis-clos a été ordonné, le dire en visant l'article 113 du Code de justice militaire : il
ne peut être ordonné que pour les débats, et tous les jugements doivent être prononcés publiquement.
(3) Indiquer le crime ou le délit pour lequel l'accusé a été traduit devant le Conseil de guerre
(article 140).

[FORMULE N° 16.]

La séance ayant été ouverte, le Président a fait apporter et déposer devant lui, sur le bureau, un exemplaire du Code de justice militaire, du Code d'instruction criminelle et du Code pénal ordinaire, et ordonné à la garde d'amener l   accusé , qui   été introduit , libre   et sans fers, devant le Conseil, accompagné d   défenseur

Interrogé de   nom. , prénoms, âge, lieu de naissance, état
profession et domicile   répondu se nommer

Le Président, après avoir fait lire par le greffier l'ordre de convocation, le rapport prescrit par l'article 108 du Code de justice militaire. et les pièces dont la lecture lui a paru nécessaire, a fait connaitre a   accusé les faits à raison desquels il   poursuivi , et l   a donné, ainsi qu'au défenseur , l'avertissement indiqué en l'article 121 dudit Code :

Après quoi, il a procédé à l'interrogatoire d   accusé et a fait entendre publiquement et séparément les témoins à charge (1)   ; lesdits témoins ayant au préalable prêté serment de parler sans haine et sans crainte, juré de dire toute la vérité et rien que la vérité;

Et le Président ayant, en outre, rempli à leur égard les formalités prescrites par les articles 317 et 319 du Code d'instruction criminelle;
(2)

Ouï M. le Commissaire du Gouvernement en ses réquisitions tendant à ce que (3)

et l   accusé dans   moyens de défense, tant par
que par   défenseur , lesquels ont déclaré n'avoir rien à ajouter à leurs moyens de défense, et ont eu la parole les derniers, le Président a déclaré les débats terminés et il a ordonné au   défenseur et a   accusé de se retirer

(1) Et à décharge (s'il y en a).
(2) Indiquer si des témoins ont été entendus sans prestation de serment, et pour quel motif; dire que les pièces de conviction, s'il y en a, ont été représentées. Indiquer, en outre, les incidents qui ont pu se produire, en ayant soin de préciser à quel moment du débat ils ont eu lieu, les conclusions des parties, les réquisitions du ministère public, les moyens de défense présentés par l'accusé, et enfin le jugement motivé du Conseil. Dans le cas où le blanc laissé ici ne suffirait pas pour y insérer toutes ces mentions, on devra indiquer l'incident et le moment du débat où il s'est produit, en ajoutant qu'il y a été statué par jugement séparé, lequel est joint et annexé au présent, et alors le jugement séparé doit indiquer la publicité de l'audience, se terminer par la même formule et être signé de la même manière que le jugement principal, en mentionnant qu'il y sera annexé comme en faisant partie. *En cas de suspension de l'audience et de remise au lendemain, la mention qui constate cette remise est signée par le Président et le Greffier seulement.*
(3) Indiquer si les réquisitions tendent à la déclaration de culpabilité et, dans ce cas, les articles de loi dont l'application est demandée.

L accusé   été reconduit par l'escorte à la prison; le Commissaire du Gouvernement, le Greffier et les assistants dans l'auditoire se sont retirés sur l'invitation du Président (1);

Le Conseil délibérant à huis clos, le Président a posé 1   question , conformément à l'article 132 du Code de justice militaire, ainsi qu'il suit :

Les voix recueillies séparément, conformément à l'article 131 du Code de justice militaire, en commençant par le grade inférieur, le Président ayant émis son opinion le dernier, le Conseil de guerre permanent déclare :

Sur quoi, et attendu les conclusions prises par le Commissaire du gouvernement dans ses réquisitions, le Président a lu le texte de la loi, recueilli de nouveau les voix dans la forme prescrite par les articles 131 et 134 du Code de justice militaire pour l'application de la peine.

Le Conseil rentré en séance publique, le Président a lu les motifs qui précèdent et le dispositif ci-dessous.

En conséquence, le Conseil déclare

Enjoint au Commissaire du Gouvernement de faire donner immédiatement en sa présence lecture du présent jugement a
devant la garde rassemblée sous les armes.

      de l   avertir que la loi   accorde un délai de vingt-quatre heures pour se pourvoir en revision (2), de trois jours francs pour se pourvoir en cassation (3).

Fair, clos et jugé sans désemparer, en séance publique, à
les jour, mois et an que dessus.

(1) S'il y a une chambre des délibérations, on mettra que le Tribunal s'est retiré dans la chambre des délibérations.
(2) Aux colonies et aux armées.
(3) En France ou Algérie et en Tunisie

En conséquence, LE PRÉSIDENT DE LA RÉPUBLIQUE MANDE et ORDONNE à tous huissiers sur ce requis de mettre ledit jugement à exécution : aux Procureurs généraux et aux Procureurs de la République près les tribunaux de première instance d'y tenir la main ; à tous commandants et officiers de la force publique de prêter main-forte lorsqu'ils en seront légalement requis.

En foi de quoi, le présent jugement a été signé par les Membres du Conseil et par le Greffier,

L'an mil neuf cent   le présent jugement a été lu par nous, Greffier soussigné, a
                          averti par le Commissaire du Gouvernement que les articles 141 et 143 du Code de justice militaire   accordent vingt-quatre heures pour se pourvoir en revision ou que l'article 44 de la loi des finances du 17 avril 1906 l   accorde trois jours francs pour se pourvoir en cassation, lesquels commencent à courir de l'expiration du présent jour. Cette lecture faite en présence de la garde rassemblée sous les armes.

Le Commissaire du Gouvernement,   *Le Greffier,*

EXÉCUTOIRE.

Vu la procédure instruite contre le   nommé et les frais d'icelle dont le détail suit :

1° Taxe des témoins, experts, interprètes ....
2° Prime de capture d'un déserteur ....
3° Amende ....
4° Frais fixes de procédure devant le Conseil de guerre...
5° Frais fixes de procédure devant le Conseil de revision ou la Cour de cassation....................................
6° Frais fixes de procédure devant le Conseil de guerre jugeant en 2° instance................................
7° Décimes additionnels.....................................

                                  TOTAL......................

Vu le dispositif du jugement définitif, l'article 139 du Code de justice militaire, le Président du   Conseil de guerre permanent de la   liquide les frais dont l'état est ci-dessus à la somme de   du montant de laquelle il délivre le présent exécutoire, pour le recouvrement de ladite somme être poursuivi sur les biens présents et à venir d   condamné , par les préposés de l'administration de l'Enregistrement et des Domaines.

En conséquence, LE PRÉSIDENT DE LA RÉPUBLIQUE MANDE et ORDONNE à tous huissiers sur ce requis de mettre ledit jugement à exécution ; aux Procureurs généraux et aux Procureurs de la République près les tribunaux de première instance d'y tenir la main ; à tous commandants et officiers de la force publique de prêter main-forte lorsqu'ils en seront légalement requis,

Fait en la Chambre du Conseil de guerre susdit, à   .
le

Le Président

[Formule n° 16 *bis*.

N° DU JUGEMENT.

(Art. 140 du Code
de justice militaire.)

EXPÉDITION
DE JUGEMENT.

RÉPUBLIQUE FRANÇAISE.   N°   D'ORDRE.

Date du crime ou du délit :

JUGEMENT

rendu par le   CONSEIL DE GUERRE *permanent à*
séant à

Le   Conseil de guerre permanent d
a rendu le jugement dont la teneur suit :

CEJOURD'HUI   an mil neuf cent
Le   Conseil de guerre permanent d
composé, conformément aux articles 3 et 10 du Code de justice militaire, de
MM.

tous nommés par le (1)
M.   Commissaire du Gouvernement,
M.   Greffier près ledit Conseil ;
    Lesquels ne se trouvent dans aucun des cas d'incompatibilité prévus par
les articles 22, 23 et 24 du Code précité ;
    Le Conseil, convoqué par l'ordre du commandant, conformément à l'article 111 du Code de justice militaire, s'est réuni dans le lieu ordinaire de
ses séances, en audience publique (2)
    A l'effet de juger le nommé
fils d   , né le   , à
département d   , profession d
résidant, avant son entrée au service, à
    Taille d'un mètre   millimètres, cheveux
                , visage   , front   ,
yeux   , nez   .
(3)

    Renseignements physionomiques complémentaires :

    Marques particulières :

(1) Le gouverneur militaire de (Paris — Lyon). — le général commandant le corps d'armée
(France). — le général commandant la division (Alger. — Oran. — Constantine) — ou le Ministre
de la guerre, selon les cas prévus par l'article 8 du Code de justice militaire.
(2) Si le huis-clos a été ordonné, le dire en visant l'article 113 du Code de justice militaire ;
il ne peut être ordonné que pour les débats, et tous les jugements doivent être prononcés publiquement.
(3) Indiquer le crime ou le délit pour lequel l'accusé a été traduit devant le Conseil de guerre
rticle 140).

[FORMULE N° 16 *bis*]

La séance ayant été ouverte, le Président a fait apporter et déposer devant lui, sur le bureau, un exemplaire du Code de justice militaire, du Code d'instruction criminelle et du Code pénal ordinaire, et ordonné à la garde d'amener l   accusé   , qui   été introduit   , libre   et sans fers, devant le Conseil, accompagné   d   défenseur

Interrogé de   nom   , prénoms, âge, lieu   de naissance, état   profession   et domicile   répondu se nommer

Le Président,   après avoir fait lire par le greffier l'ordre de convocation, le rapport prescrit par l'article 108 du Code de justice militaire, et les pièces dont la lecture lui a paru nécessaire, a fait connaitre a   accusé les faits à raison desquels il   poursuivi . et l   a donné, ainsi qu'au   défenseur   , l'avertissement indiqué en l'article 121 dudit Code.

Après quoi, il a procédé à l'interrogatoire d   accusé   et a fait entendre publiquement et séparément les témoins à charge (1)   ; lesdits témoins ayant au préalable prêté serment de parler sans haine et sans crainte, juré de dire toute la vérité et rien que la vérité ;

Et le Président ayant, en outre, rempli à leur égard les formalités prescrites par les articles 317 et 319 du Code d'instruction criminelle ;
(2)

Ouï M. le Commissaire du Gouvernement en ses réquisitions tendant à ce que (3)

et l   accusé   dans   moyens de défense, tant par   que par   défenseu   , lesquels ont déclaré n'avoir rien à ajouter à leurs moyens de défense, et ont eu la parole les derniers. le Président a déclaré les débats terminés, et il a ordonné au défenseur   et a   accusé   de se retirer

(1) Et à décharge (s'il y en a).
(2) Indiquer si des témoins ont été entendus sans prestation de serment. et pour quel motif. dire que les pièces de conviction, s'il y en a, ont été représentées Indiquer. en outre. les incidents qui ont pu se produire, en ayant soin de préciser à quel moment du débat ils ont eu lieu. les conclusions des parties. les réquisitions du ministère public, les moyens de défense présentés par l'accusé, et enfin le jugement motivé du Conseil. Dans le cas où le blanc laissé ici ne suffirait pas pour y insérer toutes ces mentions. on devra indiquer l'incident et le moment du débat ou il s'est produit. en ajoutant qu'il y a été statué par jugement séparé, lequel est joint et annexé au présent, et alors le jugement séparé doit indiquer la publicité de l'audience. se terminer par la même formule et être signé de la même manière que le jugement principal. en mentionnant qu'il y sera annexé comme en faisant partie. En cas de suspension de l'audience et de remise au lendemain, la mention qui constate cette remise est signée par le Président et le Greffier seulement.
(3) Indiquer si les réquisitions tendent à la déclaration de culpabilité et, dans ce cas, les articles de loi dont l'application est demandée.

Conseil de guerre. — Formule n° 16 bis.

L accusé   été reconduit par l'escorte à la prison ; le Commissaire du Gouvernement, le Greffier et les assistants dans l'auditoire se sent
retirés sur l'invitation du Président (1)·

Le Conseil délibérant à huis clos, le Président a posé l   question ,
conformément à l'article 132 du Code de justice militaire, ainsi qu'il suit :

Les voix recueillies séparément, conformément à l'article 131 du Code de
justice militaire, en commençant par le grade inférieur, le Président ayant
émis son opinion le dernier, le Conseil de guerre permanent déclare :

Sur quoi, et attendu les conclusions prises par le Commissaire du gouvernement dans ses réquisitions, le Président a lu le texte de la loi, recueilli de nouveau les voix dans la forme prescrite par les articles 131
et 134 du Code de justice militaire pour l'application de la peine.

Le Conseil est rentré en séance publique, le Président a lu les motifs qui
précèdent et le dispositif ci-dessous.

En conséquence, le Conseil

(1) S'il y a une chambre des délibérations on mettra que le tribunal s'est retiré dans la
chambre des délibérations

Enjoint au Commissaire du Gouvernement de faire donner immédiatement en sa présence lecture du présent jugement a devant la garde rassemblée sous les armes; de l   avertir que la loi   accorde un délai de vingt-quatre heures pour.se pourvoir en revision (1), trois jours pour ce pour· voir en cassation (2).

Fait, clos et jugé sans désemparer, en séance publique, à , les jour, mois et an que dessus.

Le Président de la République mande et ordonne à tous huissiers sur ce requis de mettre ledit jugement à exécution, aux procureurs généraux et aux procureurs près les tribunaux de première instance d'y tenir la main, à tous commandants et officiers de la force publique de prêter main-forte lorsqu'ils en seront légalement requis.

En foi de quoi le présent jugement a été signé par les membres du Conseil et par le Greffier.

Signé : MM.

L'an mil neuf cent   , le présent jugement a été lu cejourd'hui, par nous, Greffier soussigné, a· le   quel   averti   par le Commissaire du Gouvernement que les articles 141 et 143 du Code de justice militaire ou que l'article 44 de la loi de finances du 17 avril 1906, l   accorde trois jours francs pour se pourvoir en cassation, accordent vingt-quatre heures pour se pourvoir en revision, lesquels commencent à courir à l'expiration du présent jour. Cette lecture faite en présence de la garde rassemblée sous les armes.

Le Commissaire du Gouvernement,

Signé :

Le Greffier,

Signé :

Vu :   Pour copie conforme :

Le Commissaire du Gouvernement,   *Le Greffier,*

(1) Aux colonies et aux armé s.
(2) En France, en Algérie et en Tunisie.

(A)

NUMÉROS DE L'ÉTAT

Série annuelle.......
Série générale..... .

Date du crime ou du délit :

NOTA. — Lorsque le jugement est rendu, soit en 2ᵉ ou 3ᵉ instance, soit par suite d'un jugement par défaut ou par contumace, on l'indiquera en marge en relatant le précédent jugement dans les termes suivants :

« Jugement en 2ᵉ (ou 3ᵉ) instance, par suite de l'annulation du jugement du conseil de guerre d   »
en date du

» Jugement contradictoire par suite du jugement par défaut (ou par contumace) du conseil de guerre d
. en date du

(1) Indiquer sommairement la condamnation, la peine, l'absolution ou l'acquittement ou le délit. Écrire en bâtarde et en caractères saillants le nom des hommes mis en jugement.

(2) Indiquer le nom et le grade des membres du conseil et du commissaire du Gouvernement, ainsi que le corps auquel ils appartiennent.

(3) Nom, prénoms, grade, corps ; inscrire la déclaration du conseil dans son entier, en y comprenant, par conséquent, aussi bien les questions qui peuvent avoir été écartées que celles qui ont été résolues affirmativement, et en indiquant enfin à quel nombre de voix chacune d'elles a été résolue dans l'un ou l'autre sens.

RÉPUBLIQUE FRANÇAISE.   [FORMULE Nº 17.]

CONSEIL DE GUERRE PERMANENT.

JUGEMENT *qui* (1)

Le   mil neuf cent
le Conseil de guerre permanent d
séant à   , composé de MM. (2)

Président

Juges.

M.   Commissaire du Gouvernement;
M.   Greffier,

A rendu le jugement dont a été extrait ce qui suit :

AU NOM DU PEUPLE FRANÇAIS,

Le Conseil, ouï le Commissaire du Gouvernement en ses réquisitions, a déclaré le nommé (3)

(A) Gouvernement militaire (Paris – Lyon).
Région de corps d'armée (France).
Division militaire (Alger - Oran - Constantine)

Extrait pour le Ministre de la guerre.

[FORMULE Nº 17.]

En conséquence,

En conséquence, ledit Conseil (4)

CONDAMNATIONS
ANTÉRIEURES.

Au bas est écrite la mention suivante : L'an mil neuf cent   , le   , le présent jugement a été lu par nous, Greffier soussigné, au nommé

Cette lecture faite en présence de M. le Commissaire du Gouvernement.

Le Commissaire du gouvernement,

       Signé :   *Le Greffier,*

                  Signé :

SIGNALEMENT du nommé (5)   ,
fils d   et d   ,
né le   , à   , arrondissement
d   , département d   ,
domicilié, avant d'entrer au service, à   ,
arrondissement d   , département
d   , taille d'un mètre   millimètres, cheveux,   , front
yeux   , nez   , visage   .

Renseignements physionomiques complémentaires :

signes particuliers   ,
n° matricule du corps   .

                  (6)

Le présent jugement a commencé à recevoir son exécution le

Le montant des frais liquidés et des décimes additionnels s'élève à la somme de (7)

Certifié conforme :   Collationné :

  Le Commissaire   *Le Greffier,*
  du Gouvernement,

(4) Mettre ici le dispositif du jugement tel qu'il est écrit dans le procès-verbal, en rappelant toujours les différents articles de la loi sur lesquels il repose. Du reste, une simple indication de ces articles, faite avec la plus grande exactitude, devra suffire, sans qu'il soit nécessaire de rapporter le texte même de la loi. Il est bien entendu que tout jugement de condamnation devra contenir la disposition relative aux frais. L'extrait s'arrêtera à ces mots : *enjoint au Commissaire du Gouvernement de faire donner lecture, etc.*

(5) Remplir exactement tous les renseignements indiqués, et notamment en ce qui concerne les noms et domiciles des parents.

(6) Quand le jugement est collectif, les signalements des individus jugés doivent se suivre.

(7) La somme, à indiquer en toutes lettres, doit être la même que celle portée sur l'extrait de jugement délivré au Domaine.

N°   D'ORDRE
DU JUGEMENT.

(Art. 151 du Code
de justice militaire.)

Date du crime ou du délit.

JUGEMENT
EXÉCUTOIRE
DE CONDAMNATION.

—

CONDAMNATIONS
ANTÉRIEURES.

Nota. — Indiquer, conformément aux articles 151 et 200 du Code de justice militaire, le jour à partir duquel doit compter la durée de la peine, et faire mention de l'exécution.

Extrait pour le corps, la division, la prison, etc.

(1) Les frais donnant lieu à l'application de la contrainte par corps, suivant les prévisions de la loi du 22 juillet 1867, modifiée par la loi du 19 décembre 1871, le jugement doit en mentionner la durée.

(A) Gouvernement militaire de (Paris - Lyon).
    Région de corps d'armée (France).
    Division militaire (Alger - Oran - Constantine).

[FORMULE N° 18.]

RÉPUBLIQUE FRANÇAISE.

[FORMULE N° 18.]

CONSEIL DE GUERRE PERMANENT
d (A)   séant à

JUGEMENT.

AU NOM DU PEUPLE FRANÇAIS.

Le Conseil de guerre permanent d (A) a rendu le jugement suivant :

AUJOURD'HUI   mil neuf cent
                        , le   Conseil de guerre
permanent d   , ouï le
Commissaire du Gouvernement dans ses réquisitions
et conclusions, a déclaré le   nommé

En conséquence, ledit Conseil

Et, vu les articles 139 du Code de justice militaire et 9 de la loi du 22 juillet 1867, le Conseil condamne ledit
à rembourser, sur ses biens présents et à venir, au profit du Trésor public, le montant des frais du procès (1).

SIGNALEMENT du nommé
fils d   et de
né le   , à   , arrondissement d   ,
département d   , domicilié, avant d'entrer au service,   à   ,
            arrondissement d   , département
d   , taille d'un mètre   millimètres,
cheveux   , front   ,
yeux   , nez   , visage   .

Renseignements physionomiques complémentaires :

signes particuliers :   n° matricule du corps :

(1) La somme à indiquer en toutes lettres doit être la même que celle portée sur l'extrait de jugement délivré au Domaine.

Le présent jugement a commencé à recevoir son exécution le

Le montant des frais liquidés et des décimes additionnels s'élève à la somme de (1)

VU : POUR EXTRAIT CONFORME :

Le Commissaire du Gouvernement, *Le Greffier.*

(A)

RÉPUBLIQUE FRANÇAISE.

Nᵒ   D'ORDRE
DU JUGEMENT.
—

(Art. 136 du Code
de justice militaire.)

CONSEIL DE GUERRE PERMANENT
séant à

JUGEMENT.

JUGEMENT
EXÉCUTOIRE
D'ACQUITTEMENT
OU
D'ABSOLUTION.

AU NOM DU PEUPLE FRANÇAIS.

Le Conseil de guerre permanent d
a rendu le jugement suivant :
AUJOURD'HUI   mil neuf cent
    , le   Conseil de guerre permanent
d   , ouï le Commissaire du Gouvernement dans ses réquisitions et ses conclusions,
a déclaré le nommé

En conséquence, ledit Conseil, faisant application
de l'article 136 du Code de justice militaire,

SIGNALEMENT.

du nommé
fils d   et d
né le   à   , arrondissement d   , département d
    , domicilié, avant
d'entrer au service, à   , arrondissement
d   , département d   ,
taille d'un mètre   millimètres, cheveux   , front   , yeux   , nez   ,
visage   .

Renseignements physionomiques complémentaires :

Signes particuliers :   ; nᵒ matricule du
corps :   ,

     VU :   Pour extrait conforme :
Le Commissaire du Gou-   *Le Greffier,*
vernement,

(A) Gouvernement militaire de (Paris - Lyon).
     Région de corps d'armée (France).
     Division militaire (Alger - Oran - Constantine).

(A)

RÉPUBLIQUE FRANÇAISE.   [FORMULE N° 20.]

Nº   D'ORDRE   d
DU JUGEMENT.

(Art. 151 du Code
de justice militaire.)

CONSEIL DE GUERRE PERMANENT
, séant à

JUGEMENT.

AU NOM DU PEUPLE FRANÇAIS,

Le   Conseil de guerre permanent d
a rendu le jugement suivant :

JUGEMENT
EXÉCUTOIRE.

AUJOURD'HUI   mil neuf cent
, le   Conseil de guerre
permanent d   , ouï le Commissaire du Gouvernement dans ses réquisitions et
conclusions, a déclaré le nommé

En conséquence, ledit Conseil

Et vu les articles 139 du Code de justice militaire, et 9 de la loi du 22 juillet 1867, le Conseil
condamne le nommé
à payer, sur ses biens présents et à venir, les frais
du procès.

CONDAMNATIONS
ANTÉRIEURES.

SIGNALEMENT du nommé
fils d   et d
né le   , à   , arrondissement
d   , département d   , domicilié, avant
d'entrer au service, à   , arrondissement
d   , département d   , taille
d'un mètre   millimètres, che-
veux   , front   , yeux   , nez   ,
visage

Renseignements physionomiques complémentaires :

Signes particuliers ,   ; nº matricule du
corps :

VU :   POUR EXTRAIT CONFORME :

Le Commissaire du Gou-   *Le Greffier,*
vernement,

(A) Gouvernement militaire de Paris - Lyon).
Région de corps d'armée (France).
Division militaire de (Alger - Oran - Constantine).

Extrait
pour le Domaine.

[FORMULE N° 20.]

Le présent jugement a commencé à recevoir son
exécution le

EXÉCUTOIRE.

EXÉCUTOIRE.

Vu la procédure instruite contre le nommé
et les frais d'icelle dont le détail suit :

1° Taxe des témoins, experts et interprètes entendus pendant le cours de l'instruction et les débats.................... ci

2° Coût du jugement du Conseil de
guerre, douze francs.............. . ci   12f00c

3° Coût de la décision du Conseil de
revision ou de l'arrêt de la Cour de cassation
rendu le   sur le re-
cours d   douze francs...... ci   12 00

4° Remboursement de la gratification
allouée par les article 18 et 19 du décret
du 13 novembre 1857 pour l'arrestation
des déserteurs, vingt-cinq francs..... ci   25 00

5° Amende ci

6° Décimes additionnels........... ci

TOTAL..............

Vu le dispositif du jugement définitif, l'article
139 du Code de justice militaire, le Président du
Conseil de guerre permanent d
liquide les frais dont l'état est ci-dessus à la somme
de   (1)
du montant de laquelle il délivre le présent exécutoire, pour le recouvrement de ladite somme être
poursuivi sur les biens présents et à venir du
condamné, par les préposés de l'Administration de
l'Enregistrement et des Domaines.

En conséquence, le Président de la République
MANDE et ORDONNE à tous huissiers sur ce requis de
mettre ledit jugement à exécution; aux Procureurs
généraux et aux Procureurs de la République près
les tribunaux de première instance d'y tenir la
main; à tous commandants et officiers de la force
publique de prêter main-forte lorsqu'ils en seront
également requis.

Fait en la Chambre du Conseil de guerre susdit,
à   , le

Le Président,

Vu :

*Le Commissaire
du Gouvernement,*

Pour extrait conforme :

Le Greffier,

---

(1) Se conformer, pour l'application de la contrainte par corps,
aux prescriptions de l'article 9 de la loi du 22 juillet 1867, modifiée
par celle du 19 décembre 1871. Le jugement doit en mentionner la
durée.

[FORMULE Nº 21.]

RÉPUBLIQUE FRANÇAISE.

CONSEIL DE GUERRE

SÉANT A

JUGEMENTS RENDUS

DANS

le cours du mois d   19

Nota. — Cet état, même quand il sera négatif, doit être adressé chaque mois au Ministre *sans lettre d'envoi.*

On y comprendra toutes les affaires terminées par un jugement, soit que ce jugement ait été annulé, soit qu'il ne l'ait pas été.

On attendra, pour clore et expédier cet état, que tous les jugements rendus dans le mois soient devenus exécutoires ou aient été annulés, à l'exception des jugements par contumace ou par défaut, qui seront l'objet d'une note portée à la colonne 22.

Les extraits des jugements rendus dans le mois devront toujours accompagner le présent état, même quand il aurait été adressé des copies, avec des pièces de procédure, pour des recours en grâce, ces derniers n'étant pas suspensifs de l'envoi des jugements.

Lorsqu'un jugement concernera plusieurs individus, on assignera une ligne à chacun d'eux, à partir de la colonne 3 jusqu'à la colonne où il n'y aura plus qu'à mettre un chiffre ou un texte commun à tous les individus jugés. Ces lignes seront formées par une accolade en regard, et les chiffres et textes communs seront placés à la moitié de la hauteur de cette accolade.

Lorsqu'il s'agira d'un jugement annulé, on mettra un guillemet à la colonne 21, attendu que le chiffre que l'on y placerait ferait double emploi dans l'état du conseil de guerre qui aurait prononcé le jugement définitif, et qui, en conséquence, aurait arrêté et liquidé la totalité des frais.

NUMÉRO du JUGEMENT.		NOM et PRÉNOMS du militaire jugé.	CORPS.	GRADE.	TITRE sous lequel le militaire jugé était entré au service.	TEMPS du service fait.	INSTRUCTION SCOLAIRE.		SPÉCIFICATION du DÉLIT.
Série annuelle.	Série générale.						A signé.	N'a pu signer.	
1	2	3	4	5	6	7	8	9	10

CERTIFIÉ EXACT :

Le Commissaire du Gouvernement,

LIEU où le délit a été commis — Commune, — Arrondissement — Département.	DATES				DISPOSITIF du JUGEMENT.	DATE de la décision du conseil de revision ou de l'arrêt de la cour de cassation		DATE de la mise à exécution du jugement.	NOMBRE de témoins entendus.	COUT DU PROCÈS, y compris les 12 francs perçus à titre de frais	OBSERVATIONS.
	DU DÉLIT.	DE L'ARRESTATION.	DE L'ORDRE D'INFORMER donné au rapporteur.	DU JUGEMENT.		qui confirme.	qui annule.				
11	12	13	14	15	16	17	18	19	20	21	22

A , le 19

COLLATIONNÉ :

Le Greffier,

A)

(Art. 143 et 147 du Code
de justice militaire.)

RÉPUBLIQUE FRANÇAISE.

Recours en revision.

(1) Indiquer si c'est le
greffier du conseil de guerre permanent de la division
ou l'agent principal de la
maison de justice militaire
qui reçoit le pourvoi.

(2)Si la déclaration est
faite par le défenseur,
mettre, *de M..., défenseur.*

(3) Indiquer si c'est au
greffe du conseil ou de la
maison de justice militaire.

NOTA. Ce procès-verbal
est toujours individuel, lors
même que le jugement est
collectif.

L'an mil neuf cent   le

nous (1)

, à la requête de (2)

du nommé

détenu, condamné le   par le
Conseil de guerre d   à la peine
de   pour

Constatons par ces présentes sa déclaration qu'il
entend se pourvoir en revision contre le jugement
de condamnation ci-dessus mentionné.

Dont acte fait au greffe (3)

, les jour, mois et an que dessus.

(A) Gouvernement militaire de (Paris - Lyon).
Région de corps d'armée (France).
Division militaire (Alger - Oran - Constantine).

[FORMULE Nº **22** *bis.*]

RÉPUBLIQUE FRANÇAISE.

L'an mil neuf cent

le

par devant nous (1)

étant à (2)

a comparu

(Indiquer si le condamné est libre
ou détenu.)

Lequel nous a déclaré se pourvoir en cassation
contre un jugement du Conseil de guerre de
en date du
qui l'a condamné à
pour

Dont acte, fait au greffe
es jours, mois et an que dessus.

(Signature.)

(1) Greffier du Conseil de guerre ou agent principal de la prison.
(2) Au greffe du Conseil ou au greffe de la prison.
(3) Si la déclaration est faite par le défenseur, mettre Mᵉ   défenseur
de

(A)

[FORMULE Nº 23.]

RÉPUBLIQUE FRANÇAISE.

CONSEIL PERMANENT

DE REVISION

d

Art. 164, 165, 166 et 167
du Code
de justice militaire.)

DÉCISION

DU CONSEIL PERMANENT DE REVISION

d

AU NOM DU PEUPLE FRANÇAIS,

Le Conseil permanent de revision d
a rendu la décision dont la teneur suit :

Cejourd'hui   mil neuf cent

Le Conseil permanent de revision d
, établi en exécution de l'article 26 du Code de
justice militaire, composé, conformément à ce Code,
de MM.

tous nommés par M. le
réunissant les conditions exigées par l'article 31 du
Code de justice militaire ;

M.
Commissaire du Gouvernement

M.   greffier près
ledit Conseil de revision,

S'est réuni, en audience publique, dans le lieu ordinaire de ses séances, à
                                    pour procéder sur le
recours en revision formé par le
contre le jugement rendu le   par
lequel le   Conseil de guerre permanent

(A) Gouvernement militaire de (Paris - Lyon).
    Région de corps d'armée (France).
    Division militaire (Alger - Oran - Constantine).

[FORMULE Nº 23.]

Après que la séance a été ouverte, le Président ayant fait déposer sur le bureau un exemplaire du Code de justice militaire, ainsi que du Code d'instruction criminelle et du Code pénal ordinaire,

M.   l'un des membres du Conseil, désigné par M. le Président pour faire le rapport de cette affaire, a été entendu, et après lui le défenseur d   condamné   ; le Commissaire du Gouvernement a porté la parole et donné ses conclusions, sur lesquelles le défenseur   été admis à présenter des observations.

Le Conseil, après en avoir délibéré à huis clos, hors la présence du Commissaire du Gouvernement et du Greffier, en se conformant aux dispositions des articles 73, 74 et 165 du Code de justice militaire,

Charge le Commissaire du Gouvernement de transmettre à qui de droit, sans délai, la présente décision, avec les pièces de la procédure.

Fait, jugé et prononcé sans désemparer, en séance publique, à   .   les jour, mois et an que dessus; le Président du conseil a signé avec le Greffier.

Signé :

Le Président de la Republique MANDE et ORDONNE à tous huissiers sur ce requis de mettre ledit jugement à exécution ; aux procureurs généraux et aux procureurs de la République d'y tenir la main; à tous commandants et officiers de la force publique de prêter main-forte lorsqu'ils en seront légalement requis.

Pour copie conforme :

Le Greffier,

Vu :

Le Commissaire du Gouvernement,

[FORMULE Nº 24.]

(Art. 175 du Code
de justice militaire.)

Ordonnance enjoi-
gnant à un contumax
de se présenter.

Le Président du   Conseil de guerre d
séant à   , a rendu l'ordonnance
suivante :

Nous, Président du   Conseil de guerre d
, vu l'ordre de mise en jugement donné
le   par le   commandant l   contre

absent et contumax   , accusé de

crime prévu et puni par

Ordonnons, en exécution de l'article 175 du **Code**
de justice militaire, au nommé

de se présenter dans un délai de dix jours **devant**
le   Conseil de guerre d   séant à
pour y être jugé sur ladite accusa-
tion ; et, à cet effet, de se constituer en état d'arrestation dans la prison militaire d

Disons que notre présente ordonnance sera mise
à l'ordre du jour de

Fait à   , le   18   .

(A) Gouvernement militaire de (Paris - Lyon).
Région de corps d'armée (France).
Division militaire (Alger - Oran - Constantine)

[FORMULE Nº 24.]

[FORMULE N° 25.]

No
DU JUGEMENT.

—

(Art. 140, 176, 178 et 179
du Code
de justice militaire.

RÉPUBLIQUE FRANÇAISE.

N°   D'ORDRE.

JUGEMENT PAR CONTUMACE

rendu par le   *Conseil de guerre permanent*

séant à

AU NOM DU PEUPLE FRANÇAIS,

Le   Conseil de guerre permanent
a rendu le jugement dont la teneur suit :

CEJOURD'HUI   an mil neuf cent
Le   Conseil de guerre permanent
composé, conformément aux articles 3 et 10 du Code de justice militaire, de
MM.

tous nommés par le (1)
M.   , Commissaire du Gouvernement,
M.   , Greffier près ledit Conseil;
    Lesquels ne se trouvent dans aucun des cas d'incompatibilité prévus par
les articles 22, 23 et 24 du Code précité.
    Le Conseil, convoqué par l'ordre du commandant, conformément à l'article 111 du Code de justice militaire, s'est réuni dans le lieu ordinaire de
ses séances, en audience publique,
    A l'effet de juger

accusé de (2)

    La séance ayant été ouverte, le Président a fait apporter et déposer devant
lui, sur le bureau, un exemplaire du Code de justice militaire, du Code d'instruction criminelle et du Code pénal ordinaire.

    Le Président, après avoir fait lire dans leur entier par le Greffier les rapports et procès-verbaux, la déposition des témoins et toutes les autres pièces de l'accusation, ainsi que l'ordonnance enjoignant au contumax de se
présenter, au nombre de

---

(1) Le général commandant le corps d'armée ou le Ministre de la guerre, suivant les cas prévus par l'article 8 du Code de justice militaire.
(2) Indiquer le crime pour lequel l'accusé est traduit devant le Conseil de guerre (art. 140).

[FORMULE N° 25.]

Ouï M. le Commissaire du Gouvernement en ses réquisitions tendant à ce que (1)

Le Président a déclaré les débats terminés.

Le Commissaire du Gouvernement, le Greffier et les assistants dans l'auditoire se sont retirés sur l'invitation du Président (2).

Le Conseil délibérant à huis clos, le Président a posé l question conformément à l'article 132 du Code de justice militaire, ainsi qu'il suit :

Les voix recueillies conformément à l'article 133 du Code de justice militaire, en commençant par le grade inférieur, le Président ayant émis son opinion le dernier, le Conseil de guerre permanent déclare le

Sur quoi, et attendu les conclusions prises par le Commissaire du Gouvernement dans ses réquisitions, le Président a lu le texte de la loi et a recueilli de nouveau les voix dans la forme prescrite par les articles 134 et 135 du Code de justice militaire pour l'application de la peine.

Le Conseil est rentré en séance publique.

Le Président a lu les motifs et le dispositif ci-dessus.

En conséquence, le Conseil condamne par contumace

Ordonne que le présent jugement sera, conformément à l'article 176 du Code de justice militaire, et à la diligence de M. le Commissaire du Gouvernement, mis à l'ordre du jour et affiché, tant à la porte du lieu où siège le Conseil de guerre qu'à la mairie du domicile du condamné.

Fait, clos et jugé sans désemparer en séance publique, à
les jour, mois et an que dessus.

En foi de quoi le présent jugement a été signé par les membres du Conseil et par le Greffier.

Le Président de la République MANDE et ORDONNE à tous huissiers sur ce requis de mettre ledit jugement à exécution ; aux procureurs généraux et aux procureurs près les tribunaux de première instance d'y tenir la main ; à tous commandants et officiers de la force publique de prêter main-forte lorsqu'ils en seront légalement requis.

---

(1) Indiquer si les réquisitions tendent à la déclaration de culpabilité, et, dans ce cas, les articles de loi dont l'application est demandée.

(2) S'il y a une chambre des délibérations, on mettra que le tribunal s'est retiré dans la chambre des délibérations.

CÉDULE.

—

(Art. 174 du Code
de justice militaire.)

La présente devra
être apportée en ve-
nant déposer.

[FORMULE Nº 26.]

ARMÉE

PPÉVOTÉ d

Nous

Prévôt d
requérons l   nommé
de comparaître par-devant nous à
le   19 , à   heure
d   pour y déposer en personne sur les faits
relatifs a   nommé

Le   témoin   requis   prévenu   que, faute
par   de se conformer à la présente assignation,
l   y ser   contrain   par les voies de
droit.

Donné à   , le   19   .

Le   Prévôt,

SIGNIFICATION.

L'an mil neuf cent   , le
à la requête de M. le   Prévôt
d
nous soussigné avons signifié la cédul ci-dessus
à

en son domicile, à
parlant à
ainsi déclaré ; et, à ce qu'il n'en ignore, nous lui
avons laissé la présente.

Dont acte, à   les jour, mois et an que
dessus.

JUGEMENT.

—

Art. 75, 173 et 174 du Code
de justice militaire.)

[Formule N° 27.]

ARMÉE d

PRÉVOTÉ d

AU NOM DU PEUPLE FRANÇAIS.

Le Tribunal de la   prévôté d
rendu le jugement dont la teneur suit :

L'an mil neuf cent   , le
le Tribunal tenant audience publique à   , conformément aux
articles 75, 173 et 174 du Code de justice militaire, à l'effet de juger l
nommé
inculpé   d

le   quel   été amené   libre   et sans fers
après avoir fait donner lecture par le sieur   , greffier,
des procès-verbaux, plainte et rapport   après l'exposé
fait par la partie plaignante de sa demande, après l'appel des témoins, la
prestation du serment prescrite par l'article 127 du Code, et leur audition,
                        après avoir entendu le   prévenu   en
défense,
Jugeant en dernier ressort,   attendu (1)

attendu que ce fait constitue (2)

par ces motifs (3)   le nommé

Fait et jugé en séance publique à   , les jour, mois
et an que dessus. En foi de quoi le présent jugement, exécutoire sur minute, a été signé par le   prévôt et par le greffier.

Le   Prévôt,   Le Greffier,

LE PRÉSIDENT DE LA RÉPUBLIQUE MANDE et ORDONNE à tous huissiers sur
ce requis de mettre ledit jugement à exécution ; aux procureurs généraux et
aux procureurs près les tribunaux de première instance d'y tenir la main ;
à tous commandants et officiers de la force publique de prêter main-forte
lorsqu'ils en seront légalement requis.

(1) Spécifier les faits incriminés ; s'il y a dommages-intérêts, indiquer les conclusions prises
par la partie civile.
(2) Spécifier la contravention ou le délit et les articles de loi ou règlements applicables.
(3) Condamne ou acquitte. Statuer, en outre, sur la demande de dommages-intérêts, s'il y a
lieu.

[FORMULE N° 28

RÉPUBLIQUE FRANÇAISE

FORMAT :

Hauteur... 0m,387
Largeur ... 0m,256

N° { de la plainte :
    { du jugement :

CONSEIL DE GUERRE

INVENTAIRE des pièces de la procédure suivie contre le inculpé de

DATES {
du délit............
de l'ordre d'informer
de la remise au rapporteur..........
de la remise par le rapporteur.......
de l'envoi à l'état-major...........
de la notification...
de la séance.......

NOM DE L'AVOCAT

DEMANDÉ.	D'OFFICE.

RÉSULTAT DU JUGEMENT

NUMÉROS d'ordre.	DÉSIGNATION DES PIÈCES.	TÉMOINS ET RENSEIGNEMENTS.

PIÈCES DE CONVICTION.

RÉCAPITULATION

DES FRAIS A LIQUIDER EN EXÉCUTION DE L'ARTICLE 27 DU DÉCRET DU 1er SEPTEMBRE 1849.

§ 1er. Transport des pièces à conviction.................... francs.
§ 2 et § 3. Vacations d'experts et taxes des témoins civils.....
§ 4. Frais de garde des scellés.....
§ 5. Indemnités aux témoins milit.
§ 6. Port de lettres..............
§ 7.
§ 8. Prime de capture...........
§ 9. Extrait du casier judiciaire....
§ 10. Frais de procédure..........
TOTAL des frais......

AMENDES

Amende prononcée................
Décimes additionnels (en France)...
ENSEMBLE.........

Audience du........................
CERTIFIÉ VÉRITABLE le présent relevé.

*L'Officier d'administration
Greffier du Conseil,*

Certifié au nombre de

*L'Officier d'administration
Greffier du Conseil,*

(A) {
Gouvernement militaire de (Paris-Lyon-Strasbourg-Metz).
Région de corps d'armée (France).
Division militaire ou d'occupation.
Brigade d'occupation.
Colonie.

RELEVÉ DES DÉPENSES
A COMPRENDRE DANS LA LIQUIDATION DES FRAIS DE JUSTICE EN CAS DE CONDAMNATION.

NUMÉROS d'ordre.

I. FRAIS ORDONNÉS PAR L'OFFICIER DE POLICE JUDICIAIRE OU LE RAPPORTEUR.

II. FRAIS ORDONNÉS PAR LE COMMISSAIRE DU GOUVERNEMENT.

III. FRAIS ORDONNÉS PAR LE PRÉSIDENT.

Autres frais divers...

TOTAL des frais......................

OBSERVATIONS.

[FORMULE Nº 29.]

MANDAT DE DÉPOT

contre

NOTA. — Mettre exacte-
ment les nom, prénoms,
qualité, âge, et la nature
de l'inculpation.

REPUBLIQUE FRANÇAISE.

FORMAT :
Hauteur.......... 0ᵐ,247
Largeur......... 0ᵐ,190

CONSEIL DE GUERRE PERMANENT

D (1)

séant à

Nous (2).
rapporteur près le conseil de guerre permanent
de (1)   mandons et ordonnons à tous
huissiers ou agents de la force publique de conduire en la (3)   d
en se conformant à la loi.

SIGNALEMENT :

Taille   mètre
          centimètres.
Front
Nez
Yeux
Visage

Renseignements physiono-
   miques complémentaires :

Marques particulières :

Inculpé d

enjoignons à l'agent principal de ladite
de recevoir et retenir en dépôt jusqu'à nouvel
ordre.

Requérons tout dépositaire de la force publique de prêter main-forte pour l'exécution du
présent mandat, s'il en est requis par le porteur
d'icelui; à l'effet de quoi nous l'avons signé et
scellé de notre sceau.

Fait au parquet du conseil de guerre, à
le

---

(1) Du gouvernement militaire de (Paris-Lyon); de la   ' région de
corps d'armée (France); de la division militaire *ou* d'occupation; de la
brigade d'occupation; de la colonie.
(2) Nom et grade.
(3) Prison militaire *ou* maison de justice.

CONSEIL DE GUERRE
PERMANENT
d (1)
séant à
—
CABINET
DU RAPPORTEUR

[FORMULE N° 30.]

REPUBLIQUE FRANÇAISE.

Format :
Hauteur........ 0ᵐ,210
Largeur........ 0ᵐ,135

le   19   .

DEMANDE

*de désignation d'un avocat d'office dans le cas prévu par la loi
du 15 juin 1899.*

(Art. 3 de la loi du 8 décembre 1897.)

Le (2)   , rapporteur
près le Conseil de guerre d
prie Monsieur le (3)
de vouloir bien désigner d'office un conseil à (4)

inculpé de

sous mandat de dépôt à la   de

lequel en a fait la demande.

Le Rapporteur,

l

---

(1) Du gouvernement militaire de (Paris-Lyon-Strasbourg-Metz) ; de la   ᵉ région
de corps d'armée (France); de la division militaire ou d'occupation ; de la brigade
d'occupation; de la colonie.
(2) Grade et nom.
(3) Le bâtonnier de l'ordre des avocats *ou le* président du tribunal.
(4) Nom et grade de l'inculpé.

<table>
<tr><td>

CONSEIL DE GUERRE
PERMANENT
d (1)
séant à

</td><td>

RÉPUBLIQUE FRANÇAISE.

</td><td>

[FORMULE N° 30 *bis.*
Format :
Hauteur... 0^m,210
Largeur .. 0^m,135

</td></tr>
</table>

le   19

DEMANDE

de désignation d'un avocat d'office dans le cas prévu par l'article 109, paragraphe 3, du Code de justice militaire.

Le (2)   , président
du Conseil de guerre d
prie Monsieur le (3)
de vouloir bien désigner d'office un défenseur à (4)

inculpé d

appelé à comparaître devant ledit Conseil le
à   heures

Le Président,

---

(1) Du Gouvernement militaire de (Paris-Lyon); de la   • région de corps d'armée (France); de la division militaire ou d'occupation; de la brigade d'occupation; de la colonie.
(2) Grade et nom.
(3) Le bâtonnier de l'ordre des avocats *ou* le président du tribunal.
(4) Nom et grade de l'inculpé.

PROCÈS-VERBAL

*de première comparu-
tion devant le rap-
porteur dans le cas
prévu par la loi du
15 juin 1899 (art. 7
de la loi du 8 dé-
cembre 1897).*

[FORMULE Nº 31.]

REPUBLIQUE FRANÇAISE.

FORMAT :
Hauteur......... 0ᵐ,320
Largeur......... 0ᵐ,214

CONSEIL DE GUERRE PERMANENT

D (1)

séant à

PROCÈS-VERBAL DE PREMIÈRE COMPARUTION

L'an mil neuf cent   , le   du
mois d   , à   heure du   .

Devant nous (2).   . rapporteur
près le conseil de guerre, assisté de (3)
greffier.

NOM DE L'AVOCAT :

En notre cabinet, au conseil de guerre, a comparu le ci-après dénommé,

Lequel, enquis de ses nom, prénoms, âge, profession, lieu de naissance, demeure, ainsi que
des autres énonciations touchant son état civil
et sa famille, a fourni les indications suivantes :

Nom :
Prénoms :
Surnoms :
Qualité :

Profession d   , âgé de   ans,
demeurant avant son entrée au service   ,
né le   19, , à
arrondissement d   , département d   ,
fils d   et d   .

Classe de   , subdivision d   ,
canton d   , département d   ,
nº   .

---

(1) Du gouvernement militaire de (Paris-Lyon); de la   ᵉ région de
corps d'armée (France); de la division militaire d   (Alger—
Oran—Constantine).
(2) Nom et grade.
(3) Nom et grade du greffier *ou* du commis-greffier.

Après avoir ainsi constaté l'identité du comparant, nous lui avons fait connaître les faits qui
lui sont imputés, lui avons déclaré qu'en conséquence il est instruit à son égard, du chef d'avoir,
le   19   , à

et nous l'avons invité à nous faire ses déclarations,
après l'avoir averti qu'il était libre de ne pas en
faire.

L'inculpé a fait les déclarations suivantes (*ou a
dit ne pas vouloir faire de déclarations*) :

Avant de clore, nous avons avisé l'inculpé qu'il
a le droit de choisir un conseil parmi les avocats
inscrits au tableau ou admis au stage, et qu'à défaut de choix, il lui en sera désigné un d'office.

L'inculpé a déclaré ·

Lecture faite à l'inculpé du présent procès-verbal, il a déclaré ses réponses fidèlement transcrites,
qu'il y persiste et a signé avec nous et avec le
greffier

PROCÈS-VERBAL

d'interrogatoire ou de confrontation d'urgence, *par le rapporteur, dans le cas prévu par la loi du 15 juin* 1899 (art. 7 de la loi du 8 décembre 1897).

---

(1) Gouvernement militaire ;

Région de corps d'armée (intérieur) ;

Division militaire (Algérie) *ou* Colonie.

(2) Nom et grade.

(3) Lieu où s'est fait l'interrogatoire.

RÉPUBLIQUE FRANÇAISE.

[FORMULE N° 32.]

FORMAT :
Hauteur......... 0ᵐ,320
Largeur......... 0ᵐ,214

CONSEIL DE GUERRE PERMANENT
D (1)
séant à

PROCÈS-VERBAL D'INTERROGATOIRE
OU
DE CONFRONTATION.

L'an mil neuf cent   , le
à   heures du   , nous (2)
rapporteur près le conseil de guerre, assisté de
(2)   , greffier, en (3)

avons fait comparaître (*ou* amener) devant nous
à l'effet de l'interroger (*ou* de le confronter),
l'inculpé ci-après dénommé, lequel, enquis de ses
nom, prénoms, âge, profession, lieu de naissance, demeure, ainsi que des autres énonciations
touchant son état civil et sa famille, a fourni
les indications suivantes :

Nom :
Prénoms :
Surnoms :
Qualité :

Profession de   , âgé de   ans,
demeurant avant son entrée au service
né le   1   , à
arrondissement d   , département d
fils d   et d
Classe de   , subdivision
canton d   , département d
n°   .

Après avoir ainsi constaté l'identité du comparant, nous lui avons fait connaître les faits qui lui sont imputés, lui avons déclaré qu'en conséquence il est instruit à son égard du chef d'avoir le (A)

et l'avons averti que :

Vu l'urgence résultant de ce que le sieur indiqué comme témoin utile (*ou* comme victime) serait en danger de mort;

Ou : Vu l'urgence résultant de ce qu'il existe des indices sur le point de disparaître, à savoir (*mentionner les indices*);

Ou : Attendu que le délit étant flagrant, nous nous sommes transporté sur les lieux;

Nous avons procédé à son interrogatoire (*ou à sa confrontation* avec le témoin ci-après dénommé) dans les conditions prévues par l'article 7 de la loi du 8 décembre 1897.

(A) Si l'inculpé a déjà comparu et si c'est au cours de l'instruction que, en présence de l'un des trois cas visés par l'article 7 de la loi du 8 décembre 1897, le rapporteur a jugé nécessaire de l'interroger ou de le confronter hors de la présence de son conseil ou sans que celui-ci ait été dûment avisé, remplacer la première partie de la formule par une rédaction telle que la suivante :

« Avons fait amener devant nous l'inculpé N..., dont la première comparution est constatée par procès-verbal du   et l'avons averti que   (le reste comme ci-dessus.) »

CABINET
DU RAPPORTEUR.   REPUBLIQUE FRANÇAISE.

[FORMULE N° 33.]

FORMAT :
Hauteur 0ᵐ.210
Largeur.... . ..   0ᵐ,135

AVIS

d'interrogatoire ou de confrontation de l'in-culpé dans le cas prévu par la loi du 15 juin 1899.

(Art. 9 de la loi du 8 décembre 1897.)

L'inculpé   sera interrogé
ou confronté. le
à   heure
Mᵉ   , son conseil, en est avisé
par la présente convocation ; s'il ne pouvait ou
ne devait s'y rendre, il est prié de vouloir bien
le faire savoir.

La procédure sera mise la veille à sa disposi-tion.

A   , le   19   .

Le Rapporteur.

CONSEIL DE GUERRE
PERMANENT

d (1)
siégeant à

CABINET DU RAPPORTEUR.

REPUBLIQUE FRANÇAISE.

[FORMULE Nº 34.]

FORMAT :
Hauteur......... 0ᵐ,210
Largeur......... 0ᵐ,135

AVIS

de libre communication avec le conseil dans le cas prévu par la loi du 15 juin 1899.

(Art. 8 de la loi du 8 décembre 1897.)

L'agent principal de la (2)
de
est prévenu que le conseil de l'inculpé

est **Me**
avocat.

Au parquet du conseil de guerre, le

Le Rapporteur,

(1) Du gouvernement militaire de (Paris-Lyon); de la ͤ région de
corps d'armée (France); de la division militaire d   (Alger—
Oran—Constantine).
(2) Prison militaire *ou* maison de justice.

RÉPUBLIQUE FRANÇAISE.

[FORMULE N° 35.]

FORMAT :
Hauteur........ 0ᵐ320
Largeur........ 0ᵐ214

CONSEIL DE GUERRE PERMANENT
D (¹)
séant à

PROCÈS-VERBAL D'INTERROGATOIRE ET DE CONFRONTATION

L'an mil neuf cent   , le
Après avoir été extrait de la (2)
de
Devant nous (3).   , rapporteur, assisté de (4)   , a été
amené à notre cabinet, l   , dont la
première comparution est constatée par procès-
verbal du
Mentionnons que Mᵉ   . dûment appelé par notre lettre recommandée expédiée le
              , dont le récépissé postal est
annexé et avisé par la même lettre de la mise à
sa disposition de la procédure (5)
Le défenseur étant présent, nous avons interrogé (*ou* confronté) comme il suit l'inculpé : *ou*
(si le défenseur ne s'est pas présenté) : le défenseur ne s'étant pas présenté, nous avons passé
outre et procédé comme il suit à l'interrogatoire
(*ou* à la confrontation) de l'inculpé ;
Ou bien (si l'inculpé a renoncé à l'assistance
de son conseil) : constatons que l'inculpé nous a
déclaré renoncer expressément au droit qui lui
est accordé de n'être interrogé (*ou* de n'être
confronté) avec tous ses témoins qu'en présence
de son conseil ou lui dûment appelé et l'avons
interrogé (*ou* confronté) comme il suit :
Demande :
Réponse :

---

(1) Du gouvernement militaire de (Paris-Lyon); de la   ᵉ région de
corps d'armée (France); de la division militaire *ou* d'occupation; de la
brigade d'occupation; de la colonie.
(2) Prison militaire *ou* maison de justice.
(3) Nom et grade.
(4) Nom et grade du greffier *ou* du commis-greffier.
(5) Si, pour accélérer l'instruction, l'inculpé a consenti, à la suite d'une
comparution, à ce qu'un interrogatoire ou une confrontation eussent lieu
le même jour ou le lendemain, sur simple avis donné à lui et à son conseil, au lieu d'exiger que son conseil soit de nouveau convoqué vingt-
quatre heures à l'avance et par lettre missive, remplacer cette formule par
la suivante :
« Mentionnons que, du consentement exprès de l'inculpé, Mᵉ   ,
conseil de celui-ci, a été dûment avisé, lors de la comparution du
          que le présent interrogatoire (*ou* la présente confrontation)
aurait lieu sans que le rapporteur fût tenu de convoquer le conseil vingt-
quatre heures à l'avance et par lettre missive.
« Le défenseur étant présent, nous avons interrogé   ou (le
défenseur ne s'étant pas présenté) : nous avons passé outre et interrogé   . »

[FORMULE Nº 36.]

CONSEIL DE GUERRE
PERMANENT

d (1)
séant à

CABINET DU RAPPORTEUR

REPUBLIQUE FRANÇAISE.

FORMAT :
Hauteur......... 0ᵐ,240
Largeur......... 0ᵐ,135

AVIS

d'ordonnance rendue dans le cas prévu
par la loi du 15 juin 1899.
(Art. 10 de la loi du 8 décembre 1897.)

En exécution de l'article 10, paragraphe 2, de
la loi du 8 décembre 1897, il est immédiatement donné connaissance à Mᵉ
avocat-conseil d   , que M. (2)
rapporteur, vient de rendre, en date de ce jour
            , une ordonnance de

A   , le   19   .

Le Greffier,

---

(1) Du gouvernement militaire de (Paris-Lyon); de la   ᵉ région de
corps d'armée (France); de la division militaire *ou* d'occupation; de la
brigade d'occupation; de la colonie.
(2) Grade et nom.

(A)

RÉPUBLIQUE FRANÇAISE

, le   19   .

    Le Commissaire du Gouvernement près le
Conseil de guerre de
à MM.

    J'ai l'honneur de vous adresser ci-joint   ex-
trait d   jugement   rendu   par le   Conseil d
concernant l   nommé

    Je vous prie de m'accuser réception du préseut
envoi.

TABLES

TABLE DES MATIÈRES

CONTENUES

DANS LE CODE DE JUSTICE MILITAIRE

ET SES ANNEXES.

LIVRE PREMIER.

DE L'ORGANISATION DES TRIBUNAUX MILITAIRES.

(Articles 1er à 52.)

LIVRE II.

DE LA COMPÉTENCE DES TRIBUNAUX MILITAIRES.

(Articles 53 à 82.)

LIVRE III.

DE LA PROCÉDURE DEVANT LES TRIBUNAUX MILITAIRES.

(Articles 83 à 184.)

LIVRE IV.

DES CRIMES, DES DÉLITS ET DES PEINES.

(Articles 185 à 277.)

ANNEXES.

MODÈLES.

TABLE CHRONOLOGIQUE

TABLE ALPHABÉTIQUE

A

C

F

Pages.

H

I

J

M

O

P

R

S

T

U

V

Imprimerie et Librairie militaires CHARLES-LAVAUZELLE & Cie

SOCIÉTE EN COMMANDITE PAR ACTIONS AU CAPITAL DE 3.500.000 FRANCS

PARIS, 124, Boulevard Saint-Germain (6') — NANCY, 53, rue Stanislas — 62, Avenue Baudin, LIMOGES

T. C. Limoges R. C. 983

Capitaine C. FLUTET. — Manuel pratique sur les pensions militaires des victimes de la Grande Guerre. Ouvrage complet à l'usage des différents services chargés de l'application de la loi sur les pensions, des associations de mutilés et d'anciens combattants, et de tous les ayants droit à pension ou allocation. (Grands mutilés, blessés, malades, réformés, veuves, orphelins, ascendants, mobilisés en usine, etc., agents des chemins de fer, personnel sanitaire, personnels civils et militaires de la guerre et de la marine, Alsaciens-Lorrains, etc.) Ce manuel pratique se termine par un index alphabétique qui facilitera beaucoup la recherche des renseignements. Volume grand in-8° de 576 pages. . . . . **9 »**

Cette 4e édition du *Manuel pratique sur les pensions militaires des victimes de la Grande Guerre*, revue et augmentée, est à jour des lois nouvelles sur cette importante question du droit à la réparation due aux militaires des armées de terre et de mer affectés d'infirmités résultant de la guerre, aux veuves, aux orphelins et aux ascendants de ceux qui sont morts pour la France.

La nouvelle édition mentionne les droits des réformés d'avant-guerre qui, par la loi du 18 juillet 1922, bénéficient des taux de la loi du 31 mars 1919 et auxquels la loi du 26 juin dernier accorde, en outre, le bénéfice des articles 58, 59 et 60, réparant ainsi l'injustice commise à leur égard par la loi de 1922.

La loi du 17 avril 1923 relative aux pensions des Alsaciens-Lorrains, aux pensions militaires allemandes et allocations dont les titulaires ont acquis ou recouvré la nationalité française y est également insérée et commentée.

En résumé, cet important ouvrage, qui a déjà rendu de grands services aux victimes de la guerre, se trouve entièrement refondu, complètement remanié et mis en harmonie avec la législation en cours. Il a été rédigé dans un sens essentiellement pratique le mettant ainsi à la portée de tous. A vrai dire, il constituera le travail le plus complet et le plus documenté paru jusqu'à ce jour sur la législation des pensions d'invalidité.

Commandant C.-A.-H. VINCENT. — Guide pratique sur les pensions d'invalidité (officiers et troupe) et les pensions des veuves de guerre, orphelins et ascendants des militaires morts pour la France (15e édition, 1923). Volume in-18 de 356 pages. . . . . **9 »**

Ce magistral traité, dû à la plume d'un expert que ses fonctions qualifient parfaitement pour établir un pareil travail, véritable vade-mecum qui a déjà rendu tant de services particulièrement appréciés et dont l'éloge n'est plus à faire, a été entièrement refondu, complètement remanié et mis en harmonie avec la nouvelle législation en cours (lois, décrets, instructions et circulaires ministérielles).

Cette nouvelle édition va donc prendre sa place dans toutes les associations de mutilés, réformés, anciens combattants, veuves, orphelins et ascendants de guerre, ainsi que dans tous les bureaux administratifs (mairies, préfectures, intendance, recrutement, centres de réforme, corps de troupe, états-majors, etc...) ayant déjà fait l'acquisition des éditions précédentes devenues caduques.

Elle leur sera un guide sûr et précieux, complètement à jour, facile à consulter et leur permettra de se reconnaître, sans recherches fastidieuses, grâce à la *table alphabétique* et aux nombreux cas d'espèce qui sont exposés et solutionnés, dans le dédale d'une réglementation de plus en plus complexe. Enfin *elle fera surtout connaître aux intéressés leurs droits, leur indiquera les formalités à remplir pour les faire valoir et leur donnera le moyen d'obtenir satisfaction dans le sens le plus rapide et le plus conforme à leurs intérêts légitimes.*

Cet excellent ouvrage contient, en outre, plusieurs annexes (secours immédiats et éventuels, allocations et indemnités diverses, décorations, croix de guerre, avantages réservés aux blessés de guerre, admission aux invalides et aux écoles d'enfants de troupe, établissements de rééducation, œuvres d'assistance aux victimes de la guerre, etc...), ainsi que les formulaires spéciaux à chaque demande à présenter.

www.ingramcontent.com/pod-product-compliance
Ingram Content Group UK Ltd.
Pitfield, Milton Keynes, MK11 3LW, UK
UKHW021919070726
13614UKWH00001B/125